Hubertus von Schoenebeck

Kinderkreis im Mai
Die Revolution der Schule

Freundschaft mit Kindern –
Förderkreis e.V.

1. Auflage 2006
Vollständig überarbeitete Neuausgabe von
»Der Versuch ein kinderfreundlicher Lehrer zu sein« (1980) /
»Die Menschlichkeit der Schule – eine Utopie?« (1990)

Copyright by H.v.Schoenebeck 1980/1990/2006
Alle Rechte vorbehalten. Printed in Germany
Herstellung: Books on Demand GmbH, Norderstedt
Layout: Heiko Hildebrandt

Internet: www.amication.de
E-Mail: amication@t-online.de

ISBN 3-88739-028-8

HUBERTUS VON SCHOENEBECK

KINDERKREIS IM MAI

Die Revolution der Schule

Buch
Ich will Sie anrühren. Ihr Herz ist mir wichtig. Ihre Erinnerung möchte ich wachrufen. Kommen Sie mit, kommen Sie noch einmal mit zur Schule. Es ist nicht richtig, was dort geschieht – so wie es damals schon nicht richtig war. Daß man uns jahrelang einsperrte, zusammenpferchte, und uns zwang: unseren Geist, unseren Körper, unsere Seele. »Schlag Dein Buch auf und lies!«, »Sitz still!«, »Was machst Du denn da?«
Solange die Schule die Kinder nicht als Menschen erkennt, die sich selbst gehören. Solange die Lehrer administrative Anweiser und keine Dienstleister sind. Solange die Eltern schulhörig sind. Solange Politiker kinderfeindliche Gesetze machen. Solange die Menschenrechte vor der Schultür haltmachen müssen. Solange ...
Mit meinem Schultagebuch lade ich Sie ein, über die Schule ganz neu nachzudenken. Wollen wir wirklich unsere Kinder dem aussetzen, was dort Vormittag um Vormittag geschieht? Ich zeige Ihnen den Weg, auf dem wir die Schule revolutionieren können.

Autor
Dr. phil. Hubertus von Schoenebeck, geboren 1947, ist Vater von zwei erwachsenen Kindern und zwei Kleinkindern. Er erlebte die Realität der Schule als Lehrer und verließ sie wegen ihrer strukturell bedingten Inhumanität. Danach erforschte er die Möglichkeiten authentischer, erziehungsfreier Kommunikation, promovierte hierüber und begründete die Weltsicht »Amication«. Hubertus von Schoenebeck ist heute im »Freundschaft mit Kindern – Förderkreis e.V.« tätig, um die erziehungsfreie Lebensführung, die Idee der Selbstliebe und Amication bekannt zu machen. Er referiert an Universitäten und Bildungsstätten im In- und Ausland und hat zahlreiche Bücher zur amicativen Theorie und Praxis veröffentlicht.

Inhaltsverzeichnis

Vorwort 11

Einführung 15

TAGEBUCH

   1. Woche 22

   2. Woche 34

   3. Woche 49

   4. Woche 76

   5. Woche 93

   6. Woche 108

   7. Woche 126

   8. Woche 137

   9. Woche 145

   10. Woche 157

   11. Woche 174

   12. Woche 196

   13. Woche 220

   14. Woche 238

Publikationen 252

We don't need no education

We don't need no thought control

No dark sarcasm in the classroom

Teachers leave the kids alone

Hey teacher leave us kids alone

All in all it's just another brick in the wall

All in all you're just another brick in the wall

Pink Floyd

**Für
die Kinder vom 25. Mai**

Vorwort

»Die Würde des Menschen ist unantastbar.«

Es ist meine tiefe Überzeugung, daß dieses Grundrecht für alle Menschen gilt – auch für Kinder. Auch für die Schul-Kinder.

»Sie zu achten und zu schützen ist Verpflichtung aller staatlichen Gewalt« – das Grundgesetz, Artikel 1, legt der Schule und jedem Lehrer als Teil der »staatlichen Gewalt« Eindeutiges und Unmißverständliches auf ...

Ich war vor 30 Jahren Lehrer. Das ist eine lange Zeit her, und dennoch nicht. Meine täglichen Notizen zum Schulalltag sind Jahrzehnte alt und dennoch aktuell und brisant. Wieso? Weil sich ganz und gar nichts wirklich geändert hat in der Schule. Nichts hat sich verbessert in Bezug auf das, was die grundlegende Thematik allen Geschehens in der Schule ist: die Frage nach der Menschlichkeit der Schule. Die Frage danach, ob die Schul-Kinder überhaupt als Personen mit grundlegenden Rechten gesehen werden oder ob sie eben nicht so gesehen werden.

Schule heute: Nach wie vor haben Kinder weder das Recht, über ihr Lernen selbst zu bestimmen – als Ausdruck ihres »Rechts auf freie Entfaltung der Persönlichkeit«, Grundgesetz Artikel 2. Noch das Recht, ihre Meinung frei zu äußern – als Ausdruck ihres »Rechts auf Meinungsfreiheit«, Grundgesetz Artikel 5. Noch das Recht, mit ihrem Körper nach eigenem Ermessen umzugehen – als Ausdruck ihres »Rechts auf körperliche Unversehrtheit«, Grundgesetz Artikel 2. Noch das Recht, über ihren Aufenthaltsort zu bestimmen – als Ausdruck ihres »Rechts auf Freiheit der Person«, Grundgesetz Artikel 2. Schul-Kinder sind immer noch Unfreie, Eingesperrte, Geist- und Leibeigene, Lernsklaven. *Ihr Denken und ihre Rede und ihr Körper und ihr Aufenthalt gehören nicht ihnen, sondern anderen, Erwachsenen.* Daran habe ich mich vor 30 Jahren gestoßen, und daran stoße ich mich auch heute noch. Nichts hat sich in Bezug auf die Menschenwürde der Kinder geändert. Gar nichts. »Du *mußt* zur Schule« heißt wie ehedem: »Schlag Dein Buch auf, konzentrier Dich und lerne!« (Geist, Seele, Herz), »Schwätz nicht!« (Rede), »Hampel nicht!« (Körper), »Bleib in der Klasse!« (Ort) – es ist so, immer noch. Bis ans Ende aller Tage?

Und? Ist das ein Problem? Nicht für jemanden, der Kinder formen, bilden, erziehen will. Der richtige Menschen aus ihnen machen will. Nach seinem Bilde. Der ihnen als Gutmensch oder als Bildungsfunktionär die gültige Kultur und Zivilisation vermitteln will. Wie die Missionare, die in bester Absicht den Schwarzen, Roten, Braunen und Gelben das »wahre Menschsein« beibrachten. Besser: es versuchten, und die damit eben scheiterten. Am Widerstand von Menschen, die sich selbst gehören, die ihr eigenes Denken, ihre eigene Rede, ihren eigenen Körper haben und die über ihren Aufenthaltsort selbst bestimmen. Der Kolonialismus, der kulturelle Imperialismus, die Barbarei der »Zivilisierten« ist dementsprechend vorbei, und empört und beschämt sehen wir zurück auf die versklavten Afrikaner, die aufgeriebenen Indianer, die entwurzelten Aborigines, die gedemütigten Asiaten. Sie alle sollten geformt, gebildet, erzogen werden – wie die Kinder. Doch sie alle gehören sich selbst – wie die Kinder. *Wie ein jeder Mensch.* Die Würde des Menschen ist unantastbar.

Ist das mit der Schule in Deutschland ein Problem? Ist die deutsche Schule ein Problem? Das Scheitern bei PISA, die Dramen von Erfurt, Braunschweig, Ahrensburg – geht es denn nicht auch anders?

Die Schule in Deutschland, die deutsche Gesellschaft, die Eltern, Lehrer, Wissenschaftler, Politiker erkennen immer noch nicht die grundlegende Bedeutung der Würde des Menschen, des jungen Menschen, des Schul-Kindes. Sie leben wie versteinert in einer vergangenen schul-kolonialistischen und erwachsenen-chauvinistischen Welt. Sie erkennen nicht den Wert der *personalen* Beziehung mit Kindern, den Wert der Begegnung mit Kindern auf tatsächlich gleicher Augenhöhe, von Person zu Person – wie sie nur gelingt, wenn Kinder als vollwertige Grundrechtsträger gesehen und geachtet werden. Eine solche Schule muß versagen. Und sie versagt ja auch. Doch auch die Schule in Deutschland kann sich von der Kinderfeindlichkeit emanzipieren und grundlegend revolutionieren. Wie zum Beispiel in Finnland, wo vor 30 Jahren eine neue Lernkultur begann. Als »Revolution von oben«, durch die der Lehrer als administrativer Unterweiser gehen mußte und als kinderfreundlicher Dienstleister wiederkehren durfte. (Und wo ein jeder, der diese »finnische Wende« nicht mitmachen wollte oder konnte, eine andere Arbeit im Staatsdienst bekam).

Ja, ich weiß um die Schwierigkeit der deutschen Mentalität zu Widerstand und Revolution, gerade im kulturellen Bereich. Und ganz sicher auch im schulischen Bereich. Welche Mutter und welcher Vater ist schon zu passivem Widerstand in Sachen Schule stark genug? Wer kann schon das »Muß« der Schule grundlegend hinterfragen? Wer kann schon kompromißlos auf der Seite seiner Kinder gegen jeden Lehrer stehen? Wer erinnert sich denn überhaupt noch an das Leid von damals, das wir von der ersten bis zur letzten Klasse Tag für Tag erfuhren? Wer ist nicht verhext und lebenslang schultraumatisiert?

Aber Revolutionen geschehen eben manchmal doch, auch wenn es keiner erwartet. Und wenn sie geschehen, dann benötigen sie einen geistigen Boden, der sie vorbereitet. Genau hierfür veröffentliche ich meine Aufzeichnungen. Sie haben nichts von ihrer Dringlichkeit eingebüßt, ja, sie sind nötiger denn je. Sie weisen der Revolution der Schule den Weg – zur Befreiung der in ihren Strukturen gefangenen Kinder, Lehrer und Eltern.

Mein Buch ist plakativ und subtil, meine Botschaft liegt offen zutage – entfaltet ihre Wucht jedoch unter der Oberfläche. Sie wirkt erst im Nachhinein, irgendwo bei den Gefühlen der eigenen Schulzeit, wenn man das Buch aus der Hand legt. Ich spreche erwachsen gewordene Schulkinder an. Es ist gegen den normalen Schulstrich geschrieben. Ich will sensibilisieren für das Leiden der Kinder und das Leiden der Lehrer an der Inhumanität der Schule. Diese Sensibilität ist die Vorstufe für die Revolution der Schule.

Imbolc, 1. Februar 2006

Hubertus von Schoenebeck

Einführung

Morgen ist meine Abschlußprüfung für das Lehramt. Ich habe – nach dem Studium – ein Jahr praktische Lehrerausbildung beendet und werde nach bestandener Prüfung Hauptschullehrer sein. Ich werde morgen zwei Unterrichtsstunden vor einer Kommission vorführen und muß dazu ein schriftliches Konzept vorlegen.

Ich weiß aus der Ausbildungszeit, wie wichtig es ist, den Unterrichtsbesuchern etwas von der persönlichen Einstellung über das Lehren und Lernen in der Schule mitzuteilen. Sonst wird das Gespräch über die beobachteten Unterrichtsstunden merkwürdig substanzlos und ohne Bodenhaftung sein und sich im Erörtern von fachlichen Aspekten erschöpfen. Solche Gespräche habe ich immer als unangemessen und unbefriedigend empfunden, denn Unterrichten ist eine sehr persönliche Sache: Menschen gehen 45 Minuten lang miteinander um, und die Einstellung des Lehrers zur Schule, zum Lehren und Lernen, zu den Kindern ist das Fundament, auf dem sich seine Unterrichtspraxis aufbaut. Deswegen nehme ich in die schriftliche Unterrichtsvorbereitung eine Darstellung meiner Grundposition auf. Ich schreibe über meine Beziehung zu Kindern:

> Ich nehme Dich ernst.
> Es interessiert mich, wer Du bist. Was Du denkst und wie Du die Welt siehst. Ich bin nicht im Besitz der für Dich gültigen Wahrheit. Ich akzeptiere Dich so, wie Du selbst es für sinnvoll ansiehst, Dich zu verhalten.
>
> Ich versuche, mit Deinen Augen zu sehen.
> Ich bin 27 Jahre alt – es fällt mir schwer, die Welt noch einmal so zu sehen, wie Du sie siehst. Um mit Dir in Beziehung zu kommen und um Dir helfen zu können, ist es wichtig, daß ich lerne, mit Deinen Augen zu sehen. Ich versuche es, es fällt mir schwer, ich bitte Dich um Hilfe.

Ich möchte einen wohltuenden emotionalen Bezug zu Dir herstellen.
Mein theoretisches Wissen und meine Erfahrung teilen mir mit, wie wichtig es für Dich ist, einen emotional wohltuenden Bezug zu mir, dem Erwachsenen, zu haben. Ich möchte das nicht ignorieren. Ich möchte das Risiko eines emotionalen Bezuges eingehen. Ich weiß, daß dies Rückwirkungen auf mich haben wird. Auch ich muß mich als von Dir angenommen erleben, wenn ich mich wohlfühlen soll.

Ich möchte Dir etwas mitteilen.
Ich bin dazu verpflichtet und stimme dem zu, Dir etwas vom heutigen Wissen um die Welt mitzuteilen. Ich glaube, daß Dir diese Mitteilungen helfen können, Dich selbst zu akzeptieren und Dich in Deinem sozialen Bezug sinnvoll zu verhalten. Ich werde meine Mitteilungen hieran messen und versuchen, Dir nichts Irrelevantes aufzudrängen.

Ich bitte Dich, mir zuzuhören.
Ich bin darauf angewiesen, daß auch Du auf mich zugehst. Daß Du bereit bist, mich Deiner Aufmerksamkeit für wert zu halten. Ich habe es als ein Grundproblem erfahren: Wenn Du nicht bereit bist, mich an Dich herankommen zu lassen, dann »geht nichts mehr«.

Mit diesen Vorstellungen beginne ich auch nach dem bestandenen Examen meine Lehrertätigkeit. Ich werde in der Schule meiner Ausbildungszeit, der Hauptschule in T., eingestellt und erhalte zum Schuljahresbeginn im September ein 5. Schuljahr als Klassenlehrer. Ich unterrichte in Mathematik, Biologie, Physik/Chemie und Technik in insgesamt acht Klassen.

Ein halbes Jahr später werde ich von dieser Schule fortgeschickt zu einer anderen Schule. Es ist viel geschehen in diesen wenigen Monaten. Ich bin mit der Schule zusammengestoßen, wie sie Realität ist und wie ich sie in der Ausbildungszeit mit meinem anderen Status nicht wahrgenommen habe. Vorher unterrichtete ich als »Lehramtsanwärter« nur einige Stunden in der Woche. Dies geschah nicht voll verantwortlich sondern »zum Ausprobieren«, und ich war vor Ort in der Klasse umgeben und gestützt von Mentoren (anderen Lehrern).

Doch nun tritt mir die Schule unverhüllt entgegen. Ich beginne daraufhin, die Zusammenhänge allen Geschehens in der Schule, auch das früher erlebte, unter einem neuen Gesichtspunkt zu betrachten – und mich entsprechend zu verhalten: *offen und offensiv kinderfreundlich.* Aber das darf nicht geschehen, nicht tatsächlich, nicht ernst gemeint – also muß ich erst einmal die eine Schule verlassen.

Als ich mich nach meiner »Abordnung« in der Hauptschule in E. wiederfinde, kommt mir alles merkwürdig verkehrt vor. Ich bin mir sicher und ich bin stolz darauf, den Kindern, mit denen ich es in der Schule zu tun habe, als Person gegenüberzutreten. Als jemand, der Kinder in ihrer eigenen Selbstauffassung achtet und der ihnen bei ihrer Selbstverwirklichung und ihrem Begreifen der Welt Hilfe anbietet. Und es klappt von Anfang an auch toll: Sie kennen mich noch von der Lehrerausbildung und wählen mich begeistert zu ihrem Vertrauenslehrer. Sie bauen auf mich, und ich bin für sie da. Wir begrüßen uns mit »Hallo Leute« und »Hallo Hubi« – und ich beginne, all das, was mir bizarr und versteinert, unnötig und unmöglich, feindlich und störend an der Schule erscheint, auf Reduzierbarkeit hin zu beleuchten, um »human« zu sein, wie ich es etwas belustigt deklariere.

Aber es wird ernst: Ich muß gehen – ganz einfach. Lehrer, Rektor, Schulrat »funktionieren«. Man »greift durch«, der Personalrat gibt seinen Segen. Ich bekomme zu spüren, was es bedeutet, ehrlich und offensiv für die Interessen der Kinder einzutreten – und zwar so, wie diese sie selbst sehen.

Muß ich mir denn tatsächlich »Humanität« extra auf die Fahnen schreiben? Das ist doch die pure Selbstverständlichkeit! Ich halte es für viel zu hoch gegriffen, mit den Begriffen »Humanität« und »Inhumanität« Verhaltensweisen in der Schule zu bezeichnen. Doch als dann so gut wie alle Erwachsenen in der Schule gegen mich sind – da begreife ich, daß es tatsächlich nur darum geht: Mit Kindern human oder inhuman umzugehen und Menschen, Personen in ihnen zu sehen und keine »Schüler«.

Ich nehme mir vor, keinen Zentimeter von meiner Überzeugung abzurücken. Und um es mir zu beweisen, beginne ich einen Monat nach der Abordnung Tagebuchaufzeichnungen zu machen. Sie sausen vom Kopf in die Schreibmaschine, Tag für Tag. So subjektiv und so spontan, so begeistert und so wütend, wie ich gerade bin. Sie enthalten meine Gefühle, meine Überlegungen, meine Entwicklung.

Sie werden mich handeln und nachdenken sehen. Ich decke mich auf – ich will ein Stück Schule aufdecken. Was ich Kindern an Unmenschlichkeit zufüge, »hat seine Gründe«, aber es hat keine wirkliche Berechtigung. Solange aber noch an die Berechtigung inhumanen Handelns in der Schule geglaubt wird und man sich mit Erziehungsdenken und dem Vorschieben von »Notwendigkeiten« für legitimiert hält, besteht keine Hoffnung. Es muß ein anderer Ausgangspunkt bezogen werden. Hierfür möchte ich aufdecken, aufklären, Mut machen. Auf der Seite derer, die die Unantastbarkeit der Würde des Menschen auch für die Kinder in der Schule gelten lassen, ist jeder willkommen.

Die Schule des Tagebuchs

Von der Hauptschule in T. werde ich im Februar an die Hauptschule in E. abgeordnet. Im März beginne ich Tagebuch zu schreiben, vier Monate lang bis zum Beginn der Sommerferien. An der Schule in E. sind etwa 500 Kinder. Ich bin als Fachlehrer in Mathematik, Biologie und Physik eingesetzt und unterrichte im Wochendurchlauf in neun Klassen gut die Hälfte aller Kinder. Die 9. Klasse ist die Abschlußklasse der Hauptschulen. Ich wohne 20 Autominuten von der Schule entfernt.

Die Klassen

5c	39 Kinder	Biologie und Physik, je 2 Wochenstunden
6a	39 Kinder	Biologie und Mathematik,
		2 und 4 Wochenstunden
6b	38 Kinder	Mathematik, 4 Wochenstunden
7G	33 Kinder	Mathematik-Grundkurs,
		4 Wochenstunden
8a	24 Kinder	Biologie, 2 Wochenstunden
8b	27 Kinder	Biologie und Physik, je 2 Wochenstunden
8c	27 Kinder	Physik, 2 Wochenstunden
9b	28 Kinder	Physik, 2 Wochenstunden
9G	33 Kinder	Mathematik-Grundkurs,
		4 Wochenstunden

TAGEBUCH

1. Woche

Montag – 22.3.

Klasse 6a

Montags habe ich die 1. Stunde frei. Aber heute bin ich als Vertretung eingesetzt, in der 6a. Bei ihnen habe ich Mathe und Bio. Mir kommt eine neue Idee, das Lärmproblem zu regeln: Die ersten 15 Minuten gehören mir, ich stehe vor der Klasse und spreche zu allen. In dieser Zeit gilt die »Ruheabmachung«. Danach können sie in selbstgewählten Gruppen arbeiten. Wer nicht mitmachen will, kann eigene Interessen verfolgen. Der dabei auftretende Lärm soll erträglich bleiben (was aber heißt das?). Zum Schluß gibt es noch einmal fünf Minuten für mich zur Zusammenfassung. Wir besprechen dieses Konzept. Ich lasse sie abstimmen, und es sind alle dafür.

In der 3. Stunde bin ich planmäßig in der 6a und mache gleich den ersten Versuch mit dem vorhin besprochenen Vertrag. Es klappt überhaupt nicht. Die Unruhigen sind von Anfang an laut und halten sich nicht an die Ruheabmachung. Ich bin doch ärgerlich, will das neue Konzept aber nicht schon beim ersten Mal aufgeben. Einige rufen mir zu: »Versuchen Sie es doch noch mal.« Ich versuche es – aber der Vertrag wird nicht eingehalten. Nach einer Viertelstunde »Versuch« gebe ich die korrigierten Klassenarbeiten zur Besprechung in die Gruppen. Ich bin dann dauernd gefragt, zu viele wollen Rücksprache mit mir, ich schaffe es nicht. Ich weise einige aggressiv zurück, die nicht auf ihrem Platz warten sondern zu mir kommen. Blöd. Andere arbeiten nicht, sie spielen. Der Lärm ist erträglich – für mich. Für die Kinder auch, denke ich, sie machen ihn. Für die Kollegen nebenan? Ich werde die Ruheabmachung weiter versuchen. Aber ich muß sie vorbereiten, am besten mit einem Arbeitspapier für die Gruppen. Das bedeutet Mehrarbeit. Na ja.

Pause
In der großen Pause habe ich Aufsicht auf dem Hof. Ich kann mich gut entspannen, wir kommen in Gespräch. Es tut mir gut, hier unter den Kindern herumzugehen. Auf einmal gibt es eine Schlägerei. Es ist die erste, die ich als Lehrer miterlebe. Die beiden Jungen sind aggressiv und wütend aufeinander. Als ich komme, blutet einer bereits an der Lippe. Ich rufe energisch dazwischen, aber das hat keine Wirkung. Stimmung der anderen ringsum: »Die wollen doch, laß sie doch.« Ich fasse einen der beiden an und ziehe ihn weg. Er reißt sich los. Ich hole ihn wieder und beauftrage ältere Kinder, ihn vom anderen wegzuhalten. Es ist laut und hektisch, ich brülle richtig dazwischen. Alles geht blitzschnell. Sie schlagen noch einmal aufeinander ein – »Ich laß mich doch nicht treten« –, dann sind sie auseinander. Später, in der 4. Stunde, sitzen beide an einem Tisch (7G). Sie können zusammen arbeiten. Als ich sie anspreche, merke ich, daß ihre Wut aber noch nicht verraucht ist.

Klasse 5c
Bei ihnen habe ich von Anfang an auf Disziplintricks zu Stundenbeginn verzichtet. Das war für sie völlig neu. In unserer ersten Stunde standen sie zu Beginn auf und begrüßten mich im Chor. Das legte sich so nach und nach. Jetzt ist es wie bei den anderen auch: Ich komme rein, winke kurz oder sage Hallo, an alle gerichtet, egal, wie laut es ist, eben einfach so. Sie sehen mich ja, denke ich. Und dann warte ich, bis ich etwas zum Unterrichtsvorhaben sagen kann oder gehe gleich zur Tafel. Heute ist es mir zu unruhig – und ich merke, daß meine Freundlichkeit nun auch bei ihnen problematisch wird. Ich vertröste mich auf morgen und ärgere mich über die Schule, in der ich mich über meine eigene Freundlichkeit aufrege.

Dienstag – 23.3.

Ich bin voll von dem quirligen Lärm und den Aktivitäten der letzten beiden Stunden (6a zuletzt, 7G davor). Die letzte Stunde ist gerade knapp fünf Minuten vorbei. Die Kollegen gehen aus dem Gebäude, die Kinder ziehen vor dem Fenster nach Hause. Ich sitze im Medienraum vor der Schreibmaschine. Das Lehrerzimmer ist nebenan, offener Durchgang.

Klasse 6a und 7G
Trotz eines enorm zehrenden Lärmpegels wird in beiden Klassen viel am Unterrichtsstoff (Mathematik) gearbeitet. Ich habe einen Gruppenarbeitspapier mitgebracht, zum Alleinarbeiten oder zum Ausfüllen in der Gruppe. In der 6a erkläre ich ihn kurz. In der 7G nicht mehr, es ist allen klar, was zu tun ist. In der 6a sitzen sie begeistert daran. Konstruktiver und längst nicht so laut wie in der 7G. In der 7G habe ich mehr das Gefühl, kontrollieren zu müssen, ob sie auch tatsächlich etwas tun. Als ein Mädchen aus der 6a zum Schluß sagt, daß es so viel mehr Spaß macht, freue ich mich.

Kollegen
In der 2. Stunde habe ich frei. Ich sitze im Lehrerzimmer. Kontaktgespräch mit zwei Kollegen. Schwierig. Es ist gut, daß es ein neutrales Thema gibt, Naturschutz. Ich finde beide Kollegen ganz nett. Nur habe ich hier meine Schwierigkeiten, persönlich und nah zu werden, wie ich das bei den Kindern kann.

Kurz bevor die große Pause anfängt, gehe ich zum Auto. Ich will nachsehen, ob das Buch »Lernen in Freiheit« von Carl R. Rogers dort ist oder ob ich es in einer Klasse liegengelassen habe. Falls es jemand finden würde, wäre mir das unangenehm. Die Ideen, die drinstehen, sind für mich zu wichtig, als daß ich sie unpassenden Bemerkungen aussetzen will. Das Buch war dann schließlich in meiner Tasche.

Am Schluß der großen Pause intervenieren zwei Kollegen wegen der Zoofahrt am Sonnabend. Ich habe sie mit den Kindern aus der 8a und 8c im Biounterricht vorbereitet und mit dem Rektor abgesprochen. Die Kollegen sagen, es ginge von ihrer Stoffplanung her nicht, sie bräuchten diese Stunden unbedingt. Dahinter steckt, daß ich sie nicht gefragt habe. Klar – das war ein Fehler. Aber wie die jetzt aufdrehen. Ich will keinen Streit und gebe nach. »Ich wäre sowieso nur gefahren, wenn keiner Einwände gehabt hätte.« Wie sie mich da so vor den anderen anmachen – da zucke ich eben mit den Schultern.

Zierstein
Auf dem Weg zum Auto treffe ich Kinder aus der 7G. Ich nutze die Gelegenheit, wir reden. Es kommen andere dazu. Ich versuche, kein Lehrerblabla zu reden. Es klappt, und darüber freue ich mich. Zwei Jungen wollen einen großen Zierstein umrollen. Sofort sage ich: »Hört auf.« Blöder Mechanismus, ich funktioniere prima als Ordnungshüter. Aber ich habe es gemerkt. Als sie wieder kippen, lasse ich sie. Der Stein liegt jetzt woanders – na und?

Mittwoch – 24.3.

Klasse 6a
Wie in der 6b vorher läuft es heute gut. So, wie es im Vertrag ausgemacht ist. Ich habe Gruppenarbeitspapiere mitgebracht. Aber dann ärgere ich mich doch. Es werden dieselben Kinder laut wie neulich. »Sie haben den Vertrag gebrochen« – ich bin überrascht, daß die Kinder es selbst sagen. Ich zitiere zwei nach vorn und sage ihnen, daß sie allen noch einmal erklären sollen, was ich gerade besprochen habe. Sie stehen da und albern herum. Wie ich sie so stehen sehe – kann ich wieder umschalten. Mein Ärger ist weg. Ich sage: »Laßt es Euch von den anderen erklären.« Als sie es dann

verstanden haben, mache ich mit dem Vertrag weiter, teile die Zettel aus, die Gruppenarbeit läuft. Der Lärm dabei ist so, daß er mein Lärmgewissen schon fast nicht mehr anspricht.

Konrektor
In der großen Pause frage ich, ob ich Freistunden als Ausgleich für zusätzliche Vertretungsstunden bekomme. Mir ist nicht wohl dabei, dieses übliche Verfahren in Anspruch zu nehmen. Wie wird das aufgefaßt? Ich möchte nicht den Eindruck erwecken, als drücke ich mich vor meinen Stunden. Für den Konrektor ist das aber kein Problem. Ich bekomme selbstverständlich die Freistunden.

Klasse 5c
Ich gerate im Lauf der Stunde in einen Sog, aus dem ich nicht mehr herauskomme. Im Physik-Demonstrationsraum sind die Kinder wieder laut – ich bin genervt. Wir hatten darüber ausführlich gesprochen. Als wir dann in den benachbarten Physik-Gruppenraum umziehen, werden sie nicht mehr leise. Es wird mir zuviel. Es reicht mir. Ich kommandiere ihre Hefte raus und diktiere am Tageslichtprojektor eine Unmenge Text. Dabei weiß ich, daß sie das so gar nicht verstehen können, ich mache es trotzdem. In mir ist viel Ärger. Das grelle Licht des Projektors blendet mich dauernd. Ich kann nicht mehr richtig erkennen, was in der Klasse läuft. Statt aufzuhören mache ich bis zum Schluß weiter – ich komme einfach nicht davon weg. Sog, blödes, hilfloses Gefühl. Nach dem Gong gehe ich mit den Kindern aber doch noch mit in ihre Klasse. Ich warte dort, bis alle weg sind. Ich bin weiter angespannt und sage kaum Tschüs wie sonst. Ich bin froh, daß es einige zu mir sagen.

Planungsgruppe 7G
Es ist das erste Treffen. Wir haben ausgemacht, nachmittags Mathe mal durchzusprechen und etwas für den Unterricht

vorzubereiten. Wir sind zwei Stunden zusammen. Ich habe dazu acht Kinder ausgesucht, von jedem Gruppentisch zwei. Ich will einfach mal den Versuch machen. Von Nachmittagstreffen aus der Schule in T. weiß ich, daß durch so etwas ein viel besserer Kontakt möglich wird. Ich hatte damals als Klassenlehrer mit meiner 5. Klasse regelmäßige Spieltreffen eingerichtet. Diesen besseren Kontakt möchte ich auch in dieser Klasse haben, ich verspreche mir viel davon. Hinzu kommt, daß die 7G Kinder aus zwei 7. Klassen enthält, aus beiden Klassen die »Schlechteren« in Mathe für den Grundkurs (G). Sie können sich so auch untereinander besser kennenlernen.

Dann läuft es ganz prima! Wir können viel Plankram durchsprechen. Es ist eine hilfreiche und freundliche Atmosphäre. Es sind nicht nur »Brave« gekommen – aber es geht ganz gut. Es sind auch mehr gekommen, als ich angesprochen habe. Für den Aufbau der Arbeitspapiere entwickeln wir eine bestimmte Struktur. Zum Schluß warne ich sie vor möglicher Opposition der anderen gegen unsere Planungsergebnisse. Sie sagen mir noch, daß sie Vierergruppen besser als Achtergruppen finden. Das will ich in der nächsten Stunde einführen.

Donnerstag – 25.3.

Personalvertreter-Versammlung
Versammlung im großen Saal eines Gasthauses. Vormittag, kein Unterricht. Als ich komme, sind etwa 250 Personen da, das vordere Drittel zum Vorstandstisch hin ist nicht besetzt. Alles drängt nach hinten. Schließlich sind 400 Lehrer im Saal. Vortrag des Vorstands. Kaum Reaktionen. Man hört brav zu und quasselt mit dem Nachbarn. Schülerverhalten, Kontaktbedürfnis. Diese Schüler – denke ich. Wie soll denn mit denen irgendetwas vorankommen?!

Bei einer – der einzigen – Intervention ist der Vorstand sichtlich froh, daß keiner nachhakt und den Vorschlag aufgreift. Ich meine, daß der Lehrer, der sich so nach vorn an das Mikrofon begeben hat, Unterstützung bekommen sollte. Inhaltlich und prinzipiell wegen seiner Initiative. Aber ich tue es auch nicht – wozu denn eigentlich? Blöde Mentalität hier im Raum.

Als es vorbei ist, da brauche ich gut zwei Stunden, um mich von dieser beklemmenden Atmosphäre freizumachen. Das war so eine geballte Ladung nicht-aktiver, bequemer, schwatzender, unterwürfiger Mentalität – merkwürdig eklig. Warum bin ich so angemacht? Vielleicht habe ich doch erwartet, daß etwas mitschwingen würde, was für die Arbeit mit den Kindern wichtig ist. So aber ...

Freitag – 26.3.

Vertretung
In der 4. Stunde habe ich Vertretung in der 6c. Kurz vorher erfahre ich, daß ich in die 9b soll. Die Kinder aus der 6c hatten sich auf diese Vertretungsstunde gefreut. Wir wollten Tonbandinterviews machen. »Was würdest Du tun, wenn Du eine Million gewonnen hättest?« – Ein Rundfunkreporter interviewt einen Gewinner. Das wird auf Band aufgenommen und anschließend abgehört. Sie spielen es gern und sind dabei erstaunlich ruhig. Das geht nun nicht. Ich ärgere mich. Wir werden hin- und hergeschoben.

Ich kann es schnell verarbeiten. Ich sehe ein, daß Vertretung in der 9. Klasse nicht jedermanns Sache ist und verstehe die Kollegin, die lieber bei den Jüngeren vertreten will. Aber die Kinder? Werden mal wieder nicht gefragt. Sie auch über so etwas zu informieren – daran denkt überhaupt keiner. Es wird beschlossen und vorgesetzt, diesmal auch mir. Könnte man den Vertretungsplan nicht auch für die Kinder einsehbar aushängen? Ließe sich das nicht auch mit den Klassensprechern abstimmen? Aber das ist eben nicht drin. Neben der Mehrarbeit – ein Kollege müßte sich ja die Zeit dafür nehmen – steht auch die Einstellung dagegen. Man spricht sich nicht mit Kindern ab über Unterrichtseinsätze oder ähnliche Lehrerzuständigkeiten. Motto: Wäre ja noch schöner. Ich sage dann hierzu nichts weiter. Ich will nicht wieder als Neuerer dastehen wie in T. Ich sehe lieber in den Klassen, was ich tun kann.

Überwachung
Der Konrektor hat vom Schulrat einen Sonderauftrag: Er soll eine Überwachung meines Unterrichts durchführen. Das ist so arrangiert, daß ich in der 9G unterrichte, in der er eigentlich Mathe gibt. Herr R. soll dann immer dabei sein und »aufpassen«. Ihm ist das ganz und gar nicht recht, es ist ihm unangenehm. Wir haben uns so verständigt, daß wir gemeinsam in der 9G unterrichten. Zur Zeit läuft es so, daß mal er, mal ich unterrichte. Ich fühle mich von ihm jedenfalls nicht kontrolliert und komme gut mit ihm aus. Trotzdem, es ist eine diskriminierende Sache. Und auch schon wieder so absurd, daß ich es einfach stehen lassen kann. Ich komm ja mit Herrn R. gut aus – das reicht mir.

Klasse 9G
Sie schreiben die von mir entworfene Mathearbeit. Aufsicht hat der Konrektor, ich habe nebenan Unterricht. 15 Minuten vor Ende der Arbeit sehe ich mal nach, wie sie zurechtkommen. Vielleicht kann ich noch etwas erklären. Herr R. bietet mir an, die restliche Zeit dazubleiben. Ich bin einverstanden, und er geht in die Klasse nebenan.

Dann erlebe ich etwas, das mich verzweifelt wütend macht: Die Kinder aus der 9G verhalten sich »wie kleine Kinder«, die Angst vorm Lehrer haben und den lieben Onkel bitten, sie doch ein wenig mogeln zu lassen. »Sie waren doch auch mal Schüler« und so. Da ist nichts von rollenüberwindenden Ansätzen zu spüren, wie ich es sonst in den anderen Klassen erlebe. Wo sie mich nicht mehr so auf den »Lehrer« festlegen. Hier aber bin ich für sie der Lehrer, und wenn ich mitspiele, dann ein »netter Lehrer«. Ich bin verärgert und verhalte mich nicht so, wie sie es wollen. Ich passe auf, daß nicht gemogelt wird, und denke, sie sollten doch wissen, daß Mogeln nun mal nicht drin ist. Ich fühle mich als Aufpasser vom Dienst. »Kann ich doch nichts dafür«, sage ich ihnen. »Find ich doch auch blöd, diese Aufpasserei hier.« Dann bin ich nicht konsequent und »überseh« vieles, obwohl ich es ja eigentlich nicht will und es mir überhaupt nicht schmeckt, der liebe Onkel zu sein. Sie reagieren sofort auf meine innere Haltung (ich will aufpassen und finde blöd, was sie von mir erwarten). »Gehen Sie doch wieder.« »Wenn wir das gewußt hätten, hätte Herr R. hierbleiben sollen.« Und sie betteln: »Die letzten Minuten sind doch die wichtigsten.«

Ich überlege: Wenn die Lehrerrolle und die Schülerrolle beibehalten werden, kann man ganz nett miteinander umgehen. Die Rollenregeln sind zu beachten. Dann bleiben sie die Kleinen und ich der Große Mac, den man ein bißchen bitten und ein bißchen austricksen kann. So will ich es nicht! Das ist keine echte und unverstellte Kommunikation, keine ehrliche und personale Beziehung. Ich will ohne dieses Schild »Lehrer« rumlaufen. Ich liebe ihre freien, offenen Gesichter, das Vertrauen in ihren Augen, ihr »Hallo Hubertus«.

Sonnabend – 27.3.

Die beiden ersten Stunden tun gut. Und dabei hatte ich mich auf eine harte Wochenendrangelei eingestellt. »Was, lernen am Sonnabend? Es ist doch Wochenende!« mit zugehöriger Lautstärke und Theater.

Klasse 9b
1. Stunde. Ich zeige ihnen einen Film über Mond- und Sonnenfinsternis. Es sehen längst nicht alle zu. Aber ich habe das Gefühl, einigen etwas anzubieten. Kann man ja nie wissen. Als einer am Vorhang rumspielt und es zu hell für den Film wird, spüre ich Aggressivität in mir aufsteigen. Es ist »immer derselbe«. Aber ich schaffe es, mich zurückzuhalten, nicht zu intervenieren. Ich finde mich gut so – und werde wieder gelassen.

Klasse 8a
2. Stunde, Bio in der 8a. Ich war erst ein paar Mal bei ihnen. Bisher habe ich noch nicht über Zusammenarbeitsformen gesprochen. Es sind nur 24 Kinder, und ich möchte mit ihnen nicht nur als Klasse, sondern auch als Gruppe arbeiten. Das sage ich ihnen. Hinterher denke ich, daß das doch eine unrealistische Idee ist und ich zu sehr unter Zeitdruck bin, um überhaupt Ruhe für gruppendynamisches Wachsen zu haben. Aber ich sah eine Chance. Doch andererseits: Geht so etwas überhaupt in der Schule, bei all der Hektik, dem dauernden Szenenwechsel, den stofflichen Anforderungen, den Kontrollen (Noten)? Warum aber nicht mal versuchen ... Sie läuft im zweiten Teil der Stunde dann gut, unsere Kommunikation. Nachher, in der Milchpause machen sie mit mir ein Spiel – wir haben Kontakt. In der 4. Stunde bin ich noch einmal bei ihnen. Ich freue mich darauf.

Klasse 6b
Im Schwung dieser beiden Stunden nehme ich einem Kollegen eine Stunde ab, die er als Vertretung gerade hat. Ich habe eine Freistunde – ich möchte sie einfach so nutzen. Mir ist danach, wieder mit Kindern zusammenzusein. Er ist verblüfft, daß ich eine Stunde halten möchte, die ich nicht machen muß, aber er ist einverstanden. In der 6b ist es dann ziemlich laut, als ich komme. Ich habe doch ein etwas unangenehmes Gefühl, bin aber entschlossen, den Lärm bis zum Ende nichtsteuernd durchzustehen.

Sie wollen Tonbandinterviews machen und beginnen, sich selbst für Ruhe einzusetzen. Aber auch: »Versuchen Sie es doch mal, die werden dann schon leise.« Ich soll also nicht abwarten, bis es leise wird, sondern mich selbst dafür verwenden. Was tun? Soll ich die Bitte dieser Kinder als nicht durchführbar abtun, solange ich keinen Druck ausübe, nicht schreie und niemanden anmeckere? Ich setze dann ein paar Mal an, das Tonbandspiel zu erklären und bitte um Ruhe. Sie sind froh, daß ich etwas mache, statt nur zu warten. Und unter diesem meinem »Aktionsschutz« können sie dann ihren eigenen Interessen nachgehen. Ich denke, daß ich sie sehr entlaste, wenn ich etwas tue – wenn ich überhaupt etwas tue, egal was. Wenn ich nur abwarte, dann sind sie am Zug, und das strengt sie an. Dann spüren sie auch stärker, daß ich sie beobachte.

Das erste Interview fängt nach einigem Hin und Her an, und die Stunde läuft. Ich finde es gut, daß ich zunächst ein Stück auf sie zugehe und dann erst warte, wie es bei ihnen aussieht. Erst etwas sagen, auch wenn sie zu laut sind – und dann warten. Und nicht erst warten, bis sie ruhig werden.

Klasse 8a
Es ist ganz anders. Ich habe mich darauf gefreut, mit ihnen dort weiterzumachen, wo wir vorhin aufgehört haben. Aber sie sind aufgedreht, aggressiv, haben keine Lust mehr. Was ist los? Wer war da vor mir in der Klasse? Oder ist das Wochenende jetzt in der 4. Stunde einfach zu nah? Es wird zäh, es gibt Hickhack. Statt den Stoff sausen zu lassen, will ich ihn durchziehen. Ich diktiere bis zum Schluß irgendwelche Merksätze. »Du kannst mit ihnen diese Stunde nicht verspielen, es ist Unterricht, keine Vertretung, keine Spielstunde, hier soll schließlich etwas gelernt werden«. Ich ärgere mich, daß ich es nicht schaffe, diese Anforderungen einfach beiseite zu schieben. Ich merke doch, daß sie keine Lust mehr haben. Aber in mir sieht es anders aus. Ich habe den längeren Atem. »Wir

machen das hier weiter – nichts anderes«. Es wäre schön, wenn ich mich umstellen könnte. Aber es geht nicht.

Vergessen
Nach dieser Stunde ist auch für mich Wochenende. Ich brause mit dem Auto nach Hause. Schnell, wochenendfroh. Ich spüre, wie die Lebendigkeit der Kinder noch gegenwärtig ist, das Auto ist voll davon. Das finde ich schön und vergesse den Unterrichtsstreß und den Ärger von eben.

2. Woche

Montag – 29.3.

Vorbereitung
Gestern habe ich zwei Stunden lang den Unterricht vorbereitet. Ich habe Arbeitsblätter mit und starte mit dem ruhigen Gefühl, den Überblick zu haben.

Das ist mir sehr wichtig. Meine Stundenvorbereitungen laufen darauf hinaus, immer zu wissen, was ich anbieten kann. So, wie es in den Zusammenhang der Thematik mehrerer Stunden, einer Unterrichtsreihe, paßt. Die Vorbereitungen sind wie Handwerkszeug, das parat liegt. Das mich sicher macht, in der jeweiligen Stunde vom Unterrichtsstoff her klarzukommen und nicht den roten Faden des »Was machen wir jetzt?« zu verlieren. Ich bin jeden Tag gut vorbereitet, ich investiere hier aus eigenem Interesse.

Natürlich überlege ich dabei auch – neben dem Was –, *wie* ich den Stoff für die Kinder aufschlüsseln kann und wie sie sich damit auseinandersetzen können, also Didaktisches und Methodisches. Ich habe da ein großes Repertoire, feile aber nicht lange an Einzelheiten. »So könntest Du es ihnen erklären – und so könnten sie sich damit beschäftigen.« Das Erklären spiele ich gedanklich kurz durch und mache mir eventuell Kopien oder Folien für den Tageslichtprojektor oder suche mir am Tag vorher Arbeitsmittel in der Schulsammlung heraus.

Für die Arbeitsweise genügen Stichworte. »Gruppenarbeit«: die Tische werden so zusammengerückt, daß vier, sechs oder acht Kinder eine Gruppe bilden und daß sie in diesen Gruppen miteinander arbeiten. »Partnerarbeit«: jeweils zwei nebeneinander sitzende Kinder arbeiten zusammen. »Stillarbeit«: jeder arbeitet für sich, ohne mit dem Nachbarn zu reden.

»Frontal«: ich erkläre den Unterrichtsstoff von vorn. »Klassengespräch«: ich bin mit der ganzen Klasse im Gespräch.

Ich weiß also am Abend stets, wie es am nächsten Vormittag laufen kann – laufen *könnte*. Ich mache keine langen Entwürfe à la Lehrerausbildung. Stichwortzettel und alles in Gedanken kurz durchspielen, das *Könnte,* das hilft mir. Lange Entwürfe sind zuviel Investition, um später rasch davon abweichen zu können, falls das nötig werden sollte. Zuviel Auswendiglernen mit Steckenbleib-Angst: »Die Vorbereitung lerne ich auswendig und spule das dann in der Klasse ab.« Zuviel Angst, daß die Kinder mir mein Kunstwerk Vorbereitung kaputtmachen. Und einfach auch zuviel Freizeit einsetzen.

Vor allem: Ich plane immer mit der Bereitschaft, alles Geplante sofort in den Papierkorb zu werfen, wenn die aktuelle Situation ganz anders ist. Wenn meine Vorbereitungen am konkreten Klassengeschehen vorbeilaufen. Das passiert oft und hat viele Gründe, je nachdem, was vor meiner Stunde mit den Kindern so alles passiert ist und wie ihre emotionale Gesamtsituation dementsprechend aussieht. Meine Vorbereitungen sind kein Selbstzweck – sie helfen *mir,* ich gebrauche sie als *mein* Handwerkszeug und liefere mich ihnen nicht aus.

Klasse 6a
Gleich zu Beginn biete ich ihnen das Tonbandinterview an. Ich beginne nicht wie sonst montags mit Kontakten, Reden über dies und das. Es ist Vertretungsstunde und eine nicht normale Situation. Da befürchte ich Ausufern und Unruhe, wenn ich nicht sofort ein Programm mache. Sie wollen die Interviews. Aber es ist längst nicht so spontan und direkt wie sonst. Liegt es am Montag?

Klasse 9G
Ich schlage ihnen vor, bei der Punkteauswertung für die Klassenarbeit mitzuberaten und mitzuentscheiden. Aber

zu meiner Überraschung wollen sie das nicht. Sie wollen es vorgesetzt und dann erläutert haben. Nicht alle, aber die tonangebenden Kinder. Ich breche das Punktebesprechen ab und lasse sie ihre Einwände oder Zustimmungen zu meinem Vorschlag aufschreiben. Sie tun es. Mit einem Mädchen diskutiere ich darüber. »Ist doch Aufgabe des Lehrers, die Auswertung.« Ich sehe sie klar rollenfixiert. Daneben spüre ich Opposition: »Bei Herrn R. möchte ich lieber Unterricht haben. Nichts gegen Sie, aber Ihre Art...« Andere aus der Klasse finden meinen Vorschlag aber auch gut.

Nach der Stunde spreche ich mit Herrn R. darüber. Er sieht ganz andere Zusammenhänge. Für ihn ist das eher ein Kompetenzproblem. Ich informiere ihn aber auch deswegen über den Verlauf der Stunde, um etwaigen Protesten entgegenzuwirken. Das finde ich zwar blöd, halte es aber doch für nötig.

Klasse 9G zur Mitbeteiligung
Abends komme ich dazu, mir ihre Antworten zur Beteiligung an der Auswertung der Mathearbeit durchzulesen:

»Ich finde es besser, wenn sich der Lehrer in Ruhe zu Hause hinsetzt und für sich alleine arbeitet.«
»Ich finde es nicht gut. Das sollten die Lehrer selber machen. Etwas Gescheites kommt sowieso nicht dabei raus.«
»Der Lehrer sollte entscheiden, wie die Arbeit gewertet werden soll. Danach kurz mit uns sprechen, um kleine Änderungen vorzunehmen.«
»Wenn Sie die Klasse mehr unter Kontrolle hätten und einige mit ihrem Unsinn aufhören würden, könnte es wohl ganz angebracht sein, und der Unterricht würde im allgemeinen viel interessanter sein.«
»Es ist unheimlich blöd, wenn man die Punkte mit dem Lehrer bespricht. Denn wir sind Schüler und keine Lehrer.«

»Es ist gut, wenn die Schüler bei der Auswertung einer Mathearbeit mitsprechen dürfen. Dadurch können Ungerechtigkeiten vermieden werden.«
»Ich finde es gut. Denn dann können sich auch die Matheschwächeren dazu äußern und ihre Probleme sagen. Zum Beispiel, wieso sie nur die Formel aufgeschrieben und warum sie nicht weitergerechnet haben. Durch dieses Gespräch würde für die Matheschwächeren die Punkteverteilung vielleicht nicht so streng ausfallen.«
»Ich finde es gut. Wir können uns äußern und unsere Meinung sagen. Wir können die Punktezahl festsetzen. Wir wissen es besser, weil wir die Arbeit geschrieben haben. Wir wissen, wie man die Punkte verteilt.«
»Ich finde den Gedanken gut. Die Mathearbeit ist nicht für den Lehrer wichtig, sondern für uns. Daher können wir auch mitbestimmen, wie die Punkte sein sollen.«

Klasse 7G
So viel Aggressivität! Einige sind unverstellt auf Schlagen und Attacken aus. Nicht feindlich-böse, aber einfach aggressiv. Es ist alles unübersichtlich und durcheinander. Die Hälfte arbeitet aber doch am Arbeitspapier und schafft das Programm. Ich überlege: Drehen sie bei mir so auf – oder können sie bei mir nur das rauslassen, was sonst durch Druck verschwindet?

Nachmittagsgruppe 6b
Ich habe zu diesem Nachmittagstreffen die Kinder eingeladen, die mir »besonders aufgefallen« sind. Einige waren enttäuscht – aber ich möchte nicht mehr als zwölf Kinder da haben. Es sind zur Hälfte solche, die »stören« und solche, die »mitmachen«. Vor allem mit den »Störern« möchte ich näher in Kontakt kommen. Um sie dann besser für den Unterricht ansprechen zu können? Sicher auch. Vor allem aber, um mit ihnen einfach besser auszukommen, wobei es mir nicht so wichtig ist, ob sie dann »etwas tun« werden oder nicht. Ich

bin ausgeruht, war zu Hause und freue mich auf die Kinder. Jetzt sitze ich im Lehrerzimmer, schreibe dies hier und warte auf sie. Mal sehen, wie es wird.

Als sie dann kommen, wird es ganz prima! Sie erzählen auf das Tonband, was ihnen gerade einfällt. Es ist eine entspannte Situation. Ich habe nichts vorbereitet, und das Tonband ist noch vom Vormittag in meiner Tasche. Ich will ja auch nichts von ihnen, außer zusammensein und mal so sehen. Vielleicht kommt das über und ist das Wichtigste für unseren Kontakt. Wir sind als Gruppe zusammen, und dadurch habe ich keine Gelegenheit, mit einzelnen ins Gespräch zu kommen. Dennoch habe ich zu ihnen hinterher viel differenziertere Gefühle – mehr Zugang zu dem, wie sie sich selbst sehen.

Ich werde solche Treffen nicht oft machen können. Die Grundeinstellung, sie in Ruhe zu lassen, nichts von ihnen zu wollen (was sie tun sollen), ist für die Arbeit der anderen Kollegen »schädlich«. Denn wenn sie bei den Kindern Fuß faßt, wird es ja für jeden, der anders daherkommt (etwas will), schwieriger. Wenn die Kollegen merken, was ich da so nachmittags in Szene setze – dann könnte es Ärger gehen. Es ist anders als in der Planungsgruppe 7G, wo ich ja Mathe mache. Aber heute habe ich das Treffen arrangiert auch ohne dort Klassenlehrer zu sein und mit dem fragend-mißtrauischen Blick der Klassenlehrerin, was das Ganze denn eigentlich bringen soll. Daß ich Kommunikation, Kontakt, Vertrauen für wichtiger als Unterrichtsstoff halte, dies als Vorbedingung überhaupt ansehe: Das ist Fremdsprache für so viele Kollegen. Und wenn ich nicht nur davon rede, sondern es sogar zu realisieren beginne wie mit diesem Nachmittagstreffen, dann wird es geradezu verdächtig.

Dienstag – 30.3.

Abwarten
Heute setze ich noch einmal auf das Abwarten. In der 5c immer wieder. In der 7G erst einmal zehn Minuten, bis ich starten kann. Bei der 6a dauert es acht Minuten. Die Ruhe, die dann aufkommt, reicht nicht lange. Ich meine, daß ich mit dem Warten keinen Druck ausübe. Ich schreie ja nicht oder fahre sie an, damit sie ruhig sind. Aber ist das Warten, das Schweigen nicht auch Druck – nur eben anderer? Und dann bin ich auch nicht konsequent. Ich sage doch etwas in die laute Klasse hinein, um mir Gehör zu verschaffen. Dabei halte ich eine Lautstärkegrenze ein, die ich als nicht beleidigend einstufe: Ich brülle nicht massiv in die Klasse. Nur, dann bringt das nichts, es bekommen nur wenige mit, daß ich jetzt zu allen etwas sagen will. Ich sollte es ganz bleiben lassen. Ich will mir etwas anderes ausdenken. Was?

Klasse 7G
Während der Gruppenarbeit gehe ich gezielt zu einigen, die es in Mathe schwerhaben. Ich nehme mir heute die Zeit für diese Einzelberatungen. Dadurch komme ich aber nur zu etwa einem Drittel der Klasse. Diese Kinder haben es dann auch verstanden, und sie freuen sich über den Besuch. Die anderen, zu denen ich nicht komme, sind sauer. Sie rufen mich dauernd, sie verlangen regelrecht nach mir. Einige treiben in der gegenüberliegenden Ecke aggressive Spielchen. Andere lernen aber auch. Ich nehme das »negative« Verhalten in Kauf, denn so in der Einzelberatung komme ich wirklich an sie heran, und das zählt für mich.

Stundenende, es ist bereits Aufbruchstimmung. Die Gruppentische werden in ihre Normalpositionen zurückgeschoben. Ich sehe eine Menge Papierschnipsel auf dem Boden. Vier Kinder habe ich erwischt, sie sollen das Papier aufheben. Ich mache ihnen ziemlich wild klar, was sie tun sollen. Zwei fangen an. Ich merke, daß ich mich in einen Machtkampf verwickle und kann umschwenken. Ich hebe selbst Papier auf und lasse die beiden anderen in Ruhe. Die Klasse ist sehr schnell sauber. Andere machen nicht mit. Sie sitzen auf den Tischen, stehen drum herum und sehen sich das an.

Kinder vom anderen Kurs wollen in den Klassenraum. Es hat bereits gegongt. Als sie die Tür aufmachen und herein wollen – ich bin noch mit der Papieraktion beschäftigt –, da werden sie von der 7G aggressiv angefahren und zurückgetrieben. Es kommt eine besondere Stimmung auf, so etwas wie ein Wir-Gefühl. Ich spüre das, und es tut mir gut. Halten sie zu mir? Erleben sie eine positive Orientierung, hier in diesen Stunden, in denen ich mit ihnen zusammen bin? Und wollen das bis zuletzt auskosten und darin nicht gestört werden? Oder lassen sie auch jetzt nur ihre stets vorhandenen Aggressionen an den anderen aus?

Klasse 8b
Mein Vertretungsunterricht wird reduziert, ich bekomme die 8b jetzt regulär für Bio und Mathe zugeteilt. Sie waren auf Klassenfahrt, ich kenne sie noch nicht und erzähle zunächst von mir. Es entsteht sofort eine andere Atmosphäre als »Unterricht«. Einfach persönlicher. Es ist schön. Als einige dann beim Film am Vorhang rumspielen, kann ich meine Eingreifgrenze verschieben. Schließlich interveniere ich, weil sich andere gestört fühlen. Ich tue es sehr gelassen und freundlich, aber ich reguliere eben doch.

Mittwoch – 31.3.

Klasse 8a
Mit drei Mädchen aus der 8a habe ich mich gestern nach Unterrichtsschluß getroffen, um Arbeitspapiere fertigzumachen. Sie wollten da mal mitmachen. Wir waren gut zwei

Stunden zusammen, im Lehrerzimmer, unter uns. Viel persönliches Gespräch. So ist das schon toll. Ich habe aber gemerkt, daß ich zu viel geredet habe. Ich muß mehr zuhören. Dazu muß ich aber auch gelassen genug sein, weniger Lehrer. Das ist im »Lehrer«zimmer schwierig. Trotzdem. Vielleicht geht es auch alles schneller, wenn ich ihnen offen sage, was ich will: Person sein und nicht Funktionär sein.

Heute habe ich bei ihnen Vertretung. Ich bin wieder Unterweiser, ich merke, wie ich mich verändere. In den Anfangsminuten kann ich an die Situation von gestern anknüpfen und persönlich sein. Der Umschlag kommt, als der Hausmeister und eine Putzfrau im Klassenraum etwas zu tun haben. Natürlich fragen sie mich, ob sie auch nicht stören. Und natürlich sage ich, daß sie nicht stören. Aber meine Unbefangenheit ist weg, ich spüre, daß jetzt Erwachsene im Raum sind – und bin schon wieder drin in der vorgeschriebenen Rolle. Ich weise an und weise zurecht. Als die beiden dann draußen sind, möchte ich ein Feedback zu meinem Verhalten. Ich möchte zurück zu dem, wie es vorher war. Die Kinder ziehen nicht mit. Ich rede zehn Minuten allein, habe kaum Kontakt. Ich merke, daß sie nicht beteiligt sind, eher belastet. Dann machen sie einen Vorschlag. Sie sagen, was *sie* wollen, und ich freue mich, daß sie sich trauen, es zu sagen.

»Heads down – Heads up«
Sie wollen »Heads down – Heads up« spielen. Ich lasse es mir erklären. Sieben Kinder kommen nach vorn. Der Rest bleibt auf den Plätzen sitzen. Auf das Kommando »Heads down« (Kopf runter) müssen alle den Kopf in den Arm legen, auf den Tisch, Augen zu. Die sieben gehen jetzt durch die Reihen und tippen jeweils einen an. Dann gehen sie wieder nach vorn. Bei »Heads up« (Kopf hoch) können alle aufsehen. Die Angetippten stehen auf und raten, wer sie angetippt hat. Wenn es stimmt, dürfen sie nach vorn, und der Erratene setzt sich wieder hin. Dann kommt ein neuer Durchgang. Ich

sehe mir ihr Spielen zwei Runden lang an. Distanz. Dann gebe ich mir einen Ruck und mache mit. Ich setze mich auf einen freien Platz mitten unter sie. Ich bin eingefangen in die Emotionalität dieses Spiels. Es ist eine aufregende Erfahrung. Ich fühle mich akzeptiert und aufgenommen. Aber ich bin noch nicht richtig da, es ist so neu, mal »richtig« mitzumachen bei ihnen. Ich komme mir scheu und gehemmt vor. Aber ich bin auch Teilnehmer und nicht nur Zuschauer. Spannendes Warten mit geschlossenen Augen. Wird mich jemand antippen? Hilflosigkeit beim Raten, wer es gewesen sein könnte. Freude, als ich endlich mal richtig rate. Überhaupt: Wann werde ich schon mal von den Kindern berührt? Wann kann ich sie schon mal berühren? Dieses kurze Angetipptwerden, Symbol: »Machst Du mit?« Ich habe es stehengelassen, dieses wohldistanzierte Lehrersein. Ich bin mitgerannt, sie haben mich mitgenommen. Es war alles sehr wichtig und hat mich bestärkt.

Klasse 7b
Vertretung bei den »schwierigen, wilden Kindern«. Ich bin voll von den Erfahrungen aus der Vorstunde. Ich schlage ihnen das Interviewspiel vor. »Heads down – Heads up« ist zu neu für mich, um es anzubieten. Es werden vier Interviews. Als sie dann sehr unruhig werden, bin ich froh, einen roten Faden zu haben (das Spiel) und kann sie in Ruhe lassen. Und dann kommen sie zum Spiel zurück und werden wieder leiser. Ich denke: Wenn ich nur genug Geduld habe, kommen sie schon zurück.

Klasse 5c
Ich will das mit der Geduld gleich bei ihnen realisieren. Ich habe vor, die Stunde verstreichen zu lassen, also nicht weiter am Unterrichtsstoff zu arbeiten, wenn sie nicht von allein ruhig werden. Ich will einfach Zeit investieren. Das erkläre ich zu Beginn. Es läuft dann so, daß wir zwei größere Arbeitsphasen bekommen, vor denen jeweils mein Warten liegt.

Ich mache in dieser Stunde aber auch noch etwas anderes als Warten. Ich hole einige, die laut sind, aus den Zuschauerbänken (wir sind im Physik-Demonstrationsraum) und lasse sie vorn auf dem Fußboden sitzen. Ich würde sie auch auf einem Stuhl neben mir sitzen lassen, aber es gibt hier nur fest montierte Stühle. »Wenn Du meinst, daß Du auf Deinem Platz bis zum Ende der Stunde ruhig bist, kannst Du zurück. Du brauchst mich dann nicht erst zu fragen.« Ich sage es ihnen persönlich, freundlich. Ich hocke mich zu ihnen auf den Boden und nehme mir Zeit für sie. Sie sehen mich an und hören zu. Kontakt. Hinterher finde ich diese Aktion doch sehr nahe dem »In der Ecke stehen«. Ich will es nicht noch mal machen.

Klasse 9G
Rückgabe der Mathearbeit. Wie sie sich über gute Noten freuen! Wie das drinsitzt! Ich bin überrascht und verblüfft. Wie die Schulkinder ...

Donnerstag – 1.4.

Klasse 7G
Nach der Stunde bin ich abgedriftet. Ich spüre, daß ich hart bin. Ich merke es im Gesicht. Was war los?

Sie sind heute einfach nicht ansprechbar für das, was ich will. Sie hören von Anfang an nicht zu. Keine Bereitschaft. Ich warte zehn Minuten, um meine Anfangserklärung loszuwerden. Ohne diese können sie das Arbeitsblatt nicht bearbeiten. Sie hören nicht zu. Na ja. Aber ich kann das nicht akzeptieren. Ich kann mir nicht sagen: »O.k. – heute hat es keinen Zweck, Mathe zu machen. Machen wir erst mal etwas anderes. Erst mal Kontakt herstellen.« Ich reagiere anders. Lehrerhaft, erfolgsorientiert, auf Stoffvermitteln ausgerichtet, entsprechend verärgert. Mein innerer Druck, Mathe machen zu sollen, steigt. Mir fällt ein: »Wir lernen doch bei Ihnen nichts. Hätten wir doch Herrn S. wieder. Wie soll man denn was kapieren bei diesem Lärm. Das liegt doch nur an Ihnen. Greifen Sie doch mal durch. Es geht doch nicht ohne.« Ich fühle mich aufgefordert, Unterricht zu machen. Ich will etwas erreichen. Ich bin voll davon: »Ihr *sollt* mir zuhören!« Ein Wunder, daß ich sie nicht anschreie. Trotzdem, ich lehne die Klasse ab, wie ich sie heute erlebe.

Ich beschränke mich auf Regulieren: »Nicht rumlaufen!«, »Nicht mit dem Lappen werfen!«, »Hört auf, Euch zu schlagen!« Und heute helfe ich *mir*. Ich schreibe drei Seiten »Interaktionsbeobachtungen Klasse 7G«. Ich tue etwas, das mich von dem ablenkt, worin ich gerade gefangen bin, in dieser Klasse mit dem ganzen Drumrum. Es tut mir gut. Wie ein Rettungsring, wenn der Boden wegsackt, wenn ich in Gefahr gerate, autoritär und böse dreinzufahren. Ich merke, daß es nicht schlimmer wird, nicht so, wie in der 5c vorige Woche. Ich kann wieder Blickkontakt herstellen, aufatmen. Ich denke jetzt, es ist besser, den Unterricht abzubrechen und etwas für mich zu notieren, als mich weiter verstricken zu lassen. Ich überlege, daß ich ihnen dies ja auch mitteilen könnte. Und wenn es dafür zu laut ist, kann ich es an die Tafel schreiben. Ausprobieren!

Klasse 6a
Die 6a holt mich dann zurück. Das tut echt gut. Sie lassen sich von meinem Verhärtetsein nicht beeindrucken und ich kann mich von ihrer Freundlichkeit einfangen lassen. Wir hören uns die Interviews vom letzten Mal an. Dann stelle ich ihnen »Heads down – Heads up« vor. Das ist alles schon wieder prima. Nur: dieser Wechsel! Gut, daß ich eine Vertretungsstunde bei ihnen habe.

Das geht eben auch
Im Anschluß an die letzte Stunde räume ich im Physikraum

auf. Die Kinder aus der 7G nebenan haben Schluß. Es sehen mich einige und sie kommen, um mir zu helfen. *Das* geht eben auch ...

Abends unterhalte ich mich mit einem Freund über die Schule. Hans-Jürgen ist Referendar. Wir entwickeln ein Konzept: die Zentralgruppe. Zu Beginn der Stunde werden die Mitglieder der Zentralgruppe über das Stundenvorhaben informiert. Dann gehen diese Kinder in die einzelnen Gruppen als Experten. Es ist schön, so etwas auszudenken.

Klasse 7G – Notizen während des Unterrichts
Ich beginne um 10.25 Uhr zu schreiben und lasse Revue passieren:
10.00 Uhr Gong. Tische in Gruppenpositionen schieben.
10.05 Uhr Start der Stunde.
Ich kündige an, daß ich zu allen etwas sagen möchte.
Wenn das nicht geht, will ich Arbeitsblätter verteilen, Gruppenarbeit.
Ich warte. Sie unterhalten sich, aber doch mit Blick zu mir.
Die Tendenz, zusammen etwas zu tun, ist nicht gegeben.
Die Tendenz, etwas gegeneinander zu tun, dominiert.
Ihr Miteinandersprechen enthält eine Tendenz gegen mich.
Sie vergewissern sich durch Kontrollblicke, wie ich wohl reagieren werde.
10.10 Uhr. Ich interveniere und sage ihnen, was ich beobachtet habe und daß sie zuhören sollen, um die Arbeitsblätter zu verstehen.
10.12 Uhr. Ich verteile die Arbeitsblätter ohne Erklärung. Sie nehmen die im Arbeitsblatt enthaltene Struktur nicht auf. Sie schreiben drauflos, lesen nicht die Anweisungen. Sie nehmen nicht das Mathebuch heraus, das sie zum Ausfüllen brauchen.
Erwarten sie, daß ich es vorkaue?
Sie rezipieren passiv, sie konstruieren nicht am Arbeitsblatt.
Ich gehe von Tisch zu Tisch. Ich stelle fest, daß sie mit dem

Lernstoff nichts anfangen können. Sie verstehen nicht. Frustration. »Erklären Sie doch mal.«
Mir wird es jetzt auch an den Tischen zum Erklären zu laut. Ich ziehe mich zum Beobachten zurück. Es ist 10.24 Uhr.
Ich sage, daß es mir für das Erklären in den Gruppen zu laut ist. Entweder werden die Gruppen leise – oder ich erkläre nicht weiter. Ich spüre dabei den Konfliktbereich Eltern/Kollegen/Unterrichtsstoff, wenn ich nicht weiter erkläre, keinen »Unterricht mache«. Ist mir egal. Ich will nicht.
Ich versuche offen und gesprächsbereit zu bleiben, als Angebot.
Ich spüre die Aufforderung, für Ruhe und für »geordnetes Lernen« zu sorgen. Ich bin stark genug, das *so* abzulehnen.
Die Desorganisation hält sich in Grenzen.
Ich beschränke mich auf das Regulieren von aggressiven Akten. Bin laut, meinerseits aggressiv.
Ich stelle fest, wer noch lernt. Es sind vier (!). Es ist 10.32 Uhr. Immerhin enthalte ich mich repressiver Maßnahmen, soweit es das Lernen betrifft.
Ich ziehe mich zurück hinter den Lehrertisch. Schranke. Schanze. Rückhalt. Ruhe.
Ich gehe vom Lehrertisch weg, weil mir das zu rollenfixiert ist.
Ich interpretiere ihren Gesichtsausdruck: aggressiv, emotional-defizitäres Hochschaukeln.
Selbst schärfere Anweisungen werden noch als emotionale Angebote aufgefaßt.
Ich reguliere: »Du wirst auch Papier aufheben.«
Mein Notieren beunruhigt sie langsam.
»Zurück auf Deinen Platz!« Das steckt sich Detlef nicht an, die anderen belustigen sich. Das könnte gefährlich werden. Doch dann geht er.
Immerhin: Sie sitzen auf ihren Plätzen, rennen nicht herum, beschränken sich darauf, Papier zu werfen.
10.43 Uhr. Ende der Stunde. Tische umschieben, Papier aufheben.

Freitag – 2.4.

Vor den Ferien
Heute ist der letzte Schultag vor den Osterferien. Einerseits ist es schade, daß ich die Kinder drei Wochen nicht sehen werde. Andererseits kann ich mit den Ferien und der vielen Zeit für mich eine Menge anfangen. Ich will lesen – endlich mal wieder lesen.

Beim Klassenwechsel nach der 1. Stunde spüre ich ihre Vorferienunruhe. Es ist so eine gewisse Hektik im Gebäude. Trotzdem denke ich, daß man durchaus bis zuletzt am Unterrichtsstoff arbeiten könnte. Dann ergreife ich aber die Gelegenheit, innerlich entlastet (die Ferien stehen ja bevor) Gruppendynamik zu machen. Ich spiele in allen Klassen.

Klasse 6a
Zu Beginn sage ich ihnen, wie sie mir bei der Entwicklung des Gruppenkonzeptes geholfen haben und auf welche Ideen sie mich brachten. Ich habe das Gefühl, daß es sie nicht sonderlich interessiert. Aber ich liege falsch: Zum Schluß der Stunde sagen mir einige, daß sie das Feedback gut fanden. Die Stunde über wollen sie »Heads down – Heads up« spielen. Ich merke: Wenn nur sieben Kinder antippen, ist zu wenig Aktivität in der Klasse bei 39 Kindern. Ich führe als neue Regel ein, daß zehn vorn sind. Warum kann ich nicht warten, bis sie mich von sich aus ansprechen? Ich fühle mich aufgerufen, etwas zu regeln. Statt sie in Ruhe zu lassen, mische ich mich ein. Ich ärgere mich: blödes lehrerhaftes Gehabe. Dann spiele ich wieder als Teilnehmer mit. Es ist schön, angetippt zu werden. Und auch, als Antipper vermutet zu werden.

Klasse 7G
In der 7G beginne ich die Stunde mit einer Erpressung: »Wenn Ihr mir fünf Minuten gebt (zum Stofferklären und

zum Feedback), dann spielen wir den Rest der Stunde.« Sie lassen sich nicht darauf ein und bleiben laut und unruhig von Anfang an. Nach 20 Minuten denke ich, daß es diese Stunde nichts mehr wird. Aber dann hören sie mir doch zu. Ich kann ihnen etwas darüber sagen, wie ich das Arbeiten hier so finde: anstrengend – aber noch lange kein Grund für mich, wütend zu werden und sie feindlich zu behandeln. Danach führe ich bei ihnen »Heads down – Heads up« ein. Eine Gruppe, fünf Mädchen, arbeitet daraufhin demonstrativ am Mathestoff. Die anderen erfassen die Dynamik des Spiels. Es ist ein lauteres Spielen als in der 6. oder 8. Klasse – und auch irgendwie rasanter. Es macht Spaß. Ich gehe von ihnen in die Ferien mit dem Gefühl, daß ich schon klarkommen werde, hier.

Klasse 9G
Ich stelle ihnen eine halbe Stunde frei zur eigenen Verfügung. Es läuft nichts. Keine Vorschläge, keine Ideen. Ich dachte, die aus der 9. könnten das selbst machen. Aber ich erlebe sie wieder mal so deutlich als Schüler – gefangen in der unselbständigen Schülerrolle. Ich nehme mir vor, in den letzten Wochen ihrer Schulzeit daran zu arbeiten.

3. Woche

Sonntag – 25.4.

Drei Wochen Ferien sind vorbei. Ich habe viel über die Schule gelesen und viel über die Schule nachgedacht. Jetzt sehe ich klarer und schärfer auf das, was in der Schule geschieht, was der Grund der Dinge ist. Ich verstehe jetzt mehr von den Strukturen der Unterdrückung und Inhumanität. Ich sehe deutlicher, wie in der Schule die Entwicklung der kindlichen Persönlichkeit behindert wird, wie Freundlichkeit und Humanität ausgeklammert werden. Es ist für mich alles realer und unvermeidbarer geworden, was dort in der Schule mit den Kindern geschieht.

John Holt
Fasziniert und ergriffen, mit Wut und Ohnmacht habe ich John Holt, den großen Kinderrechtler aus den USA, gelesen, der lange Zeit selbst Lehrer war. Aus seinem Buch »Escape from Childhood« (1975) nehme ich die Sicherheit mit, daß das, was er beschreibt und was ich fühle, daß *genau das* die Wirklichkeit ist, so wie ich sie erlebe. Und daß *genau dort* der Weg zu einer humanen und den demokratischen Verhältnissen angemessenen, zu einer kinderfreundlichen und dadurch *effektiven* Schule beginnt. John Holt:

> Junge Menschen sollten das Recht haben, ihr Lernen selbst zu kontrollieren und zu lenken – d. h. zu bestimmen, was sie lernen wollen und wann, wo, wie, wieviel, wie schnell und mit welcher Hilfe sie lernen wollen. Um es noch genauer zu sagen: ich will, daß sie das Recht haben, bestimmen zu können, wann, wieviel und von wem sie unterrichtet werden, und darüber entscheiden zu können, ob sie in einer Schule lernen wollen, und wenn ja, in welcher Schule und für wieviele Stunden am Tag.

Kein Menschenrecht – vom Recht auf Leben selbst abgesehen – ist fundamentaler als dieses. Die Freiheit des Menschen zu lernen ist Teil seiner Gedankenfreiheit und noch grundlegender als seine Redefreiheit. Wenn wir jemandem sein Recht nehmen, selbst zu bestimmen, worüber er neugierig sein wird, zerstören wir seine Gedankenfreiheit. Letzten Endes sagen wir ihm damit: »Du darfst nicht über das nachdenken, was *Dich* interessiert und betrifft, sondern nur über das, was *uns* interessiert und betrifft.«

Wir könnten dieses Recht auch das Recht auf Neugier nennen – das Recht, alle Fragen zu stellen, die für uns am wichtigsten sind. Als Erwachsene gehen wir wie selbstverständlich davon aus, daß wir das Recht haben, zu bestimmen, was uns interessiert und was nicht, womit wir uns beschäftigen wollen und womit nicht. Wir betrachten dieses Recht als selbstverständlich und können uns nicht vorstellen, daß man es uns nehmen könnte. Tatsächlich aber steht dieses Recht, soweit ich weiß, in keiner einzigen Verfassung. Selbst die Väter unserer Verfassung haben es nicht erwähnt. Sie hielten es für ausreichend, den Bürgern die Redefreiheit zu garantieren und die Freiheit, ihre Ideen zu verbreiten, so weit wie sie wollten und konnten. Es kam ihnen nicht in den Sinn, daß selbst die tyrannischste Regierung versuchen könnte, den Verstand der Menschen unter ihre Kontrolle zu bringen und zu bestimmen, was sie denken und wissen müssen. Dieser Gedanke tauchte erst später auf – in der wohlwollenden Maske der allgemeinen Schulpflicht.

Als wir in unsere Gesetze die höchst autoritäre Vorstellung aufnahmen, daß irgendwer bestimmen könnte und sollte, was alle jungen Menschen lernen sollen, und darüberhinaus alle Maßnahmen ergreifen dürfte, die er für notwendig hält, um sie zu zwingen, das Gewünschte zu lernen, begaben wir uns mit einem großen Schritt auf einen sehr abschüssigen und gefährlichen Weg. Die Anforderung, daß ein Kind zur Schule gehen muß – jeden Tag für etwa sechs Stunden, jedes Jahr 180 Tage, und das zehn Jahre lang, egal, ob es dort etwas lernt oder nicht oder ob es anderswo schneller oder besser lernen könnte – ist eine solch grobe Verletzung der Bürgerrechte, daß wenige Erwachsene sie sich bieten lassen würden. Doch wenn Kinder sich ihr widersetzen, werden sie wie Kriminelle behandelt. Mit dieser Anforderung schufen wir eine Industrie, eine Armee von Menschen, deren ganze Arbeit darin besteht, den Kindern zu sagen, was sie zu lernen haben, und sie zu zwingen, es zu lernen.

Aus: John Holt »Escape from Childhood« (1975), Deutsche Ausgabe »Zum Teufel mit der Kindheit«, Verlag Büchse der Pandora, Wetzlar 1978, S. 188f.

Carl R. Rogers
Carl R. Rogers hat die klientzentrierte Psychotherapie begründet und gehört zu den Wegbereitern der Humanistischen Psychologie. Sein Buch »Freedom to Learn« (1969) beschreibt all das, was in der Schule möglich wird, wenn die Selbstbestimmung und die Selbstverantwortung des Kindes und eine unterstützende und akzeptierende Einstellung des Lehrers die Grundlagen sind. Es stehen so herrlich viele, so ermutigende Sachen in diesem Buch – so, genau so will ich mit den Kindern in der Schule arbeiten: von Person zu Person, so daß ein Lernen in Freiheit Wirklichkeit wird. Carl R. Rogers:

> Und zwar glaube ich schlicht, daß Lehren eine weitgehend überschätzte Tätigkeit ist.
>
> Nachdem ich eine solche Behauptung aufgestellt habe, greife ich hastig zum Lexikon, um zu sehen, ob ich auch wirklich meine, was ich sage. Lehren bedeutet »unterwei-

sen«. Ich für meinen Teil interessiere mich nicht dafür, einen anderen darin zu unterweisen, was er denken und wissen sollte. »Wissen oder Können übermitteln.« Meine Reaktion darauf ist: Warum nicht gleich viel effektiver sein und ein Buch oder programmiertes Lernen verwenden? »Dazu bringen, etwas zu wissen.« Hier stehen mir die Haare zu Berge. Ich habe kein Verlangen danach, irgend jemanden *dazu zu bringen,* etwas zu wissen. »Anweisen, führen, lenken.« So wie ich die Dinge sehe, sind viel zu viele Menschen angewiesen, geführt und gelenkt worden. So komme ich zu dem Schluß, daß ich *tatsächlich* meine, was ich sagte. Für mich ist Lehren eine ziemlich unwichtige und weitgehend überbewertete Tätigkeit.

Aber in meiner Einstellung ist noch mehr enthalten: sie ist dem Lehren gegenüber negativ. Warum? Ich glaube, weil es all die falschen Fragen weckt. Sobald wir uns darauf konzentrieren zu lehren, erhebt sich die Frage: Was sollen wir lehren? Was muß – von unserer hohen Warte aus gesehen – der andere wissen? Ich frage mich, ob in dieser modernen Welt die vermessene Annahme gerechtfertigt ist, daß wir Älteren über die Zukunft Bescheid wissen, während die Jugend keine Ahnung hat. Sind wir uns wirklich dessen so sicher, was sie wissen sollten? Dann kommt die lächerliche Frage nach dem Stoffpensum. Was soll in einem Kurs alles angeboten werden? Diese Vorstellung von der Stoffmenge gründet in der Annahme, daß das, was gelehrt, auch gelernt, daß das, was dargeboten, auch verarbeitet wird. Ich kenne keine so offensichtlich falsche Annahme. Man braucht keine Untersuchungen, um den Beweis zu liefern, daß sie falsch ist. Man braucht sich nur mit ein paar Studenten zu unterhalten.

Eine solche Erfahrung würde mit sich bringen, daß wir das Lehren abschaffen. Menschen würden zusammenkommen, wenn sie den Wunsch hätten, zu lernen.

Wir würden Prüfungen abschaffen. Sie messen nur den irrelevanten Typ des Lernens. Aus demselben Grund würden wir Noten und Punkte abschaffen.

Ich habe gesagt, es sei überaus ungünstig, daß Erzieher und Öffentlichkeit sich auf das Lehren konzentrieren und nur darüber nachdenken. Es führt sie nämlich zu einer Unmenge von Fragen, die entweder irrelevant oder absurd sind, sofern sie wirkliche Erziehung betreffen. Ich habe gesagt, daß wir einen um vieles einträglicheren Weg einschlagen könnten, wenn wir uns auf die Förderung des *Lernens* konzentrierten: wie, warum und wann der Schüler lernt, und wie sich das Lernen von innen her gesehen darstellt und anfühlt.

Wir haben beträchtliche Kenntnisse von den Bedingungen, die den ganzen Menschen zu einem selbstinitiierten, signifikanten, auf Erfahrung beruhenden und von innen kommenden Lernen ermutigen. Wir sehen diese Bedingungen nicht oft verwirklicht, denn sie bedeuten eine wirkliche Revolution unseres bisherigen Erziehungsansatzes, und Revolutionen sind nichts für ängstliche Menschen. Wie wir in den vorausgegangenen Kapiteln gesehen haben, finden sich aber in der Praxis tatsächlich Beispiele für diese Revolution.

Wir wissen – und ich werde dazu einiges Beweismaterial erläutern –, daß die Anregung solchen Lernens nicht mit der Lehrfähigkeit des Unterrichtenden steht und fällt. Sie gründet auch nicht darauf, wie gelehrt er ist, wie er sein Curriculum plant, wie er audiovisuelle Hilfen einsetzt, wie er programmiertes Lernen verwendet. Sie hängt nicht von seinen Vorlesungen oder seinen Vorträgen oder von einem Überfluß an Büchern ab, obwohl jeder dieser Faktoren das eine oder andere Mal als eine wichtige Hilfe eingesetzt werden kann. Nein! Die Förderung signifikanten

Lernens hängt von bestimmten einstellungsbedingten Qualitäten ab, die in der persönlichen *Beziehung* zwischen dem Facilitator und dem Lernenden existieren. (Facilitator: Förderer, Lernhelfer – H.v.S.)

Ich habe klarzumachen versucht, daß Menschen mit solchen Einstellungen, die mutig genug sind, sie in die Tat umzusetzen, nicht einfach Unterrichtsmethoden modifizieren, sondern sie revolutionieren. Sie nehmen fast keine der üblichen Lehrerfunktionen wahr. Sie Lehrer zu nennen, wäre nicht mehr exakt. Sie sind Katalysatoren und Facilitatoren, die den Lernenden Freiheit, Leben und Gelegenheit zum Lernen geben. (»They are catalyzers, facilitators, giving freedom and life and the opportunity to learn, to students.«)

Wie sehen diese Qualitäten, diese Verhaltensweisen aus, die Lernen fördern? Die vielleicht grundlegendste dieser wesentlichen Einstellungen ist das Real-Sein oder die Ursprünglichkeit (»realness or genuineness«). Wenn der Facilitator real ist, wenn er der ist, der er ist, wenn er, ohne eine Mauer oder eine Fassade um sich aufzubauen, in Beziehung zum Lernenden tritt, dann ist die Wahrscheinlichkeit sehr viel größer, daß er wirkungsvoll arbeiten kann. Anders ausgedrückt bedeutet es, daß die Gefühle, die er an sich selbst erfährt, für ihn verfügbar, seinem Bewußtsein zugänglich sind; es heißt, daß er fähig ist, diese Gefühle zu leben, sie zu sein und gegebenenfalls zu vermitteln. Es bedeutet, daß er in eine direkte, persönliche Begegnung mit dem Lernenden kommt und ihn auf derselben Ebene, von Person zu Person, trifft (»meeting him on a person-to-person basis«). Es bedeutet, daß er er selbst ist, daß er sich nicht verleugnet.

Diesem Gesichtspunkt liegt also die Annahme zugrunde, daß der Lehrer in der Beziehung zu seinen Schülern wirklich real sein kann. Er kann begeistert oder gelangweilt sein, sich für seine Schüler interessieren, ärgerlich oder sensibel und verständnisvoll sein. Da er diese Gefühle als die seinen anerkennt, hat er es nicht nötig, sie seinen Schülern anzulasten. Er kann die Arbeit eines Schülers mögen oder nicht, ohne damit zu sagen, daß sie objektiv gut oder schlecht ist oder daß der Schüler gut oder schlecht ist. Er drückt nur sein Gefühl gegenüber dieser Arbeit aus, sein Gefühl, das in ihm existiert. Auf diese Weise ist er für seine Schüler ein Mensch und keine gesichtslose Verkörperung einer curricularen Pflicht und auch keine sterile Röhre, durch die Wissen von einer Generation zur nächsten weitergeleitet wird.

Es ist offensichtlich, daß dieses Verhaltensmuster, das sich in der Psychotherapie als effektiv herausgestellt hat, in scharfem Kontrast zu der Tendenz der meisten Lehrer steht, sich ihren Schülern gegenüber einfach als starre Rollenträger zu zeigen. Es ist völlig üblich, daß Lehrer sich ziemlich bewußt die Maske, die Rolle, die Fassade des Lehrers aufsetzen, sie den ganzen Tag tragen und erst ablegen, wenn sie abends die Schule verlassen.

Es gibt eine weitere hervorstechende Einstellung bei denen, die Lernen erfolgreich fördern. Ich habe diese Verhaltensweise beobachtet. Ich habe sie erfahren. Es ist jedoch schwer herauszufinden, welchen Begriff man dafür verwenden soll. Deshalb werde ich mehrere gebrauchen. In dieser Einstellung liegt für mich eine Wertschätzung des Lernenden, seiner Gefühle, seiner Meinungen, seiner Person. Sie besteht darin, sich um den Lernenden zu kümmern, ohne dabei Besitz von ihm zu ergreifen. Sie ist verbunden mit Anerkennung dieser anderen Persönlichkeit als einer selbständigen Person, die es wert ist, ihr eigenes Recht zu haben. In dieser Einstellung liegt grundlegendes Vertrauen – die Überzeugung, daß dieser andere

Mensch irgendwie von Grund aus vertrauenswürdig ist. Ob wir sie nun mit Wertschätzung, Akzeptieren, Vertrauen (»prizing, acceptance, trust«) oder anderswie bezeichnen, so zeigt diese Einstellung sich jedenfalls in vielfältiger und beobachtbarer Art und Weise.

Der Facilitator, der sie in beträchtlichem Ausmaß besitzt, kann die Angst und das Zögern des Lernenden, der sich einem neuen Problem nähert, ebenso voll akzeptieren wie die Befriedigung des Schülers, wenn er sein Ziel erreicht hat. Ein derartiger Lehrer kann die gelegentliche Apathie oder die sprunghaften Wünsche des Lernenden, Nebenstraßen des Wissens zu erforschen, genauso anerkennen, wie seine disziplinierten Bemühungen, höhere Ziele zu erreichen. Er kann persönliche Gefühle lernhemmender oder lernfördernder Art zulassen – Geschwisterrivalität, Autoritätshaß, Unsicherheit in bezug auf die eigenen Fähigkeiten. Was ich hier beschreibe, ist also die Hochschätzung des Lernenden als eines in seiner Entwicklung niemals abgeschlossenen Menschen, mit vielen Gefühlen, vielen Potentialen. Durch die Wertschätzung oder Anerkennung des Lernenden bringt der Facilitator sein grundlegendes Vertrauen in die Fähigkeiten des menschlichen Organismus zum Ausdruck.

Ich möchte gern einige Beispiele für diese Einstellung aus der Unterrichtssituation geben. Darstellungen von welchem Lehrer auch immer wären hier berechtigterweise suspekt, da viele von uns gern das Gefühl hätten, derartige Verhaltensweisen zu praktizieren, und wir unsere Qualitäten einseitig wahrnehmen könnten. Aber lassen Sie mich zeigen, wie dieses wertschätzende, akzeptierende, vertrauende Verhalten dem Lernenden erscheint, dem das Glück widerfährt, es zu erleben. Hier die Darstellung eines Collegestudenten: »Ihre Art, mit uns zusammenzusein, ist eine Offenbarung für mich. In Ihrem Seminar kann ich mich ernstnehmen. Ich fühle mich reif und fähig dazu, Dinge selbst zu tun. Ich möchte selber nachdenken, und dieses Bedürfnis kann nicht allein mit Lehrbüchern und Vorlesungen abgesättigt werden, sondern dadurch, daß ich lebe. Ich glaube, Sie sehen mich als eine Person mit echten Gefühlen und Bedürfnissen, als ein Individuum. Was ich sage und tue, ist belangvoller Ausdruck meiner selbst; und Sie erkennen das an.«

Eine Sechstkläßlerin macht ihre Anerkennung sehr viel kürzer deutlich: »Sie sind eine wundervolle Lehrerzeit!!!«

Ich kann diese Aussagen von Lernenden – von Sechstkläßlern, College- oder Universitätsstudenten – nicht lesen, ohne tief bewegt zu sein. Hier sind Lehrer, die sich selbst riskieren, die sie selbst sind, die ihren Schülern vertrauen, die sich in das existentiell Unbekannte wagen, die den existentiellen Sprung tun ... Und was geschieht? Erregende, unglaublich humane Dinge. Man kann spüren, wie Persönlichkeiten geschaffen, wie Lernvorgänge angeregt, künftige Staatsbürger instandgesetzt werden, der Herausforderung unbekannter Welten zu begegnen. Wenn nur einer von hundert Lehrern es wagte, ein Risiko einzugehen, er selbst zu sein und zu vertrauen, zu verstehen, dann würde ein lebendiger Geist in Bildung und Erziehung einströmen, der – in meiner Einschätzung – von unschätzbarem Wert wäre.

Jetzt möchte ich mich einer anderen erregenden Dimension zuwenden. Ich habe von der Wirkung gesprochen, die eine Atmosphäre, in der signifikantes, auf Selbstvertrauen gründendes, persönliches Lernen ermutigt wird, auf den Studenten ausübt. Aber ich habe nichts über die reziproke Wirkung auf den Dozenten gesagt. Er ist einerseits die Ursache dafür, daß solch selbstinitiiertes

Lernen freigesetzt wurde, andererseits stellt er fest, daß er selbst sich genauso wie seine Studenten verändert hat. Einer von ihnen schreibt: »Wenn ich sage, ich sei von dem, was geschehen ist, überwältigt, so gibt das meine Gefühle nur in Ansätzen wieder. Ich habe schon viele Jahre unterrichtet, ohne je etwas erlebt zu haben, das dem Geschehen auch nur im entferntesten ähnelte. Ich habe zumindest nie zuvor im Hörsaal erlebt, daß der gesamte Mensch, zutiefst engagiert und zutiefst betroffen, so sehr hervortritt. Ich bezweifle außerdem, daß es in der traditionellen Methode mit ihrer Betonung von Fachmaterial, Prüfungen, Zeugnissen je einen Platz gibt oder geben wird für die werdende Persönlichkeit, für die tiefreichenden und vielfältigen Bedürfnisse des Menschen, der darum kämpft, sich selbst zu erfüllen. Ich komme aber weitab vom Thema. Ich kann Ihnen nur erzählen, was geschehen ist, und sagen, daß mich diese Erfahrung dankbar und demütig macht. Ich möchte, daß Sie davon wissen, denn sie hat mein Leben und mein Wesen ergänzt und bereichert.«

Ich kann nur mit Leidenschaft zum Ausdruck bringen, daß es um Menschen geht, daß zwischenmenschliche Beziehungen wichtig *sind*, daß wir einiges über die Freisetzbarkeit menschlichen Potentials wissen, daß wir viel mehr darüber erfahren könnten, und daß es mit unserer Zivilisation bergab geht, wenn wir uns nicht mit starker, positiver Aufmerksamkeit der menschlichen interpersonalen Seite im Dilemma unseres Erziehungssystems zuwenden. Bessere Lehrgänge, bessere Curricula, besseres Stoffangebot und bessere Lernmaschinen werden unsere Problematik niemals grundlegend lösen. Einzig Persönlichkeiten, die sich wirklich als solche in ihren Beziehungen zu Lernenden verhalten, sind in der Lage, überhaupt erst einmal eine Bresche in dieses drängendste Problem der gegenwärtigen Erziehung zu schlagen.

Aus: Carl R. Rogers »Freedom to Learn« (1969), Deutsche Ausgabe (redigiert H.v.S.) »Lernen in Freiheit«, Kösel Verlag, München 1974, S. 104f., 155, 127, 106f., 128, 107f., 110f., 125, 125f., 127

Auf der »anderen Seite«
Soweit die Welt, der ich mich tief verbunden und zugehörig fühle. Aber ich will mir nichts vormachen, ich agiere auf der »anderen Seite«. Nicht auf der Seite der Kinder, sondern auf der Seite der Erwachsenen. Und die Erwachsenen in der Schule legen fest und bestimmen und wissen, wo es langgeht. Sie sagen, was Kinder lernen, denken und tun sollen. Daran komme ich nicht vorbei und weiß nun deutlicher, was ich damit anrichte. Ich denke immer noch, daß ich eine Chance habe, für die Kinder alles irgendwie erträglicher zu machen, durch persönliches Engagement, Geduld, Zeit. Durch Überlisten all der vorgeschriebenen Dinge, die für Kinder letztlich eine Einschränkung ihrer Menschenrechte, Freiheitsberaubung und Unterdrückung sind. Ich beteilige mich daran, die Entwicklung von jungen Menschen zu behindern, leicht bis massiv, je nachdem, indem ich schließlich das durchsetzen werde, was von irgendwelchen Erwachsenen in »zuständigen« Stellen festgelegt worden ist. Zu so etwas habe ich mich verpflichtet und für so etwas bekomme ich auch Geld. Die Kinder können *nicht* über die Gestaltung ihrer Vormittage selbst bestimmen – sie werden *gezwungen,* dies oder das zu tun, zu denken, zu lernen. Ich bin ein Lehrer, stehle ihnen Lebenszeit und lasse sie Dinge tun, die »gut für sie« sind. Und ich kann mich eben nicht – oder nur am Rande – um das kümmern, was so wichtig ist und mich in persönlichen Kontakt zu den Kindern bringt.

Perspektive
O.k. – so sieht es aus. Mir ist aber nicht nur klarer geworden, was in der Schule geschieht, sondern auch, wo meine Position ist. Ich weiß, daß im Schulalltag meine Selbstachtung auf

dem Spiel steht. Wenn ich mich weiter als jemanden auffassen will, der human ist – mitmenschlich, den anderen achtend –, dann kann ich unmöglich diese inhumane Position der Schule zur Grundlage meines Tuns machen. Ich muß da raus – sonst verliere ich mich. Wohin aber soll ich gehen, wenn ich mit Kindern weiter arbeiten will?

Ich bin auf zwei Alternativen gestoßen. Zum einen will ich mich für die Versuchsschule in B. bewerben. Meine Hoffnung ist, daß an dieser Schule die Kinder das zentrale, entscheidende Element sind. Daß die Erwachsenen dort tatsächlich den Kindern helfen, *so wie diese es selbst wollen*. Denn diese erst vor zwei Jahren gegründete Schule ist eine Gesamtschule besonderer Prägung. Sie ist der Universität angeschlossen und untersteht dem Wissenschaftsministerium, nicht dem Kultusministerium und ist damit unabhängiger als die normalen Schulen – warum sollte es da nicht möglich sein, daß diese Schule gar keine »Schule« ist? Das werde ich im Juni erfahren, wenn ich zur Auswahltagung dort bin.

Wenn sie aber *doch* eine normale Schule ist, dann will ich die Schule ganz verlassen und selbständig mit Kindern arbeiten. Hierzu habe ich mit der Psychologieprofessorin meiner Studienzeit ein Vorgespräch über eine Doktorarbeit geführt. Mein Plan ist, in einer längeren Feldstudie (praktischer Arbeit) mit Kindern über die grundsätzliche Kommunikationsproblematik Erwachsene – Kinder zu forschen und dann darüber zu promovieren.

Ich werde also bis zum Beginn der Sommerferien Mitte Juli in der Schule in E. bleiben. Um danach entweder an der Versuchsschule zu arbeiten oder mit der Doktorarbeit anzufangen.

Geheimmaterial
Ich habe vor, noch drei Monate Schule auszuhalten. Und in dieser Zeit will ich versuchen, mich so listenreich, wie ich nur

eben kann, zu den Kindern durchzuschlagen. Ich werde weiterhin Unterrichtsstoff vermitteln, so, wie es andere Lehrer auch tun. Aber ich werde am »Wie« dieses Tuns drehen, um soviel Humanität zu realisieren, wie es geht. Wieviel aber wird das sein? Das werde ich erst hinterher wissen. Damit ich es aber weiß, werde ich weiter aufschreiben, was ich tue. Ich will meine täglichen Notizen zum Zeugen für die inhumane Realität machen, die hier stattfindet.

Wenn sich darin dann auch Ansätze humanen Handelns finden, wird mich das vor mir selbst entlasten. Grundsätzlich gesehen ist die Schule jedoch inhuman, per Struktur, unabhängig von persönlichem Engagement für humanes Handeln. Wer da anderer Meinung ist, der sieht einfach nicht genau genug hin. Ich kann niemandem zustimmen, der Freiheitsberaubung und Teilzeitgefängnis für human hält – und Kinder *müssen* in die Schule gehen. Ich kann niemandem zustimmen, der die Mißachtung der Gedankenfreiheit von Kindern für human hält – und Kinder *müssen* denken, was die Lehrpläne abstrakt und der Lehrer konkret vorgeben. Ich kann niemandem zustimmen, der die Meinungsfeiheit von Kindern ignoriert – und Kinder haben ihr »Geschwätz« einzustellen und den Mund zu halten. Ich kann niemandem zustimmen, der die Attacken auf die Körperfreiheit (Unversehrtheit) der Kinder für normal hält – und Kinder müssen ohne jegliche Ausnahme ganz konkret *mit ihrem Körper* tun, was angesagt ist: setz dich, steh auf, sitz still, komm her, geh weg, geh schneller, geh langsamer, singe, male, säge, antworte, Finger runter, iß nicht, jetzt nicht aufs Klo – endlos! Von den »Leibesübungen« im Sportunterricht ganz zu schweigen. Und wie ist das mit den vielen »täglichen Kleinigkeiten«, denen Kinder in der Schule ausgesetzt sind und durch die sie unterdrückt und beherrscht werden? Ich kann niemandem zustimmen, der Nötigungen für human hält – und Kinder *müssen* in der Schule das tun, was sie sollen, sonst drohen ihnen empfindliche Übel.

Ich habe vor, darüber zu schreiben, zu berichten, aufzudecken. Vielleicht kann ich so ein bißchen von dem ausgleichen, was ich ihnen jetzt noch drei Monate lang antun werde. Und vielleicht kann ich mit diesem »Geheimmaterial« die Menschen ansprechen, die erreichbar sind für ein humanes Miteinander mit Kindern.

Innere Kündigung
Ich halte dem ganzen Schultheater meine Innere Kündigung entgegen. Das läßt mich schärfer hinsehen. Das läßt mich unbefangener Person sein, wo ich doch Lehrer sein müßte. Und ich habe es irgendwie auch leicht und weiß, daß ich gut reden kann: Was ich an Humanität auf Schleichwegen ins Klassenzimmer transportiere, wird keine negativen Langzeitfolgen für mich haben, denn in drei Monaten bin ich draußen. Ich muß also nicht befürchten, irgendwie belangt zu werden, wenn ich den üblichen Code der Schule verlasse und mich *zu den Kindern* aufmache. Ich empfinde es durchaus als Privileg, daß ich nicht weiter als bis zu den Sommerferien denken muß. Und ich sehe in diesem Privileg einen großen Ansporn und eine große Verpflichtung, so human zu sein, wie und wo immer ich kann. Ich bin mir meiner Ausnahmesituation bewußt – aber was heißt schon Ausnahme in diesem Ausnahmezustand Schule? Die Ausnahme vom Ausnahmezustand bedeutet doch wohl die Rückkehr zur Regel. Und so sehe ich mich als jemanden, der das in der Schule tun will, was eigentlich, normalerweise, in einer demokratischen Gesellschaft im Umgang mit Kindern das Übliche sein sollte: ein humanes mitmenschliches Miteinander zu realisieren.

Ausgeliefert
Morgen, in ein paar Stunden, werde ich die Kinder wiedersehen. Ich werde mich auf der »anderen Seite« erleben. Und sie werden dem, was ich tue und in Szene setze, ausgeliefert sein. Aber sie stehen nicht allein. Sie können gemeinsam gegen-

steuern, selten bewußt und gezielt, aber doch wirksam, so daß das alles für sie aushaltbar wird. Sie leiden zusammen – und das hilft ihnen, nicht in der Verzweiflung ihrer ungelebten Möglichkeiten zu ersticken.

Montag – 26.4.

Reserviert
Ich fahre ziemlich reserviert der ganzen Angelegenheit gegenüber zur Schule. Ich habe einfach keine Lust, wieder den »Prügler« (Theodor W. Adorno in »Tabus über dem Lehrberuf«) abzugeben. Aber was solls. Ich fahre langsam. Doch es läßt sich nicht verschieben.

Selbstverständlich (ich merke es kaum) gehe ich über den Hof durch den Haupteingang – den Schülereingang. Das macht keiner außer mir, alle anderen Lehrer benutzen den Lehrereingang. Im Lehrerzimmer sind Kollegen. Sie sind freundlich. Der Streß wird spürbar: Wen soll ich begrüßen, wen nicht, und wie, nach den Ferien, Sprüche klopfen, oder was sonst sagen? Irgendwie löse ich das schon – aber es strengt mich eben an.

Dann vor der Klassentür, es gongt zur 2. Stunde, mit der ich montags beginne. Einige Kinder kommen aus der Nebenklasse. Wir begrüßen uns kurz, wir warten, daß die anderen fertigwerden und die Tür öffnen, damit wir hineingehen können. Wir haben zusammen mit der Hälfte dieser Klasse Unterricht, 9G. Ich kann kaum richtigen Kontakt herstellen, bekomme aber mit, wie sehr ihnen die Schule (heute) zum Hals raushängt. Dann erfahre ich, daß der Plan geändert wurde und daß ich mal unten nachsehen soll. Ich ärgere mich, daß ich nicht nachgesehen habe und kommentiere das witzig. Warum gehe ich nicht einfach nach unten?

Klasse 6b
Als ich auf dem Plan sehe, daß ich in der 6b Vertretungsunterricht geben soll, wird mir unbehaglich. Ausgerechnet die zuerst. In mir tauchen Möglichkeiten zum freundlichen Miteinanderumgehen auf – aber eben auch viel Krieg. Einige von den »Kriegern« sehe ich sofort vor mir. Und dann bin heute nicht vorbereitet auf diese Klasse. Aber selbstverständlich gehe ich hin und übernehme die Vertretung. Sie sehen mich kommen und begrüßen mich mit Johlen. Aber nicht freundlich, wie es auch vorkommt, sondern eher: auch das noch. Aber ich lasse es nicht an mich ran sondern schiebe es auf den ersten Schultag, auf ihren Unmut über das Ferienende.

Als ich auf dem Lehrertisch sitze, fällt mir ein, daß das Sitzen auf dem Tisch »von oben herab« ist. Das hatte ich gestern noch mit Freunden diskutiert. Also hole ich mir einen Stuhl und setze mich vorn in den Gang. Sie sind laut. Ich sage nichts und lasse sie reden. Mir wird dabei klar, daß wir uns heute einfach miteinander unterhalten sollten. Immerhin ist so etwas nach den Ferien ja auch legitim. Ich hole einen Zettel und mache mir Aufzeichnungen. Bislang habe ich keinen Kontakt. Nach fünf Minuten werden sie aufmerksam und erwarten ein Statement. Sie sind mit Gesprächen ohne bestimmte Thematik einverstanden. Ein Klassengespräch ist nicht drin, dafür ist es zu laut. So gehe ich von Gruppe zu Gruppe und es läuft ganz prima!

Ich erlebe Menschen, sie erzählen von sich. Der Lärm bleibt im Rahmen. Ich bin glücklich, so beginnen zu können. Aber ich spüre gleichzeitig, daß es die Ausnahme ist, am ersten Tag nach den Ferien.

Klasse 6a
In der 6a läuft es dann fast noch einmal so gut. Ich bin nur etwas mehr k.o.

Klasse 7G
Hier ist sie: *Schule*. Krieg. Ich mache zwar Kontaktgespräche, aber die Kinder sind untereinander aggressiv (»aggressive Spielchen« nenne ich das). Und: Sie suchen so das Angesprochen-Werden. Dort ist es dann prima, aber ich kann das eben nicht mit allen machen. Ich schneide ihre Kontaktbedürfnisse ab, das ist institutionell verankert.

Dienstag – 27.4.

Wut und Schub
Auf der Hinfahrt habe ich noch mehr Wut als gestern, durch die Erfahrung von gestern. Und nach der Schule, sie ist seit einer Stunde vorbei, spüre ich wieder aktivierenden Schub.

Klasse 5c
In der 1. Stunde bin ich mit den Kribbeligen aus der 5c im Physiksaal. Ich erkläre, wie schwierig das hier mit so vielen (39) Kindern ist, Lärm und so. Und: »Es tut mir leid, daß Ihr neulich so viel schreiben mußtet, als es so laut war.« Alle bekommen es nicht mit, aber sie sind insgesamt aufmerksam.

Verrückte Feststellung »insgesamt aufmerksam.« Korrekt ist wohl: Es sind so viele aufmerksam, daß ich beruhigt bin. Und hier läßt sich weiter fragen: Wo liegt der individuelle Pegel des Erwachsenen im Raum, um »Aufmerksamkeit« zu konstatieren? Meine Ansprüche sind ziemlich hoch – nur werde ich nicht massiv repressiv, wenn diese Grenze nicht eingehalten wird. Ich merke: Bis ich mal so zufrieden bin! Und ich merke auch: Wenn ich nicht so zufrieden bin, dann werde ich deswegen nicht repressiv.

Ich bin überrascht, daß es heute so gut klappt. Ich hatte mich da auf einiges gefaßt gemacht. Das hat sich aber nicht übertragen. Vielleicht strahle ich eben stärker aus, mich nicht feindlich verhalten zu wollen. Und dann bin ich noch mehr überrascht: Sie wollen zu Ende diktiert haben, was ich beim letzten Mal als »Strafe« einsetzte! »Dann ist das wenigstens fertig«, sagen sie. Ich tue es natürlich. Langsam rolle ich das Band vom Tageslichtprojektor ab, mit viel Zeit für die Langsamen. Ich finde sie alle sehr rücksichtsvoll. Zum Schluß haben sie verstanden, worum es geht, wie ich ihren Erklärungen entnehme.

Einige wollen dauernd rauslaufen. Ich möchte das nicht mit Druck unterbinden. Ich mache es dann so, daß ich immer einem gestatte, rauszulaufen, »wenn Dir danach zumute ist«. Ich denke an ihr Alter und daß es eben einfach Spaß macht, während der Stunde draußen rumzulaufen. Und auch an den Ärger, den ich bekommen könnte – und deswegen begrenze ich es auf einen. Sie kommen stets wieder, maximal bleiben sie zwei Minuten draußen, ich setze keine Zeit fest. Es ist somit stets jemand dran, mal rauszugehen. Daß ich das zulasse, zeigt mir meine Gelassenheit.

Klasse 8b
4. Stunde, Biologie. Ich mache mit ihnen eine Exkursion, den Weg zum Sportplatz lang. Es ist ihre erste Exkursion in Bio seit dem 4. Schuljahr, sagen sie. Eigentlich empörend, finde ich. Einiges ärgert mich. Es hängt mit dem »Ansehen in der Öffentlichkeit« zusammen. Ich interveniere, als einer durchs Getreidefeld (Saat) läuft, einige rauchen und jemand dauernd mit Sand wirft. Wir kommen an Häusern vorbei, mir ist das sehr unangenehm. Ich kann ihnen später in der Klasse sagen, was mich beunruhigt und weswegen ich sie unter Druck gesetzt habe. Ich glaube, sie verstehen. Ich bin froh, daß ich mich traue, ihnen das zu sagen. Ich komme weiter.

Kollegin P.
In der Pause habe ich ein Gespräch mit Frau P. über die Fortführung der Nachmittaggruppe der 6b. Sie ist die Klas-

senlehrerin. Mir wird klar: Sie hat einen ganz anderen Ansatz in der Arbeit mit den Kindern, einfach leistungsorientiert. Ich verstehe mich konsequent personorientiert. Sie will, daß die Kinder gute Leistungen vorweisen können – Leistungen im schulischen Sinn, gute Noten. Dafür setzt sie sich engagiert *als Lehrerin* ein und würde auch Nachmittagstreffen unter diesem Schulleistungsmotto befürworten. Sie ist deutlich die »Lehrerin Frau P.« und sie fördert »Schüler«.

Ich will ebenso, wenn ich mich schon mal auf einen Vergleich einlasse, daß die Kinder gute Leistungen vorweisen können – aber Leistungen im *selbstverantworteten* Sinn. Daß sie ihre Identität, ihr Ich, entwickeln können, wie sie selbst entscheiden. Dafür setze ich mich engagiert *als Person* ein, wobei mein Fachwissen eine Hilfsfunktion hat. Ich möchte Nachmittagstreffen unter diesem personorientierten Motto realisieren. Wie auch sonst die Unterrichtsstunden, soweit es die leistungsorientierte und depersonalisierende Schulstruktur zuläßt. Was ja in keiner Weise reicht und weswegen solche Nachmittagstreffen so wichtig werden. Ich bin – zumindest versuche ich das – deutlich Person und nicht der »Lehrer Herr v. S.« und fördere Kinder und nicht »Schüler«.

Ich spüre, daß wir uns behindern werden. Durch die Nachmittagstreffen würde mein Ansatz bei den Kindern fester Fuß fassen – und ihrem stärker in die Quere kommen. Ich stecke zurück. Ich sage, daß nichts dabei rauskommt, wenn einem von uns beiden unwohl ist. Ich akzeptiere schnell, daß sie als Klassenlehrerin »mehr zu sagen hat«, wenn sie das auch nicht sagt. Andererseits ist sie wohl wirklich an dem interessiert, was ich denn vorhätte. Aber ich bin mißtrauisch. Kann jemand, der so denkt wie sie, denn überhaupt verstehen, um was es geht? Wenn sie den leistungsorientierten Ansatz statt des personorientierten vertritt? Oder geht es nicht eigentlich darum, so jemandem wie mir das Handwerk zu legen?

Klasse 6a
Draußen vor dem Fenster ist die Asphaltmaschine im Einsatz, der Schulhof wird neu gemacht. Es ist irre laut. Ich höre mit dem Unterrichten auf. Sie können Hausaufgaben machen – von anderen Fächern, ich gebe nirgendwo mehr welche auf –, oder den Arbeiten da draußen vom Fenster aus zusehen. Ich komme mit einigen dann intensiv ins Gespräch. Ich führe vor, wie das ist, wenn jemand angemeckert wird – wie es ihm dann geht. Sie sind dabei sehr offen, und ich fühle mich verstanden. Ich bekenne mich vor ihnen zu meiner Position. »Ich will eben nicht jemand sein, der anmeckert.« Aus Überzeugung. Ich glaube schon, daß sie das anspricht. Es sieht so aus.

Mittwoch – 28.4.

Ich komme erst am Donnerstag dazu, etwas aufzuschreiben. Sonst schaffe ich das noch am gleichen Tag. Von gestern Vormittag weiß ich auf Anhieb nichts mehr. Aber ich habe Notizen über den durchgenommenen Unterrichtsstoff gemacht. Ich orientiere mich daran und erinnere mich.

Klasse 8a
Ich mache auch mit ihnen eine Bio-Exkursion. Es ist routiniert, ich gehe jetzt zum dritten Mal denselben Weg. Es gibt dennoch einiges Neues für mich. Aber eigentlich weiß ich, was wo kommt. Ich merke, daß ich mehr erreichen will. Ich bin nicht mehr so locker wie bei den ersten beiden Gängen. Das Spontane, Ungeplante ist weg. In mir ist das Bewußtsein, Lehrinhalte zu vermitteln, viel gegenwärtiger.

Klasse 5c
Es ist die 4. Stunde. Sie sehen geschafft aus. »Wir haben so viel aufbekommen.« Ich lasse sie erst mal einige Minuten ihre Englischhausaufgaben machen. Es ist das erste Mal, daß ich so etwas ausdrücklich zulasse. Es reicht dann aber nicht aus,

ihren Ärger und Unwillen abzubauen. Zweimal setze ich an, ein Klassengespräch hinzubekommen. Das klappt nicht. Dann stelle ich auf Gruppengespräch um.

Einmal demonstriere ich Anschreien – so unvermittelt und ohne Warnung, daß der Junge neben mir fast vom Stuhl fällt. Danach brauche ich drei Minuten, bis sie sich wieder beruhigt haben (Lachen). Ich finde mich nicht so gut dabei, weil der Junge sich wirklich erschrocken hat. Ich mache mir dann Notizen.

Freiheitsberaubung
Sie zeigen immer deutlicher, daß sie heute keine Lust mehr haben. An der Tafel steht: »Ich will nach Hause.« Das finde ich rührend und erschreckend: Da steht so ganz klar, was in ihrem Kopf vor sich geht, wie es in ihnen aussieht. Sie haben das Vertrauen zu mir, dies zu zeigen. Ich bin sicher, daß sie nicht mich damit meinen – ihr Unwille ist viel tiefer begründet, wenn auch aktualisiert durch die Hausaufgaben in Englisch.

Ich erlebe mich als Gefängniswärter. Ich passe auf, daß niemand den Raum verläßt. Daß niemand das Gefängnis Schule verläßt. Daß niemand die Freiheitsberaubung durchbricht. »Laß uns doch nach Hause« – sie sagen es freundlich, bittend. Dabei schwingt mit, daß so etwas in der Schule ja doch nicht geht. Aber für mich schwingt auch mit, daß sie ein Grundrecht anmahnen (Freiheit der Person), und daß ich derjenige bin, der es ihnen verweigert. Ich komme mir saublöd vor – aber ich bleibe inhuman und Lehrer. Ich lasse die Tür zu, aber es wäre ja nur eine Handbewegung nötig …

In mir läuft eine wüste Diskussion. Ich schließe mich dem Satz auf, der an der Tafel steht. Ich fege ihn nicht lehrerhaft üblich beiseite als Jux oder als Frechheit. In mir taucht auf, wie das sein könnte: ausgeliefert und eingesperrt zu sein und weg zu wollen, nach Hause zu wollen. Nur gut, daß es »nur«

das Gefängnis Schule ist und daß ich keine richtige Pistole habe. Sonst müßte ich schießen, wenn sie tatsächlich gingen. Aber meine Waffen sind schlimm genug. Mein »Es geht nicht, was Ihr wollt«, vermauert ihr Gefühl für ihr Recht und mein »Das müßt Ihr doch einsehen« unterwandert ihr Gefühl für das erlittene Unrecht. Ich merke, daß ich *zerstöre* – und ich will doch *aufbauen!* All das läuft schnell in mir ab, ein paar Sekunden, ein paar Worte zu ihnen. Ich schiebe es weg – denn ich möchte nicht der sein, der ich aber doch bin. Immerhin, ich habe es gemerkt. Mitbekommen, was es bedeutet, inhuman zu sein. Konkret, jetzt. Und ich weiß: Ich *bin* inhuman.

Klasse 5c – Notizen während des Unterrichts
Ich habe keine Lust, hier den wilden Mann zu spielen. Das ist Terror, so kommt man nicht weiter. Sie spielen, und es ist gemein, sie zum Lernen zu zwingen. Dennoch möchte ich ihnen etwas anbieten. Es ist nur so schwierig, bis meine Absicht bei allen ankommt. Man kann sich so gut verstecken. Ich lasse sie schmoren. Vielleicht gelingt ein Umschwung. Sie sind überfordert.

Planungsgruppe 7G
Nachmittags von halb drei bis sechs. Sieben Kinder sind gekommen. Ihr Hauptanliegen ist (»Das haben wir uns überlegt«): Ich soll durchgreifen, ich lasse mich ausnutzen, bei dem Lärm lernt man ja nichts. Wir reden darüber zwei Stunden, geduldig, manchmal etwas angestrengt. Dabei wird deutlich, daß sie mit Durchgreifen meinen, daß ich Herr im Haus sein soll. Daß alle tun sollen, was ich anordne. Sie überlegen und stimmen zu, daß ich mich in vielen Dingen durchsetze, zum Beispiel beim In-der-Klasse-Bleiben, beim Buch-Aufschlagen, beim Geh-an-die-Tafel, beim Nicht-in-der-Klasse-Rumlaufen. Das war ihnen nicht so bewußt. Und sie wollen eigentlich: »Du mußt dafür sorgen, daß es leise ist.« Ich soll in der Lärmfrage durchgreifen – der Lärm ist ein Symbol dafür, ob ich durchgreifen kann.

Lärmrecht
In der Lärmfrage gehe ich davon aus, daß allgemein und auch speziell in der Schule niemand das Recht hat, einem anderen Menschen das Reden zu verbieten. Und daß niemand das Recht hat, nur bestimmtes (zum Unterrichtsstoff passendes) Reden zuzulassen. Sagen können, wann und was man will, ist ein Grundrecht. Meinungsfreiheit. Wenn viele Menschen in einem Raum sind und reden, wird es natürlich laut – die Lautstärke drückt dann für mich aus, daß von einem Grundrecht Gebrauch gemacht wird. Wenn ich als Lehrer dagegen vorgehe und per Durchsetzen für geregeltes Reden oder für Ruhe sorge, mißachte ich die Würde anderer und ihre Rechte. Schlicht und einfach.

Als Lehrer habe ich genug Tricks, das zu kaschieren: Ich deklariere einfach Reden als Unrecht. Ich erkläre einfach, daß »Lernwillige« im Recht sind. Wobei ich unterstelle, daß Schullernen höheren Rang hat als Grundrechte. Wobei ich unterstelle, daß jemand, der nicht »lernwillig« ist, versagt. Wobei ich unterstelle, die schulische »Lernwilligkeit« die Lernwilligkeit schlechthin ist – und daß im freien Gespräch kein Lernen stattfindet. Wobei ich unterstelle, daß Lernen *nur* in der Schule »richtig« stattfindet und mich darum herummogle, daß Lernen eine von der Schule völlig unabhängige Eigenschaft des Menschen ist.

Oder ich impfe schlechtes Gewissen ein und tauche sie in Schuldgefühle, indem ich sie einfach zu »Rücksichtslosen« stemple. Es gibt genug Mittel, mein Unrecht (ihnen das Reden zu untersagen) als Recht auszugeben. Und, schlimmer noch, es selbst nicht zu bemerken. Ich denke so: Entweder gelingt eine freiwillige Einigung in der Lärmfrage – oder *es ist eben zu Recht laut*.

Und so mache ich ihnen klar, daß ich nicht durchgreifen werde, damit es ruhig wird. Ich frage sie auch: »Wie geht es denn denen, die ich wegen ihrer Rederei anmeckern soll?« Sie merken, daß sie froh sind, daß ich sie noch nicht angemeckert habe. Und sie bekommen auch mit, daß ich meine Position für eine Position der Stärke halte.

Alternative
Dann entwickle ich eine Alternative. Verbal, also mit der Stimme, läßt sich kein Unterrichtsstoff vor allen erklären, dazu ist diese Klasse zu laut. Das wird akzeptiert, das gehört eben zur 7G. Der Unterrichtsstoff muß anders aufgeschlüsselt werden. Ich schlage vor: schriftlich, per Arbeitsblatt. Sie sind davon kaum begeistert. Wir entwickeln dann aber ein Arbeitsblatt für morgen. Danach sehen sie mir noch 45 Minuten beim Tippen und Drucken zu. Es macht Spaß, mit ihnen so zusammen zu arbeiten.

Donnerstag – 29.4.

Klasse 6b
Bei der Vorbereitung für die Klassenarbeit am Montag erkläre ich einem Jungen einige Grundlagen noch einmal ausführlich. Ich bin an seinem Platz, die anderen arbeiten in Gruppen. Er ist in Mathematik sehr schlecht. Ich biete ihm an, auf einem Extrablatt die Mathearbeit zu schreiben. Ich werde es speziell für ihn fertig machen. Wenn er dann dort alles schafft, ist es eine 4. Wenn er Zusatzaufgaben schafft, eine 3. Ich habe das Gefühl, das tun zu müssen. Und auch zu können. Die anderen verhalten sich so prima in den Gruppen, daß ich endlich mal zu einer solchen Einzelberatung und Idee komme.

Klasse 5c
Die 5c ist heute wieder nicht zum Klassengespräch bereit, aber in den Gruppen läuft es. Zum Schluß wollen sie mit der Gruppenarbeit nicht aufhören und lehnen ein Klassengespräch als Zusammenfassung ab. Mir ist das recht, wenn

auch etwaige Klarstellungen dadurch nicht möglich werden. In der anschließenden Milchpause, in der ich bei ihnen Aufsicht habe, frage ich, ob sie lieber in Gruppen oder lieber im Klassenverband arbeiten. Sie sind bis auf einen entschieden für die Gruppenarbeit.

Klasse 7G
Ich muß die Arbeitsblätter gleich zu Beginn verteilen lassen, da sie sehr laut sind. Sie arbeiten dann gut an den Blättern. Längst nicht alle, aber ich habe doch das Gefühl, daß es heute viel mehr sind als sonst und daß sie intensiver dabei sind. Die Kinder von der Planungsgruppe machen sich als Multiplikatoren bemerkbar. Ich habe ein gutes Gefühl bei der Sache. Aber ich merke auch, daß viele so nicht auf ihre Kosten kommen, was den persönlichen Kontakt zu mir angeht. Später sagen mir einige von der Planungsgruppe, daß sie der Lärm nicht so gestört hat – und damit bin ich sehr zufrieden.

Anbieten
Heute ist partielle Sonnenfinsternis. Ich erfahre es erst morgens von den Kindern. Ich ärgere mich, nicht auf dem laufenden zu sein und nichts vorbereitet zu haben. Das wäre leicht gewesen. Als ich dann eine Freistunde habe, schwinge ich mich auf: Ich ruße vier Scheiben. Ich habe ein Gefühl von »Endlich mal initiativ sein«. Die Scheiben biete ich in der kleinen Pause auf dem Hof an. Die Kinder sind begeistert. Ich bin über so viel »Find ich toll« überrascht. Und ich bin zufrieden: Diese Chance wurde genutzt. Es werden wohl gut die Hälfte aller Kinder die Sonnenfinsternis beobachtet haben. Andere Kollegen haben auch Initiativen entwickelt – aber »nur« für ihre Klasse. Als ich morgens anspreche, daß man doch für alle etwas vorbereiten könne – und keine Zustimmung finde, da fühle ich mich ganz schön allein gelassen. Ich sage dazu aber nichts. Und starte zwei Stunden später eben selbst, in der Freistunde. Jetzt bin ich zufrieden darüber.

Kollegen
Im Anschluß an die 6. Stunde komme ich ins Gespräch mit Herrn K., dann mit Herrn G. Ich entwickle vorsichtig meine Position. Sie haben auch gute Ideen. Eine: Die Freistunden nutzen als Sprechstunden für Schüler. Wir reden eine Stunde lang.

Freitag – 30.4.

Klasse 7G
Für die 7G konnte ich gestern kein Arbeitsblatt mehr vorbereiten. Deswegen befürchte ich für heute ein ziemliches Durcheinander. Als ich dann die Sachen am Tageslichtprojektor diktiere, da geht es. Es ist zwar laut, aber sie sind dabei und vor allem: bemüht. Das läuft so 20 bis 25 Minuten. Dann schlaffen sie ab und haben nicht mehr so richtig Lust. Aber wir machen weiter. Ich hatte umsonst Angst.

Klasse 8b
Biologie. Wir gehen wieder nach draußen. Es ist die zweite Exkursion in dieser Woche mit ihnen. Ich bin locker. Ich möchte ihnen Vogelstimmen vorstellen, mit dem Tonband demonstrieren. Es klappt prima. Am Sportplatz hören wir deutlich einen Zilpzalp. Dann kann ich einen Buchfinken anlocken. Davon sind sie ziemlich beeindruckt. Ich kann ihnen heute freier und lockerer sagen, was mich stört: Zigaretten, wenn andere Leute es sehen können. In der Ecke auf dem Sportplatz rauchen einige. Ich sehe es und übersehe es nicht. Ich akzeptiere es.

Klasse 6a
Ich will einige Unterrichtsstunden über Sexualkunde durchführen. Das ist auch im Stoffverteilungsplan vorgesehen, aber ich wollte da bisher nicht so ran, wegen etwaiger negativer Elternreaktionen. Ich habe mich mit der Klassenlehrerin

und einem anderen Kollegen darüber unterhalten – und die fanden das ganz selbstverständlich, so eine Unterrichtsreihe. Und ihre Selbstverständlichkeit steckte mich an.

Die Kinder sind wie immer am Anfang so laut, daß ich nicht durchkomme (weil ich nicht schreie). Da löse ich die Sitzordnung auf: Jeder setzt sich so zurecht oder so nah zu mir, daß wir reden können. Die Auflösung der Sitzordnung ist eine tolle Erfahrung. Vielleicht ist es gut, beim Klassengespräch, wenn ich mit allen sprechen möchte, immer so zu verfahren. Zum echten Gespräch braucht man eben eine entsprechende Sitzordnung. Und die Tische sind für solche Gespräche hinderliche »Schanzen«, Dinge, hinter denen man sich verschanzt. Wie deutlich mir das geworden ist – aber erst heute!

Wir sprechen alles mögliche an, wie es eben kommt. Sie können nach vorn kommen und »ihre« Ausdrücke an die Tafel schreiben. Tun sie auch. Auf die andere Tafelseite schreibe ich die Fachausdrücke für den Unterricht. Es ist auch meine Absicherung nach außen.

Freunde
Conny aus der Schule in T. (8. Klasse) kommt in die 2. Stunde. Sie steht plötzlich in der Tür! Ich freue mich sehr und gehe zu ihr auf den Flur. Sie hat blau gemacht, um mich hier mal zu besuchen. Zusammen mit Petra. Ich habe nicht viel Zeit und gehe dann wieder in die Klasse zurück. Es ist einfach umwerfend, irgendwie.

In der großen Pause läuft ein Mädchen aus der 5c zum Umarmspiel auf mich zu. Ich funktioniere es schnell um in Händeklatschspiel – sie zu umarmen bin ich zu befangen. Lehrer umarmen keine Schüler! Es ist so spontan, einfach so, weil sie sich freut, daß ich in der Pause rauskomme. Es ist ein schönes Gefühl, gemocht zu werden und Freunde zu haben.

4. Woche

Montag – 3.5.

Besuch

Heute besucht Hannelore meinen Unterricht. Sie schreibt an ihrer Diplomarbeit in Pädagogik. Sie ist für mich die ganze Zeit präsent. Mal bremst mich das, mal ermutigt mich das. Die Kinder reagieren auf sie reserviert. Sie sind verhalten in ihrer offenen Art, ihrer ungezwungenen Redeweise, ihrem offenen Gesichtsausdruck, wie sie dies mir gegenüber haben. Das ist deutlich zu merken, wenn wir in kleinen Gruppen auf dem Hof sind und nach der Schule zusammenstehen. Ich folgere: Mir gegenüber wissen die Kinder, was sie riskieren können – und ich denke, daß sie sich bei mir sicher fühlen. Bei anderen, wie bei Hannelore, wissen sie es nicht, ohne sie näher zu kennen. Und wieder bei anderen, die sie kennen, wissen sie, daß sie auf der Hut sein müssen. Auch das beobachte ich, so etwas gerät zufällig, aber deutlich in meinen Blick, wenn ich Kollegen im Umgang mit ihnen sehe.

Für Hannelore muß das alles hier neu und faszinierend sein. Mir wird bewußt, wie undurchsichtig und komplex »die Schule« ist: Es ist ein Interaktions- und Strukturdschungel (wie die bemalten Wände im Keller der Schule). Ich finde mich darin so einigermaßen zurecht. Mit den Kollegen, mit den Kindern, mit mir selbst. Schön ist dabei, daß ich die Kinder in diesem Gestrüpp finde. Nicht zu oft, aber oft genug, so daß ich mich selbst nicht verliere und daß es mir dann doch noch Spaß macht, alles hier.

Wie aber finde ich die Kinder? So, wie sie sich selbst verstehen? Oder so, wie *ich* meine, daß sie sind? Hannelores Besuch macht mir das alles bewußt. Sind sie nun »so« selbstbewußt und »so« emanzipiert, wie ich das annehme?

Klasse 6b
Klassenarbeit. *Scheußlich.* Unterdrücker, Dann-doch-Komplize, »Was kann ich denn dafür?«, »Laß doch wenigstens die, die arbeiten wollen, in Ruhe«. Ich erlebe mich in einem Interaktionswust, den ich schrecklich finde und nicht ändern kann. Ich erlebe voll das, was ich zutiefst ablehne: Lehrer als Feind – dem man ausgeliefert ist, den man bekämpft oder mit dem man paktiert. Ein Trost: Ich schmeiße meine Wut darüber nicht auf sie – aber wohin damit?

Und dann habe ich Angst vor der letzten Viertelstunde, falls sie mit der Arbeit eher fertig werden. Sie werden losbrechen wie ein Vulkan. »Ausgleichslärm« nenne ich das, und ich werde ihn nicht unterbinden, es steht ihnen einfach zu. Wenn die letzte Arbeit abgegeben ist, dann kann ich mich ja auch wieder so verhalten, wie ich es lieber möchte. Aber ich fürchte mich eben vor dem »nach der Arbeit«. Doch ich habe Glück. Sie wollen die ganze Zeit für die Arbeit haben.

Klasse 6a
Ich habe eine neue Idee: Als es einer Gruppe zu laut im Klassenraum ist, lasse ich sie auf dem Flur arbeiten. Ich habe gemischte Gefühle dabei, wegen der Kollegen. Als ich den Kindern die Tür aufmache, damit sie auf den Flur gehen – befindet sich dort prompt ein Kollege. Aber ich halte durch, gehe mit ihnen zu den Bänken im Flur und lasse sie dann dort allein arbeiten. Sie sind begeistert.

Klasse 7G
Hier mache ich das noch einmal. Eine Gruppe kann in den Flur. Als ich zehn Minuten später nachsehe, da bin *ich* begeistert! Sie haben sich liegend über den Flur verteilt, sternförmig. Sie versperren den Weg, Hefte, Bücher, Schreibzeug und alles mögliche als Dekor. Ich finde das wunderschön – wie sie da so ihren Kram machen und es sich eingerichtet haben. Lebensfreude pur.

Dienstag – 4.5.

Vor Schulbeginn
Heute bin ich zum ersten Mal früher in der Schule. Ich bin ziemlich entrüstet, daß um 7.37 Uhr, also 23 Minuten vor dem ersten Gong, außer dem Hausmeister noch keiner von den Erwachsenen da ist und daß ich als erster die Tür zum Schulgebäude aufschließe. Ich denke: Die Erwachsenen kommen so spät wie möglich – »ihre« Schule ist das nicht. Und ich nehme mir fest vor, immer spätestens um 7.45 Uhr hier zu sein als Ansprechpartner für die Kinder.

Hannelore ist wieder mitgekommen, heute den zweiten Tag. Ich bin richtig wild darauf, daß ich mich mal vorführen kann – so, wie ich es hier in der Schule versuche, auf meine Art. Vor jemandem, der Zugang zu meinem Selbstverständnis hat und der nicht ganz woanders steht.

In der Nähe der Tür sind etwa 15 Kinder, sie warten und spielen. Als wir in das Gebäude gehen, habe ich das Gefühl, als würden sie überrascht aufschauen, wer sie denn jetzt stört. Jetzt – 20 Minuten vor dem Gong – da gehört der Tag (und die Schule als Gebäude) noch ihnen, und wer kommt, der sollte anklopfen. Aber ich glaube, schon vermitteln zu können, daß ich ihnen nichts wegnehme. Ich bin nicht jemand, der von ihnen »etwas will«.

Klasse 5c
1. Stunde Physik. Die Geräte stehen noch von gestern aus der letzten Stunde da. Die Idee, alles stehen zu lassen, klappt prima – denke ich. Sie aber haben wenig Lust weiterzumachen. Ich ordne an, was zu passieren hat. Die ganze Stunde über. Ihre Lautstärke nehme ich in Kauf, aber nicht gern. Ich hätte es schon lieber, wenn sie mich ausreden ließen. Aber sie sind heute »woanders«. Ich bekomme mit, mehr als sonst, wie einige dauernd rauslaufen. Es sind zeitweilig sechs Kin-

der. Das macht ihnen mehr Spaß. Ich rufe sie zweimal laut zurück, über den Flur. Dann schließe ich die Tür von innen ab. Dann ziehe ich den Schlüssel ab. Zum Schluß der Stunde wird die Tür von außen von einem Kollegen aufgeschlossen, um einige Rauslaufer reinzulassen. Was wird der gedacht haben? Ist mir egal. Ich kann mich nicht mit allem beschäftigen.

Unten, zurück in ihrem Klassenraum, sage ich ziemlich lautstark, was ich vom Rauslaufen halte: gar nichts. Und (Druck, aber was soll's) daß ich sie nach einer Verwarnung weitermelden muß. An wen, sage ich nicht – ich habe ja auch keine Lust dazu. Aber ich sage es. Sie schieben sofort das Bedrohliche weg und funktionieren es um: »Und die Verwarnung ist dann in der nächsten Stunde wieder weg?« Sie faszinieren mich!

Sanft sein
Nach der Stunde bleibe ich als Pausenaufsicht in der 8b. Ich lasse eine Tonbandkassette laufen: Cat Stevens. Die Musik ist für mich ein Symbol für friedliches Miteinander und Harmonie mit den Kindern. Sie erinnert mich an das Seminar mit Schülersprechern vom letzten Jahr. Jetzt habe ich es schwer zurückzukommen zu dem, was Cat Stevens' »Teaser and the Firecat« ausstrahlt. Ich bin doch sehr befangen, wenn ich die Kinder so in mein Herz sehen lasse, und sitze allein. Es hat mich viel gekostet, diesen Schatz in den Trubel hier zu werfen. Dann komme ich ins Gespräch mit einigen. Dann ist es geschafft, ich entspanne mich. Ich bin glücklich. Und ich merke, wie wichtig es ist, sanft zu sein, ihnen gegenüber. Es hält an, bis wir auseinandergehen, sie auf den Hof, ich ins Lehrerzimmer. Neue Bedingungen.

Klasse 7G
Zu Beginn sitzen einige bereits ganz selbstverständlich und provokativ draußen mit Stühlen auf dem Flur. Sie wollen

wieder wie gestern dort arbeiten. Ich will nicht, daß das aus dem Ruder läuft, lasse mich auf nichts ein und beordere sie in die Klasse zurück. Ich glaube, daß heute nichts mehr geht. Sie haben so aggressiv dagegen protestiert, wieder in die Klasse zurück zu müssen. Aber es läuft prima. Ich verteile die Arbeitsblätter und kann jede Gruppe ausführlich beraten. Akzeptieren sie, daß ich im Flur »durchgegriffen« habe? Mache ich es ihnen zu schwer, wenn ich sonst so überhaupt nicht sichtbar »durchgreife«?

Klasse 7c
Vertretung. Ich sehe sie zum ersten Mal, einige kenne ich aus der 7G. Ich rede nur englisch. Das ist ein Schutzversuch von mir, da fühle ich mich ihnen überlegen. Laut Plan haben sie jetzt Englisch. Wir spielen »Heads down – Heads up«. Es macht ihnen Spaß. Ich spiele dann selbst mit. Es ist wie immer schön. Ich merke, daß ich emotional eingefangen bin. Ob sie mich wohl raten? Wie sehe ich denn aus, wenn ich grinse, weil sich einer vertippt hat?

Ganz vorn
Abends kann ich mit Hannelore über den Tag sprechen. Ich freue mich, daß sie mich etwas bewundert. »Mein Gott, ich hätte ja nie gedacht, daß das *so* ist«. Ich sage: »Was Du erlebt hast, das ist *heute* – aktueller geht es nicht. Wissenschaftliche Befragungen und Erhebungen, die dann an der Uni verarbeitet werden, sind nicht so aktuell wie das, was Du heute erlebt hast. Das ist ganz vorn, reale Basis.« Dabei ist mir schon klar, daß die nachhinkende Wissenschaft mit dem Reflektieren ihrer Erhebungen auch in die Zukunft reicht. Und dann wünsche ich mir, daß sie mal normale Lehrer sieht, um noch mehr zu merken, daß ich vorn bin bei denen, welche die Wissenschaft in die aktuelle Praxis umsetzen. Ich fühle mich der Avantgarde zugehörig, bei allen Mängeln. Das Bild vom Flur gestern ist für mich Symbol.

Mittwoch – 5.5.

Klasse 5c
Sie gehen mir zu Beginn der Stunde sehr auf die Nerven. Ich habe ein Arbeitsblatt mitgebracht – aber ich komme wegen der Unruhe nicht dazu, es zu erklären. Ich lasse es verteilen. Ich gehe von Gruppe zu Gruppe – aber ich schaffe es nicht, mir richtig Zeit für sie zu nehmen. Dafür ist es mir zu unruhig, meine Aufmerksamkeit liegt doch bei allen, auch wenn ich in einer Gruppe bin. Dann fühle ich mich dafür verantwortlich, daß ich nicht die richtige Ruhe zum Erklären in den Gruppen habe. Ich schreibe deswegen die Lösungen an den Tageslichtprojektor. Einige kommen nach vorn und machen mit. Etwa ein Drittel der Klasse übernimmt es – der Rest geht eigenen Interessen nach. Ich lasse sie in Ruhe und freue mich, nicht von allen allein gelassen zu werden. Etliche spielen herum – und zwar so, als ob sie genau wissen, daß das von mir nicht erlaubt worden ist. Ist es ja auch nicht – ich gehe nur nicht dagegen vor. Warum erlaube ich es eigentlich nicht? Dann arbeiten doch die am Unterrichtsstoff mit, die wirklich wollen. Ob das nicht einen Sog haben könnte, so daß noch andere hinzukommen?

Einige laufen wieder aus der Klasse, fast immer dieselben. Heute kriechen drei durchs Fenster, beim vierten merke ich es. Ich bewundere, wie sie es abpassen, wann ich zu ihnen hinsehe und wann nicht. Andererseits nervt mich diese ganze Rauslaufsache. Ich will das morgen mit ihnen besprechen.

Klasse 8b
Ich zeige einen Film über das Spiegelteleskop, der voller Fremdworte ist. Er ist vom Niveau her für eine Abiturklasse oder für Studenten geeignet. Ich habe ihn im Katalog ausgesucht und bei der Bildstelle abgeholt, aber nicht wie sonst vorher angesehen. Meine These, daß die Kinder etwas Rele-

vantes von allem Möglichem mitnehmen, sofern man sie nicht unter Druck setzt, schlägt heute voll durch. Sie geben mir in Rückmeldungen zu erkennen, daß sie jede Menge privater Neuigkeiten aus dem Film herausgeholt haben. Was will ich denn mehr, wenn ich ihnen etwas anbiete! Sie sind weitergekommen mit diesem Film – jeder auf seine Weise. Trotz dieses »ach so ungeeigneten« Films, wie ich aus pädagogischer Sicht meinen sollte. Ich bin auch weitergekommen, mir brachte der Film auch Neues.

Planungsgruppe 7G
Es sind fünf da. Wir können gut miteinander reden. Und wir bereiten einen Umdruck für morgen vor. Ich habe das Gefühl, daß wir gute Fortschritte machen.

Angekommen
Heute ist Hannelore zum letzten Mal da. Ich habe mich richtig an ihre Anwesenheit gewöhnt, nehme sie aber längst nicht mehr so deutlich wahr wie am Montag. Es ist o.k., wenn sie mit den Kindern während des Unterrichts in Kontakt kommt und Gespräche führt. Mir war wichtig, daß sie nicht isoliert ist. Aber ich bin da nicht aktiv geworden, das mußte sie schon selbst machen. Da sie nun aber gut ankommt, fühle ich mich doch entlastet und kann mich wieder voll auf meine Sachen konzentrieren. Und ich kann mich an sie wenden, wenn ich das einmal wirklich will.

Donnerstag – 6.5.

Nachts
Ich sage mir ja schon lange und »weiß«, daß die Schule nicht human ist. Aber dieses Wissen ist abstrakt. In der konkreten Unterrichtserfahrung blitzt die Erkenntnis der Inhumanität zwar immer wieder auf – aber sie ist später, wenn ich sie abrufe, zu erfahrungsarm. Lediglich ein »Wissen«, nicht

mehr eine gegenwärtige, nachvollziehbare Erfahrung. Und dann, wenn lediglich Wissen und nicht mehr Erfahrung in mir ist, denke ich: »So schlimm ist das doch nicht mit der Schule, nicht aufgeben, weiter versuchen.« Mir fehlt dann einfach der ungebrochene Kontakt zu dem, was ich wirklich erfahren habe: daß und wie die Schule feindlich und gefährlich ist.

Aber jetzt um Mitternacht ist mir alles gegenwärtig und real – auch wenn ich gerade nicht in der konkreten Schulsituation bin. Alles: der Krieg, die Verstümmelung, die Unmenschlichkeit, an der ich mich beteilige. Und bei der ich mir vorgaukle, es doch nicht so schlimm zu machen. Nein: *inhuman ist inhuman* – da gibt es keine Ausrede. Ich *spüre* heute nacht, was ich vormittags tue. Und ich beginne konsequent und energisch mir selbst gegenüber dies als mir nicht gemäß zu enttarnen. Dahinter finde ich mich wieder. Ich vertraue meiner Wahrnehmung mehr, weil ich mich zunehmend befreie von dem progressiven Druck, dort in der Schule mit dem Anspruch auszuharren, Inhumanität abzubauen. Indem ich erkenne, was ich tue – nämlich wirklich inhuman sein –, finde ich zurück zu mir.

So trete ich langsam aber sicher den Rückzug an. Dabei möchte ich noch viel – so viel wie möglich – mitbekommen von dem, was dort geschieht. Ich gehe dort raus – und dieser Entschluß macht mich sicher und stark, so daß ich beobachten kann, ohne zu versinken. Beobachten, was ich selbst als Lehrer wirklich tue. Ich investiere viel, um viel zu sehen. Und ich traue mich, in den Spiegel zu sehen, der mir zeigen wird, wie ich bin. Läßt sich das, was ich erfahre, ummünzen in einen Speer der Befreiung?

Es gibt Lichtblicke. Ich weiß, sie verschleiern nur das Grundproblem. Wenn ich mich kinderfreundlich verhalte, gibt mir das viel Kraft, in den Spiegel zu sehen. Er zeigt nicht nur

Schreckliches. Meine Freundlichkeit aber verändert nicht die inhumane Struktur der Schule. Natürlich nicht – wie kann man eigentlich nur auf eine so merkwürdige Idee kommen? Schmerzlindernde Mittel – größere oder kleinere Portionen Kinderfreundlichkeit – betäuben mich selbst und täuschen darüber hinweg, was hier wirklich geschieht. Ich will versuchen, es dennoch wahrzunehmen. Aber die Lichtblicke sind so schön. Heute morgen:

Klasse 7G
Ich sage, daß wir bei diesem schönen Wetter auch draußen Mathe machen können. Sie nehmen ihre Stühle und Bücher, und in drei Minuten sind wir auf dem Hof in der Sonne. Es ist warm und schön. Friedlich. Sie arbeiten begeistert in ihren Gruppen. Ich kann alle beraten, wirklich einmal alle. Das Arbeitsblatt der Planungsgruppe von gestern ist gut, diese Umgebung ist gut – und ich bin es auch.

Freitag – 7.5.

Ich bin jetzt zum dritten Mal eher da vor Schulbeginn. Ich will Kontakt herstellen. Ich befürchte ein wenig, daß niemand auf mich zukommt – aber es läuft gut. Wir unterhalten uns. Die Zeit ist für mich viel zu kurz.

Klasse 6a
Bio: Fortsetzung der Sexualkunde-Reihe. Ich spreche wieder alles querbeet durch. Sie wünschen, daß ich mich wie beim letzten Mal ans Fenster stelle und sie einfach so um mich herum sein können. Damals war es ein Notbehelf, um gegen den Lärm anzukommen. Jetzt sehe ich, daß diese Form wie beim letzten Mal viel Lockerheit bringt. Einige spielen für sich, einige machen Hausaufgaben. Ich weiß, daß ich nicht alle erreichen kann und lasse diese völlig in Ruhe. Der Lärm ist heute kein Problem.

Gruppenklassenarbeit
Dieselben wie eben, 3. und 4. Stunde. Mathe-Klassenarbeit. Zum ersten Mal überhaupt (meine eigene Schulzeit mitgerechnet) erlebe ich eine Klassenarbeit in Gruppen. Ich habe sie inszeniert, um voranzutreiben, was eben so geht hier. Abbau von Angst, Ermöglichen von Hilfsbereitschaft, Überwinden von Vereinzelung. Es sind Gruppen bis zu sechs Mitgliedern erlaubt. Ich habe sechs verschiedene Arbeitsblätter gemacht, das heißt sechs verschiedene Klassenarbeiten vorbereitet. Es war eine Menge Arbeit. So hat in einer Gruppe jeder verschiedene Aufgaben, die sich im Typ jeweils entsprechen. Sie können sich austauschen und beraten lassen und selbst beraten. Ich sage: »Verantwortlich für die hingeschriebenen Lösungen ist aber jeder selbst.« Ich lasse sie machen. Ich unterbinde nur den Austausch von Gruppe zu Gruppe, damit nicht einfach die Lösungen abgeschrieben werden.

Es ist sehr laut. Einmal kommt der Rektor rein, um einen Jungen zu holen, den er vorher per Klassenlautsprecher ausgerufen hat – es war so laut, daß wir das nicht hörten. Mich stört das Reinkommen des Rektors schon, aber nur kurz. Ich fühle mich verunsichert und ein bißchen ertappt bei etwas zumindest Ungewöhnlichem (Gruppenklassenarbeit). Ich fühle mich so, als ob ich mich rechtfertigen müßte. Ich fahre zweimal Kinder an – und dann ist das Bedrohungsgefühl wieder vorbei.

Ich bin dauernd unterwegs und muß viel erklären. Organisatorische Fragen, inhaltlich gebe ich keinen Kommentar ab. Mir wird dadurch klar, was die Kinder allein schon vom Technischen her für Schwierigkeiten bei einer Klassenarbeit haben. Generell, nicht speziell wegen der Gruppenklassenarbeit. Und was bei normalen Klassenarbeiten unter den Tisch fällt, weil ich da kaum Fragen zulassen kann: »Bei Klassenarbeiten wird nicht dauernd was gefragt.« Sie haben

Probleme mit den einfachsten Dingen: »Wo soll ich die Lösung hinschreiben?« »Was soll ich machen, wenn ich mich verbessern will?« »Wohin soll ich schreiben, wenn kein Platz mehr ist?« »Kann ich auch eine Aufgabe überspringen?« »Darf ich etwas wegradieren?« »Darf ich auf die Rückseite schreiben?« »Wo kommt die Nebenrechnung hin?« »Wohin soll ich meinen Namen schreiben?« Sie fragen mich dann nicht mehr nach dem Was (den Lösungsschritten), sondern bleiben beim Wie – und das ist noch sehr viel.

Angst und Verunsicherung spüre ich gegenüber Eltern und Kollegen: »Das ist doch keine Klassenarbeit! Wie wollen Sie denn da die Leistung beurteilen?« Ich kann es – aber wer versteht das? Und wer baut seine Angst ab und macht mit?

Klasse 7G
Wir gehen wieder nach draußen auf den Hof. Sie sind unruhiger als gestern. Es ist nicht mehr neu und nicht mehr so attraktiv. So schnell werde ich das nicht noch mal machen. Und ich sehe tiefer: Rausgehen reicht eben nicht allein, damit sie »ruhig sind und lernen«. Auch hier draußen sind sie Personen und haben mal Lust zu Mathe, mal keine. So heute auch auf dem Hof. Gestern hielten sie sich mit ihrer Interessendurchsetzung zurück – beeindruckt von meiner »Humanität«, mit ihnen rauszugehen. Jetzt, heute, gehört das für sie bereits zum (neuen) Standard an Humanität, die ich zulasse. Aber sie wollen weiter, dorthin, wo sie wirklich sind, und das heißt heute: kein Mathe machen. Da kann ich aber nicht mit – hier läßt sich nicht mehr Humanität unterbringen. Außerdem beschwert sich nach einer halben Stunde ein Kollege über den Lärm auf dem Hof. Er schickt einen Schüler: »Wir schreiben eine Arbeit.« Na ja – wir gehen wieder nach oben.

Unterrichtsminuten
Ich überlege allgemein. Der Unterricht, die 45 Minuten von Gong zu Gong, ist das Kernstück der Inhumanität. Wenn ich

im Unterricht agiere, erfahre ich ganz deutlich diesen Widerspruch: *Mich als jemanden verstehen, der human ist – mich als jemanden erleben, der Inhumanes tut.* Hinzu kommt, daß ich mich gelegentlich als Humanen erfahre. Wenn persönlicher Kontakt gelingt, wenn ich es schaffe, daß die Kinder weniger Angst haben, wenn ich »notwendigen« Druck einfach nicht ausübe. Doch das gelegentlich Humane verstärkt nur meine Wut über das grundsätzlich Inhumane. Ich habe doch gerade, in der Realisierung von humanem Verhalten, erlebt, daß es auch anders geht. »So müßte es doch immer gehen!« Nur, unumstößlich: Es geht eben nicht. Es steht eine unverrückbare Struktur dagegen.

Ich erlebe den Anspruch der Kinder, Humanität zu erfahren – ich erlebe ihn, *weil ich mich ihm aufschließe.* Wer sich ihm verschließt, sieht natürlich alles ganz anders. Ich aber erlebe ihn – und auch, daß ich ihn nicht realisieren kann. Es ist kein Anspruch auf gelegentliche Freundlichkeit. Es ist ein Anspruch auf Grundsätzliches. Die Einforderung grundlegenden Rechts: Die Würde des Menschen ist unantastbar ...

Und dann, nach dem Unterricht, nach dem Gong, »ist ja alles nicht so schlimm«. Warum? Weil ich dann nicht mehr *direkt* erlebe, was es heißt und bedeutet und bewirkt, inhuman zu sein. Unterricht ist ja vorbei – und ich bin sehr rasch wieder in freundlicher und friedlicher Nachher-Stimmung. Da bin ich dann wieder in Übereinstimmung mit mir. Ich bin ein netter Mensch, habe Zeit, kann jede Menge human sein. Dieses Nachher-Verhalten ist auch von der Struktur her möglich. Man kann doch »persönlich« mit Lehrern gut auskommen ... Und schnell, ganz schnell, sinkt zurück, wie das eben noch mit der Inhumanität war. *Ich erfahre sie nach dem Unterricht einfach nicht mehr.* Da erfahre ich Humansein. Und dann ist es leicht zu sagen: »Ist ja alles nicht so schlimm.«

Doch es kommt wieder. Die Erfahrung der Inhumanität ist tief eingegraben. Das Bevorstehen der nächsten Stunde aktualisiert sie. Einige Zeit vor dem Beginn einer Unterrichtsstunde spüre ich es, da werde ich unruhig, da bin ich in Kontakt mit dem, was gleich passieren wird: Inhumanes Rasen, das sich Unterricht nennt.

Tabu
Die Verschleierung des Inhumanen *während* des Unterrichts ist ein riesiges Problem. Es gibt keine Diskussion darüber. Es herrscht völliges Tabu. Die betroffenen Erwachsenen, die Lehrer, transportieren das inhumane Geschehen – *ihr* inhumanes Tun – nicht in die Zeit hinter dem Gong. Wenn sie es denn überhaupt bemerken. Sie bringen ihre Erfahrung mit der täglichen Inhumanität nicht mit nach draußen, aus den Unterrichtsminuten hinaus. Es ist, als würde sie das Pausenzeichen in einen Bewußtseinszustand versetzen, der nicht mehr erfassen kann, was in den vergangenen 45 Minuten geschah. Die 45 Minuten Unterricht widersprechen in ihrer inhumanen Dimension der Zeit nach dem Pausenzeichen so existentiell, daß die eben realisierte Inhumanität nicht mehr bewußt ist. Blackout, Realitätsverlust, Wahnsinn. Ich finde das krank. Auf der anderen Seite hilft es ja, in der Schule, im Lehrerberuf zu überleben.

Die Kinder sagen sehr deutlich, was die Erwachsenen mit ihnen in den 45 Minuten machen. Aber in einer Sprache, die man nur versteht, wenn man die gesamte Problematik erfaßt hat. Und beispielsweise Lärm nicht mehr als »Störung«, sondern als Ausübung eines Grundrechts – auf Meinungsfreiheit – begreift.

Woher kommt dieses schizophrene Dilemma? Mir fallen Gespräche ein, die ich über die Konzentrationslager geführt habe. Während des Dienstes wurden Menschen getötet, und es gab kein Gefühl des Unrechts dabei. Danach, privat, waren die Henker freundlich und mitmenschlich. Ist ein solcher Vergleich zu hoch gegriffen? Natürlich töten Lehrer keine Kinder – aber bringen sie nicht unendlich vieles von dem, was in den Kindern wachsen will, zum Sterben? Können Kinder in der Schule denken, was sie wollen? Sagen, was sie wollen? Über ihren Körper bestimmen? Lachen? Ihre intuitiven Fähigkeiten entfalten, wie sie in ihnen leben? Dies und viel viel mehr können sie alles nicht! Fehlt den Erwachsenen in der Schule das *Gefühl* für die Menschenrechte?

Sonnabend – 8.5.

Bitten
Die letzte Stunde ist gerade sieben Minuten vorbei. Ich bin allein und noch voll von der Aktivität der Stunden eben, es summt noch in mir. Ich stecke noch in der Erfahrung.

Ganz zum Schluß geht es darum, die Stühle wegzuräumen und runtergefallenes Papier aufzuheben. Ich kann Humanität realisieren, wenn ich davon absehe, durchzusetzen, daß alle hierbleiben, bis aufgeräumt ist. Ich habe erst bestimmt: »Alle bleiben hier, bis es sauber ist« – und es dann gemerkt. Ich lasse sie gehen. Ich bitte sie, mir beim Aufräumen zu helfen.

Als sie einige Minuten vor dem Gong bereits nach Hause wollen, lasse ich das nicht zu. Aufsichtspflicht, und überhaupt. Ich sage laut und unüberhörbar: »Bleibt in der Klasse!« Als Gefängniswärter realisiere ich Inhumanität. Wenn ich dann so human bin und das Papier selbst aufhebe – sie also nicht zwinge, etwas zu tun, was sie nicht wollen: Dann kommt mir diese »Portion Humanität« lächerlich vor. Ich sollte mir nichts vormachen, inhuman ist inhuman. Aber auch: human ist human. Und wenn ich kann, wenn ich etwas aufstöbere, wo es geht – dann bitte ich eben.

Sozusagen inhuman
Ich denke weiter über die Portionen Humanität nach, die ich ihnen vorsetze. »Natürlich dürft Ihr Euch vor der Hinrichtung noch ein schönes Essen bestellen.« Ich suche dauernd Essen aus für sie. Und ich bin wohl jemand in der Schule, der gut kochen kann. Und da diese Hinrichtungen die so Hingerichteten physisch am Leben halten, kann man es mit ihnen morgen ja wieder tun. Und so weiter. Und nur dann, wenn ein Kopf rollt (wenn ein Kind sich nach dem Zeugnis oder wann sonst umbringt), dann schaut man mal auf – und ist erstaunt (nicht erschreckt) über die Schwäche der Objekte, mit denen man es zu tun hat. »Wollt Ihr denn keine guten Opfer mehr abgeben? Also dann müßt Ihr ja noch ein bißchen mehr und vor allem bessere Humanitätssuppe bekommen, bevor es zur Hinrichtung geht – denn wenn einer seinen Körper verweigert, indem er sich umbringt: Das ist ja doch wohl ziemlich gegen die Regel und extrem unfair, sozusagen inhuman.«

Draußen
In der Pause auf dem Hof sind Marion und Petra aus der Schule in T. Sie haben heute frei und kommen eben mal vorbei, um mich zu besuchen. Das tut mir gut – und ich erfahre, was Humanität im inhumanen Feld bewirken kann. Ich habe dann eine freie Stunde. Ich gehe zu ihnen raus, wir sitzen im Gras und reden. Es ist sehr schön. In der letzten Stunde kommen sie dann in die 8a mit. Sie sind rasch integriert, sie haben Freundinnen hier. Und ich bin schnell der »humane« Lehrer, sie machen es mir deutlich genug. Denn eben, draußen, war ich es ja tatsächlich: jenseits von Inhumanität, human ohne Anführungszeichen.

Kollege K.
Als ich hier schreibe, kommt Kollege K. Wir problematisieren »human – inhuman«. Wir sind uns einig, daß das Verschleiern der Inhumanität und die Identifizierung mit der

realisierten Humanität es für viele Lehrer aushaltbar macht – diese schizophrene Paradoxie hier. Ich kann das nicht – und auch er hat Angst davor, so zu werden.

Sonntag – 9.5.

Korrigieren
Seit 8.30 Uhr bin ich dabei, zwei Klassenarbeiten nachzusehen (Mathematik). Es ist jetzt 13.13 Uhr, ich habe keine Pause gemacht. Ich werde noch 90 Minuten brauchen. Ich sitze also knapp fünf Stunden an völligem Blödsinn. Und es geht noch weiter. Ich bin ziemlich sauer über das und wütend. Jetzt fange ich an zu schreiben. Warum ich schreibe:

Ich glaube, daß ich dann, wenn ich den Quatsch heute fertig habe, so etwas wie Befriedigung über diese Tortur empfinden werde. »Na bitte, es ist geschafft. Ist es nicht eine gute Leistung, so schön die Arbeiten nachgesehen zu haben? Und wie individuell bin ich doch auf jeden eingegangen, wie kompliziert habe ich die Punkte verbessert, um gerecht zu sein. Na ja, es war anstrengend – aber wo ist es das nicht, wenn man etwas schaffen will? Ich bin doch sehr zufrieden.« Und nur noch dumpf, fernab, werde ich spüren, daß ich irgendwo betrogen worden bin. Jetzt, da ich betrogen werde, da habe ich noch ein Bewußtsein davon, da ist mir die ganze Scheiße klar und gegenwärtig: der Unsinn von Klassenarbeiten (was wird eigentlich getestet?) – und der Unsinn des anschließenden Nachsehens. Ich habe Lust, den ganzen Kram in die Ecke zu schmeißen – weg mit diesem irre machenden Zeug!

Aber ich korrigiere, sehe nach, gebe mir Mühe – und lasse den Tag verstreichen, der herrlich ist (30 Grad und Sonne im Mai). Und lasse die Bücher stehen, die auf mich warten und und und ...

Ich glaube, ich habe es mir immer noch nicht so richtig abgenommen, daß ich *wirklich recht habe* mit meiner Auffassung von dem Irrsinn der Dinge hier. Vielleicht kann ich selbst nicht voll akzeptieren, was ich aber doch weiß. Das Paradoxe würde mich entlarven als jemanden, der Unsinn tut – und diese Auffassung habe ich wirklich nicht von mir! Und ich kann es mir wohl nur langsam gestatten, zu bemerken, daß ich *genau entgegengesetzt lebe zu dem, was ich propagiere:* mit sich in sinnvoller Übereinstimmung agieren. So müßte ich mir, wenn ich mir gegenüber ehrlich bin, sagen: »Na, was machst Du denn eigentlich? Wieso stehst Du auf der Seite der Unterdrücker und inszenierst Klassenarbeiten und siehst sie nach, wenn Du sagst, daß Du ein Freund der Kinder bist? Hör auf damit!«

Da ich aber nicht aufhöre (gleich geht es weiter mit der Nachseherei), kann ich mir einfach nicht gestatten, ehrlich zu sein. *Ich würde meine Selbstachtung total verlieren!*

Das alles kommt mir jetzt unheimlich vor. Ich spüre, wie ich in mich höre und mir Vertrauen schenke und mich mehr und mehr auf mich verlasse. *Mich* korrigiere. Es ist gut, dies jetzt, da ich meine Wut spüre, aufzuschreiben, denn das ist meine Realität. Ich begrüße meine Wut als Verbündeten im Kampf gegen die Fesseln, die mir einreden, wie gut ich doch sei. Ich entlarve das eingeredete »wie gut« als Droge, die mich zu enormen Leistungen anspornt. Ich besteige in der Schule laufend Berge mit enormem Einsatz und in immer neuer Rekordzeit, die nicht *meine* Berge sind.

5. Woche

Montag – 10.5.

Anstrengung
Die letzte Stunde ist seit sechs Minuten vorbei. Es war sehr anstrengend. Nur langsam, wie von außerhalb, komme ich dazu, darüber nachzudenken, was heute los war. Ich wünsche mir, alles wegzuschieben: Dieses Aufschreiben hier, die Vorbereitungen gleich. Ich möchte mich ausruhen und meine Dinge tun. Jetzt, acht Minuten nach Schluß, geht es wieder, ich komme langsam ins Nachdenken.

»Hitzefrei«
Große Pause: Etwa ein Drittel aller Kinder hat sich vor dem Haupteingang auf dem Schulhof versammelt. Sie rufen: »Hitzefrei! Hitzefrei!« Es ist warm genug dafür, bei dem schönen Wetter. Es kommt Demo-Stimmung auf. Natürlich wird es ihnen nichts nützen. Entscheiden tun sie eh nicht. Aber andererseits gibt es ja die Argumentation (die sie nicht kennen, die es aber dennoch gibt): Wenn die so drauf sind, dann wird das mit dem Unterrichten sowieso nichts mehr, da können sie ja gleich nach Hause gehen. Der Rektor kommt kurz vor Pausenschluß auf den Hof und sagt etwas zu ihnen. Massen-Buh. Ich möchte nicht in seiner Haut stecken.

Klasse 5c
Ich habe eine freie Stunde und hole mir sieben Kinder aus der 5c, die »Auffälligen«. Ich frage die Kollegin, die bei ihnen unterrichtet. Sie ist ganz froh, daß ich ihr diese Kinder mal abnehme. Ich bespreche mit ihnen dann »Durchgreifen« und »Anmeckern« und »Aus-der-Klasse-Laufen«. Nur langsam kommt so etwas wie ein Gruppengespräch zustande. Ich bin ziemlich überrascht, wie geladen sie sind. Und gleich, in der nächsten Stunde, habe ich es mit 39 von ihnen zu tun! Einem Jungen gebe ich ziemlich kontra, als er von mir mehr Durch-

greifen verlangt. Da bekommt er einen verschlossenen Blick. Nur mit Mühe kann ich erreichen – indem ich etwas anderes rede und auf ihn eingehe –, daß wir wieder in einem offenen Blick sind. Ein anderer, der mich sonst ziemlich nervt, hat nachher in der 6. Stunde mehr Kontakt zu mir als sonst. Dann sind zwei dabei, von denen ich den Eindruck habe, als seien sie in der Schule noch nie als Menschen angesprochen worden. Sie sind nicht erreichbar, machen Schülerfaxen, weichen mit den Augen aus.

Angst und Vertrauen
Nach der Besprechung mache ich mit den Kindern einen Gang durch die Schule. Schließlich kommen wir in den Medienraum. Einer von den beiden »Unerreichbaren« schaltet den Fernseher ein, so daß der plötzlich irre zu rauschen anfängt. Ich habe das nicht mitbekommen, fahre herum und weiß nicht, wo das herkommt. Der Junge erschrickt über das Rauschen und zieht schnell den Stecker raus. Aber wie er da zu mir hinsieht! Erst sich nicht traut, zuzugeben, daß er es war – es rauscht immer stärker –, dann aber doch wohl keine Angst vor mir hat und schnell zum Stecker saust und ihn rauszieht! Bände spricht das! Angst und Vertrauen: wir haben uns erreicht.

Distanz
Heute ist Conny wieder da, mit Petra und noch jemandem aus der Schule in T. Ich sehe sie auf dem Hof. Ich weiß nicht so genau, ob sie diesmal mich oder ihre Freundinnen besuchen wollen. Ich mache ihnen klar, daß es Ärger für mich bringt, wenn sie öfter kommen. Ich »lege ihnen nahe«, es nicht wieder zu tun. Als Absicherung für mich, falls »etwas nachkommt«. Ich bin unruhig und irgendwie auf Distanz.

Einladung
In der Pause erzählen mir einige aus der 8a, daß sie heute nachmittag schwimmen gehen. Ich würde gern mitfahren,

habe aber für heute schon ein volles Programm. Schade, denke ich. Vielleicht ist es ja ein anderes Mal drin. Ich fühle mich jedenfalls eingeladen, und das ist schön.

Dienstag – 11.5.

Klasse 5c
Ich bin fünf Minuten vor Stundenbeginn da. Ich komme dazu, freundlichen Kontakt herzustellen. Ich verzichte darauf, wie sonst mit allen zusammen »in Reih und Glied« aus ihrer Klasse in den Physikraum zu gehen. Ich gehe einfach mit denen, die bereits da sind. Ich schreibe den anderen an die Tafel, daß wir schon oben sind. Wenn einige es für ihre Zwecke umfunktionieren und nicht nachkommen – es stört mich nicht. Sollen sie doch. Ich habe einfach den Krieg vom Tisch gewischt. Oben sind dann schnell alle da. Ich bin etwas überrascht.

Ich habe guten Kontakt zur Klasse. Die Beziehung aus der Besprechungsgruppe gestern wirkt nach, besonders zu Detlef und Stefan. Aber langsam kommen diese Dinge wieder, es schleicht sich Krieg ein. Ich kann beim Schreiben am Arbeitsblatt nicht bei allen sein. Das übliche Zuneigungsdefizit schlägt durch, ich werde einfach überall verlangt. Als ich das nicht schaffe, steigen einige aus und werden laut. Andere quengeln, weil ich nicht komme, andere kommen selbst zu mir und reißen mich aus laufenden Gesprächen, andere beginnen Spielchen. Das alles verhärtet mich dann langsam, das kann ich nicht verhindern. Dann interveniere ich, deutlich, mit Nachdruck, dann laut, mit mehr Nachdruck. Es strengt mich an, ich drifte ab: Als einer am Wasserkran spielt, fauche ich ihn an. Schnell schiebe ich eine Erklärung nach über die grundsätzliche Gefährlichkeit im Physikraum. Aber das ist nur Augenwischerei. Es soll *mich* beruhigen, daß ich eben so aggressiv war. Es ist eine müde Sache. Der Junge selbst hört kaum hin, nickt nur abwesend.

Dann werfen einige die in kleine Stücke zerrissenen Arbeitsblätter zum Fenster raus. Es wird mir gepetzt. Ich springe drauf an, sause zum Fenster, sehe unten die Schnipsel, denke an den Hausmeister (der sich aufregen wird und die Arbeit hat) und den Rektor (der wohl alles im goldenen Buch vermerken wird). Ich lasse mich von der Stimmung rasch verleiten, zwei »Schuldige« rauszugreifen, und beordere sie nach unten zum Aufheben. Als ich ihnen die Tür aufschließe (ich habe sie wieder abgeschlossen und den Schlüssel abgezogen, weil einige rausgelaufen sind), merke ich, wie sehr sich die beiden darüber freuen, rausgehen zu »dürfen«. Ich reagiere gelassen und will mitziehen. Erst überlege ich mir, ob ich nicht auch anderen das Vergnügen machen soll, raus zu können. Ich müßte also fragen, ob nicht noch jemand draußen Papier aufheben will. Aber das lasse ich wieder fallen, denn ich will jetzt keine Diskussion darüber, wer alles darf und wer nicht. Nein, ich reagiere doch ganz anders. Als die beiden raus sind und die Tür wieder zu ist, ordne ich an, daß alle unteren Fenster geschlossen werden. Und bis auf weiteres auch geschlossen bleiben. Ich merke, daß ich jetzt kein Gespräch will (»Wer möchte nach unten?«), sondern Aktion (»Fenster zu!«).

Danach bekomme ich die mündliche Auswertung der Arbeitsblätter nicht mehr hin. Sie wollen oder können eben nicht alle zusammen ruhig sein. So werfe ich die Lösungen mit dem Tageslichtprojektor an die Wand, werde beim Schreiben geblendet, werde dauernd angesprochen (sie kommen nach vorn oder rufen mir etwas zu), muß immer wieder aufsehen zu den besonders Lebhaften, habe das Gefühl, daß kaum noch jemand mitmacht, sehe dann doch, daß noch ein paar mitarbeiten und daß sie etwas davon haben – mache weiter *und halte durch*. Sollte ich besser abbrechen, zurück in ihre Klasse gehen? Und was dann dort? Gruppengespräch bis zum Stundenende? Vorlesen aus dem Physikbuch? Ich weiß es nicht.

Dann sind noch zehn Minuten. Ich habe bereits zwischendurch Gerät aus dem Schrank geholt. Für einen Versuch, der mit dem ausgefüllten Arbeitsblatt zusammenhängt. Ich sage, daß sie die aufgestellten Geräte nur holen können, wenn alle ruhig sind, so daß ich kurz über den Sinn des Versuchs sprechen kann. Das bringt nichts. Schließlich streiche ich durch die Klasse und es kommt mir die erpresserische Idee, nur denen die Geräte zu geben, die in ihrer Gruppe ruhig sind. Das sage ich ihnen. Ich sehe mir daraufhin die Gruppen an und lasse sie nach und nach die Geräte holen (zwei Gläser, eins wird mit Wasser gefüllt). Ich sage lehrerhaft: »Und wegen Dir kann Eure Gruppe noch keine Geräte bekommen.« Die anderen sind dann sauer auf diesen. Eine Gruppe spielt bis zum Schluß Karten, »Da kriegt Ihr natürlich nichts«. Als sie dann schließlich beim Experimentieren sind, ist die Zeit rum, ich lasse abbrechen, muß drei-, viermal nachhaken, bis alles weggestellt ist.

Am Schluß bin ich ziemlich k.o. und froh, daß sie alle unten sind und es nicht einen riesigen Krach gegeben hat. Allerdings habe ich das Gefühl, daß das alles auf meine Substanz ging, nicht auf ihre. Daß ich einstecke, um sie nicht anzugiften – für etwas, für das sie nicht verantwortlich sind, sondern die systembedingte Inhumanität: Zwang zur Teilnahme, zu große Lerngruppe für emotionale Zufriedenheit, zu große Lerngruppe für individuelles Lernen usw. usw.

Klasse 7a
Ich habe Vertretung bei ihnen. Ich lasse sie die Mathesachen machen, die ich für die 7G vorbereitet habe. Sie aber wollen wegen der Vertretungsstunde nach draußen oder spielen. Ich drücke Mathe durch. Gleich von Anfang an bin ich ziemlich massiv, lasse weniger durchgehen als sonst und eskaliere das bis zum Ende der Stunde. Ich merke es, kann es aber nicht ablegen. Denn ich will dieses Arbeitsblatt als Übung für die Mathearbeit besprechen. In der 7a sind die meisten aus dem

Mathekurs 7G, und durch eine Stundenplanänderung komme ich heute nicht mehr zu den Kindern aus der 7G. Sie wollen aber nicht. »Ach – Arbeit.« Sie schieben den Zettel souverän weg, verpacken ihn. Ich kommandiere ihn zurück, mache Druck und lasse sie daran arbeiten. Dann komme ich auf eine Alibi-Idee. Ich lasse Henry aufschreiben, was ihm an mir auffällt – im Unterschied zu meinem Verhalten in der 7G. Nach der Stunde erkläre ich, daß ich »nur mal so getan habe, als wäre es meine Art, solchen Druck zu verteilen«. Das bewahrt mich davor, mich selbst nicht zu mögen – aber es war hart an der Grenze des Zumutbaren. Das sehe ich ihnen an, und eine sagt es mir dann auch.

Henry hat aufgeschrieben: »Längere Erklärung des Arbeitsblattes. Strengeres Durchgreifen. Sie versuchen es mit Erklärung am Projektor. Es ist leiser geworden, nachdem Sie etwas Druck gegeben haben. Wo Sie dann immer weiter erklären, passen alle bis auf einige Störer ganz gut auf. Manchmal passen fast alle gut auf und machen genug mit.«

Als er es mir zeigt, denke ich, daß ich das gar nicht wissen wollte – sondern den Unterschied zu meinem Verhalten in der 7G. Trotzdem ist es für mich interessant, jetzt aber als persönliches Feedback von ihm.

Mittwoch – 12.5.

Planungsgruppe 7G
Nachmittags. Es sind sechs gekommen. Wir besprechen die Klassenarbeit, die übermorgen geschrieben werden soll. Ich bin erstaunt, wie schwer sie die leichtesten Aufgaben finden. Sie haben von dem inhaltlichen Aspekt der Mathesachen nicht viel verstanden. Sie wehren immer mehr ab und wollen immer weniger mitmachen. Bis ich ihnen alles noch mal erkläre, und sie dann die Aufgaben leicht finden. Ich halte

dennoch an diesen Aufgaben fest. Ich kann nicht »einsehen«, weshalb sie das Wesentliche von dem, was wir 14 Tage lang gemacht haben, nicht verstanden haben wollen. Wenn ich eine Arbeit schreiben lasse, dann will ich sie nach dem fragen, was wesentlich ist. Ich überlege: Das Inhaltliche dieser Mathesachen (Prozentrechnung) hat sie nicht interessiert, das war nicht ihre Sache. Sie haben keinen Zugang dazu, sondern eher zur Mechanik. Einer sagt: »Ich will es nicht erklärt haben, sondern wissen, wie man es macht.«

Für diese Arbeit sollte ich mir vornehmen, keine Fragen zum inhaltlichen Verständnis der Prozentrechnung zu stellen, sondern nur Rechenaufgaben lösen zu lassen. Aber statt dessen gehe ich davon nicht runter sondern behalte dies bei. Ich versuche aber, so leicht wie möglich nach dem Inhaltlichen zu fragen, und lasse die zweite Hälfte der Arbeit reine Rechenaufgaben sein. Ich habe für mich die Ausrede, morgen auf den inhaltlichen Aspekt noch einmal einzugehen. Aber ich weiß auch: bei *dem* Lärm, der morgen wieder sein wird?

Wir besprechen sonst das Problem eines Mädchens, die von fast allen gemieden wird, und suchen nach Integrationsmöglichkeiten. Sie weint einmal dabei, die anderen tolerieren es, ohne zu reagieren. Einer will zu lachen anfangen, sieht dann zu mir und läßt es. Ich steuere viel in diesem Gespräch. Ich bin entfernt davon, ihnen wirklich zuzuhören. Ich bringe mich ein – aber doch viel zu regelnd. Wir müßten mehr Übung für solche Gesprächssituationen haben.

Als ich kurz die Noten anspreche und Netty auf 3 einschätze, sie sich aber auf 2, da dreht sie ab und grollt mir. Ich finde das unangenehm, möchte aber keine Konzession machen. Ich befürchte Ausgenutztwerden und den Rattenschwanz: »Wenn Sie die auf 2 einschätzen, dann mich aber auch.« Ich frage mich: Kommen sie zur Planungsgruppe nur wegen der Noten? Oder vor allem wegen der Noten? Sie frage ich nicht.

Donnerstag – 13.5.

Klasse 9b
Physik. Ich sitze hinten und fange gleich mit einem Film an. Es ist irre, was einige dabei im Dunkeln tun. Sie kriechen um die Bänke herum nach vorn, liegen dann dort auf dem Boden und agieren (wälzen, kabbeln, schlagen). Alles sehr leise. Es sind vier oder fünf. Ich lasse sie in Ruhe und bin gespannt, wer das ist. Als der Film nach 25 Minuten vorbei ist, bin ich erstaunt, daß zwei Mädchen dabei sind. Sie schleichen schnell zurück.

Einer fängt während des Films zu rauchen an. Ich frage mich, ob ich intervenieren soll. Zu sehen ist nichts, der Rauch ist zu riechen. Ich unternehme nichts, um ihr Spielchen nicht mitzumachen. Aber ich denke an Rektor und Schulrat. Was ist, wenn sie erfahren, daß während des Unterrichts geraucht wird? Ich nehme es hin – aber ich kann das nur einmal machen. Das nächste Mal werde ich eingreifen. Ich befürchte, sonst belangt zu werden. Und ich fühle mich gestört durch den Rauch. Mit welchem Recht darf einer rauchen, ohne andere zu fragen? Ich fühle mich so übergangen wie in Konferenzen, wenn dort ohne Absprache geraucht wird. Ich sage darüber aber nichts zu ihnen. Denn jede Intervention gegen das Rauchen werden sie nicht als mein persönliches Unbehagen werten, sondern als offizielle Aussage. Und offiziell gegen Rauchen während des Unterrichts vorgehen ist genau das, was ich heute nicht will. Ich will die Provokation ignorieren.

Einer der Jungen hat einen besonderen Gesichtsausdruck, irgendwie voll in Fahrt, nicht ansprechbar für etwas Sinnvolles. Ich sage ihm das, »erkundige« mich nach ihm, spreche ihn persönlich an, massiv freundlich. »Bist Du im Streß? Hast Du Schwierigkeiten? Ärger zu Hause, oder was?« Dann gegen Ende der Stunde komme ich mit ihm in Kontakt, er will mitexperimentieren. Er sagt, daß er geraucht hat. Ich spüre, daß mein viel zu hektisches, aber eben persönliches Intervenieren so etwas wie eine Beziehung geschaffen hat. Ich freue mich.

Ein Mädchen hat total den »Schülergesichtsausdruck« drauf, blafft mich mit Kaugummi an, ist völlig in Distanz zu mir. Wie bei der letzten Klassenarbeit. Ich akzeptiere nicht. Ich sage zu allen, daß ich keine Lust habe, mit ihnen als Schüler umzugehen. Ich sehe das Mädchen an, es kommt sehr langsam, aber dann plötzlich persönlicher Ausdruck in ihr Gesicht. Ich dränge dabei und bin nicht einfach nur offen und wartend. So viel Zeit habe ich nicht, nehme ich mir nicht. Ich habe Angst, die anderen könnten eskalieren, wenn ich mich hier so konzentriere. Aber es wäre schön.

Klasse 5c
Ich entwickle aus der Streßsituation heraus ein neues Konzept für den Biounterricht: den Biokreis. Wer Bio mitmachen will, kommt nach vorn, wir bilden eine Tischburg zum Draufsitzen. Der Rest ist hinten in der Klasse und kann spielen. Es spielen dann 13 Kinder, ziemlich leise. Der Rest kommt nach vorn (26). Wir können zum ersten Mal seit langem (wenn nicht überhaupt) im größeren Rahmen Bio miteinander besprechen.

Ich denke an das Notengeben. Ich wurde von Kollegen nach Fünfen gefragt. Ich merke, daß ich über die Noten eine Aussage machen muß. Ich werde eine Anwesenheitsliste führen. Wer im Kreis mitmacht, bekommt mindestens eine 3. Die anderen bekommen eine 4. Eine 5 will ich in Bio und Physik überhaupt nicht geben. Vielleicht schreibe ich einen Test, den der Kreis erarbeitet. Das Kreisprojekt ist entwicklungsfähig! Ich habe etwas entdeckt und freue mich darüber.

Akzeptiert
Morgen soll die Klassenarbeit in der 7G steigen. Ich lasse es mir nicht nehmen, die Arbeit zu tippen und zu drucken. Und vorher, das ist wesentlich, zu entwerfen. Die Arbeit wird in den drei parallelen Kursen geschrieben. Die Kollegen sind mit meinen Vorschlägen einverstanden, die wir gestern in der Planungsgruppe vorbereitet haben, auch mit der Einteilung in »inhaltliche« und »mechanische« Aufgaben.

Beim Wechseln zwischen zwei Stunden trifft mich Kollegin S. Sie fragt mich, ob ich ihr Unterlagen geben kann, der Schulrat will sie besuchen (Verbeamtung auf Lebenszeit). Ich freue mich, daß ich helfen kann, und fühle mich auch hier akzeptiert. Wir machen Dienstag nach der 6. Stunde aus.

Freitag – 14.5.

Klasse 7G
Mathe-Klassenarbeit. Ich sage ihnen zu Beginn, daß ich keine Lust habe, hier zwei Stunden den Aufpasser zu spielen. Aber statt mit ihnen darüber ins Gespräch zu kommen, möchte ich nur meiner Angst vorbeugen. Daß sie nämlich so turbulent werden, daß ich eingreifen müßte. Aber es geht. Erst als sie so gut wie fertig sind, werden sie lauter und halten sich nicht mehr zurück. Sie vollziehen nicht nach, wie das ist, wenn ein anderer Ruhe braucht und sie selbst auf Aktivität eingestellt sind. Zumal sie sich ja selbst gerade so angestrengt haben. Sie müssen dann die Arbeiten entgegen meiner Anfangsankündigung eher abgeben. Sie protestieren nicht. Sie meinen wohl, daß das so sein müßte.

Ihre Lautstärke und Aktivität nach der Arbeit strengen mich sehr an. Es sind bis zum Schluß noch 30 Minuten. Ich beobachte mich, wie ich zweimal meine Tasche ein- und auspacke. Ich bin auf die Idee gekommen, nach dem Ende der Arbeit mit ihnen rauszugehen, packe also alles ein. Aber ich lasse es und packe wieder aus. Ich komme nicht einmal dazu, ihnen meine Idee mitzuteilen. Sie sind zu laut und hören nicht zu. Und ich habe keine Lust, meinen Vorschlag zwischen sie zu brüllen. Schließlich beginne ich mit dem Nachsehen. Ich sage dies dann doch laut in die Klasse – es hören nur ein paar hin.

Ich setze mich an den Lehrertisch und fange an. Hier sitze ich nur selten, denn hier fühle ich mich sehr amtlich – aber ich bin es jetzt. Viele kommen zu mir und sehen zu, andere toben in der Klasse herum. Ich finde es gerade erträglich und kann mit Mühe einige Arbeiten nachsehen. Ich spüre, wie ich mich beruhige. Auf einmal fühle ich mich akzeptiert mit dem, was ich da in ihrer Mitte mache. Bis zum Schluß und in die Pause hinein hält das an.

Klassenarbeiten
Bei Klassenarbeiten bin ich am stärksten »Lehrer«. Das hängt damit zusammen, daß eine Klassenarbeit etwas ist, das von außen jederzeit überprüft werden kann. Durch Schulrat oder Gericht, falls es Beschwerden geben sollte. Eltern könnten zum Beispiel vorbringen, daß ihr Kind nur wegen des zu großen Lärms in der Klasse eine schlechte Leistung erbracht habe. Bei Klassenarbeiten fühle ich mich wie auf dem Präsentierteller und habe Angst vor Überprüfungen. Da bin ich dann eben »amtlich« und »korrekt« und »streng«. Ich verschanze mich hinter dem irrationalen »Es muß ein Mindestmaß an Korrektheit gewährleistet sein« (bezüglich Chancengleichheit, Leistungsanforderung, Lärm, Mogeln). Und kümmere mich nicht um das, was während der Arbeit real an Angst und Not bei den Kindern läuft. Ich schaffe es nicht, mich auch bei Klassenarbeiten zu den Kindern zu bekennen. Und loyal an ihrer Seite den Arbeiten die inhumanen Giftzähne zu ziehen. Zum Beispiel von vornherein eine 5 auszuschließen oder die gesamte Arbeit vorher detailliert durchzusprechen oder Ab-

schreiben zuzulassen. Ausnahme: Ich inszeniere eine besondere Situation wie die Gruppenklassenarbeit neulich. Bei einer regulären Arbeit aber bin ich ein – inhumaner – Funktionär der Schule, daran komme ich nicht vorbei.

Klasse 8c
Hier versuche ich gleich, erst einmal persönlichen Kontakt herzustellen. Ich sitze im Physikraum auf einem Tisch und sehe einige an und warte, bis andere ruhig werden. Ich sage dann freundlich zu ihnen, sie mögen ruhiger sein – und lasse das ganz langsam ablaufen. Dann erst rede ich vom Unterrichtsstoff. Zwischendurch schiebe ich so was Freundliches ein paarmal ein. Das geht heute gut, ich bin zufrieden. Zur Notengebung mache ich einige Vorschläge. Einen Test schreiben, jede Stunde eine Zensur aufschreiben. Am besten finden sie den Vorschlag, daß jeder sich selbst einschätzt und dies auf eine Liste einträgt. Und ich überprüfe am laufenden Unterricht, ob das hinkommt. Kontrolliert fühlen sie sich dabei nicht. Ich frage ausdrücklich nach.

Sonnabend – 15.5.

Klasse 6a
Ich fahre mit einem unangenehmen Gefühl zur Schule. Für die 6a habe ich heute nichts vorbereitet. Es ist jetzt die 5. Stunde aus der Sexualkundereihe. Wir haben bisher immer nur zusammen gesprochen, einmal gab es ein Arbeitsblatt. Ich fürchte, daß ihnen die Arbeitsform – dauernd miteinander sprechen – zuviel wird und daß sie deshalb heute aussteigen werden. Eigentlich wollte ich mit einer neuen Reihe beginnen. Aber ich hatte keine Zeit, das vorzubereiten. Also gehe ich mit einem unguten Gefühl zu ihnen.

Nach einigem Hin und Her bilde ich den Biokreis. Die Interessierten machen mit, dem Rest erlaube ich, für einen Erdkundetest in der nächsten Stunde zu lernen. So läuft es. Wir können im Kreis sprechen, wenn auch mühsam, da die anderen doch recht laut sind. Meine Befürchtung, daß ihnen das Thema zuviel wird, trifft für die Kinder im Kreis nicht zu. 12 von 39 sind im Kreis, sie wollen am liebsten noch weiter Sexualkunde machen. Ich bin mit diesen Kindern an der Grenze zur sinnvollen Schule angekommen. Wir müßten jetzt diskutieren, was uns an dem Thema weiter interessiert und dann entsprechend vorgehen, Medien heraussuchen, Referate verteilen, Schwerpunkte bilden, vielleicht eine Hebamme einladen, usw. Aber das geht nicht. Zwei Drittel der Klasse würde da nicht mitmachen. Ein Drittel würde vielleicht wieder zum Kreis kommen, wenn es interessanter für sie wird und sie nicht gerade einen Test in der nächsten Stunde schreiben. Das letzte Drittel wird aber nicht mitmachen – personell fluktuierend, aber zahlenmäßig konstant. Ich kann also nicht so weitermachen, wie sie es im Biokreis wollen. Mist. Strukturzwänge. Unterricht ist für alle da und Themenvorgabe á la Richtlinien. Der eine Strukturzwang geht mir auf die Nerven – ich muß alle dazu anhalten, mitzumachen –, der andere ihnen: »Wenn es gerade interessant wird, müssen wir aufhören«.

Freistunde
Ich habe eine freie Stunde und bin im Lehrerzimmer. Ich versuche, etwas für die nächste Woche zu planen. Das geht kaum, denn die Anwesenheit einiger Kollegen hält meine Aufmerksamkeit so fest, daß ich mich nicht richtig konzentrieren kann. Vor allem kann ich nichts entwerfen und strukturieren. Dann schreibe ich vom Schwarzen Brett den Vertretungsplan für die nächste Woche ab, fühle mich aber auch abgelenkt. Entspannung bekomme ich in dieser freien Stunde nicht.

Lärmspiel
Sporthalle, 3. und 4. Stunde. Alle Kinder und Lehrer sind auf der Zuschauertribüne, bis auf die Akteure. Sie rufen und

schreien und pfeifen, wenn unten gespielt wird. Ich bin im Trainingsanzug, da ich zum Schluß in der Lehrermannschaft Handball spiele. Es ist sehr laut – aber es ist ein freundlicher Lärm, nicht aggressiv, er richtet sich nicht gegen jemanden. Auch als wir Lehrer spielen, fühle ich mich durch den Lärm der Kinder nicht angegriffen – obwohl sie natürlich ihre Leute anfeuern. Wir spielen eigentlich etwas anderes als Ball. Wir spielen miteinander – und der Lärm ist das Spielmittel. Es ist ein freundliches Lärmspiel. Ich denke: So etwas müßte sich doch öfter einrichten lassen. Warum nicht alle paar Monate? Oder einmal im Monat? Aber nein, Strukturzwang, festgelegte, vorgeschriebene Stundenzahl. Und eine zusätzliche Veranstaltung, zusätzlich zum regulären Unterricht? Ich glaube nicht, daß die Kinder dann Interesse hätten. Es müßte schon irgendwie von vornherein eingeplant sein. Vielleicht als Großgruppendynamik zur Förderung des Schulklimas. Wann sind sonst schon mal alle zusammen in einem Raum – alle Schüler und alle Lehrer?

Während des Spiels habe ich das Gefühl, Distanz zum Rektor abzubauen. Er spielt wie ich in der Lehrermannschaft. Ball zuwerfen heißt auch Kontakt herstellen.

Sonntag – 16.5.

Tendenzveränderung
Im Vergleich zur Situation vor einem Jahr, kurz vor der 2. Lehrerprüfung, stelle ich eine Tendenzveränderung bei mir fest. Damals war ich *offen,* neugierig, gespannt, locker. »Na, mal sehen« und »Wenn das nichts ist mit der Schule, dann hörst Du eben wieder auf«. Bereit, mich einzusetzen, hinzusehen, auszuloten. Kurz: Ich ging nach außen. Heute empfinde ich: *schließen.* Zumachen, abwehren, es ist zu viel, einfach zu viel, abhauen, es geht mir auf den Geist, es ist inhuman, ich bin gezwungen, die Kinder sind gezwungen,

wer soll das denn aushalten, laßt mich in Ruhe, nicht alle auf einmal, warum hört denn keiner zu, wie könnte denn auch nur einer auf die Idee kommen, zuzuhören – bei der Inhumanität, weniger bitte, Ruhe, ich möchte mich fallenlassen, wer versteht das alles?

Und es gibt doch so viele Möglichkeiten, die Kinder sind so ein riesiges Potential. Aber wie andere Lehrer auch werde ich den Kindern als Dompteur, Diktator und »Prügler« vorgesetzt. Ich darf nicht – bei Strafe, meinen Beruf zu verlieren – auf ihren Anspruch eingehen, als vollwertige Menschen geachtet und in ihrer Selbstbestimmung, Lernsouveränität und Gedankenfreiheit ernst genommen zu werden. Und ich kann wegen der Größe der Klassen nicht ihren kommunikativen und emotionalen Hunger stillen, ich kann mich nicht verzehnfachen. Und ich weiß doch, wie wichtig für jedes einzelne Kind persönlicher Kontakt, Zeit haben, Zuwendung sind.

Es ist notwendig, im Zuge meiner Reflexionen über die Schule das Gespür zu legitimieren, daß Gefahr droht. Die Gefahr, durch die berechtigten Ansprüche der Kinder und die realen Anforderungen der Schule zerrissen zu werden. Bis ich entweder physisch am Ende bin oder aber mit meiner Einstellung umkippe und zu einem regulären Lehrer werde. Und dann notgedrungen die Maske aufsetze, den Panzer umlege, in die kommunikations- und emotionsfeindliche Rolle gehe, um der Überstrapaze der entgegengesetzten, zerreißenden Ansprüche zu begegnen – um zu überleben. Ich möchte aber weiter meine kommunikative Fähigkeit realisieren und Person sein. Ich möchte sie ausbauen und damit helfen und Menschen erleben – *so* fühle ich mich wohl. Ich muß diese Fähigkeit als kostbares Gut bergen.

6. Woche

Montag – 17.5.

Klasse 6a
Ich bespreche die Notengebung in Bio. Ich schlage vor, daß sie sich selbst einschätzen und daß ich ihre Selbsteinschätzung überprüfe. Sie sind damit einverstanden. Ich bemühe mich, nicht mißverstanden zu werden. Sie müssen sich so einschätzen, »wie Ihr es verdient«. Daß Notengeben Unsinn ist, ist mir klar – aber das steht jetzt nicht an. Die Liste geht herum, jeder trägt sich ein. Als ich sie zurückbekomme, ist sie bunt ausgefüllt. Bunt, Filzstiftfarben. Signalisiert mir dieses bunte Papier, daß ich es geschafft haben könnte, den Terror mit den Noten etwas zu entschärfen? Die Noten bleiben ja – aber es ist schon ein wenig anders so.

Ich teile ihnen weitere Überlegungen zur Notengebung mit: Ich will mir für jeden drei- oder viermal eine Stundennotiz machen. So, wie ich sie an bestimmten Tagen eben gesehen habe. Ich sage dann, daß ich mir nicht für jede Stunde bestimmte Kinder vornehme. Und falls es doch mal vorkommt, will ich vorher Bescheid sagen. Ich werde es einfach mal so laufen lassen. Eine andere Idee, alle in einer bestimmten Reihenfolge zu überprüfen und sie darüber zu informieren, finden sie nicht gut, und ich lasse sie fallen. Sie sagen, daß sie das zum Saisonarbeiten veranlassen würde. Sie vertrauen mir da sehr, daß das mit den Noten etwas wird. Vertraue ich ihnen auch? Durchaus, aber einigen mehr, anderen weniger.

Noten
Ich weiß dabei, daß die ganze Notensache zum Fundament der Inhumanität der Schule gehört. Wie soll sich jemals zwischen einem Erwachsenen und einem Kind eine vertrauensvolle, ehrliche und hilfreiche Beziehung entwickeln, wenn einer der beiden – der Erwachsene – den anderen »objektiv«

beurteilt? Nicht persönlich beurteilt, privat für sich, wie es zu jeder Beziehung dazugehört, sondern offiziell, amtlich, mit riesigen Auswirkungen für den anderen? Kontrolle ist jeder förderlichen Kommunikation entgegengesetzt. Bei den Noten zeigt sich mir die Grundkonstruktion der Schule überdeutlich: *Herrschaft von Erwachsenen über Kinder,* von Lehrern über Schüler, von staatlichen Funktionären über Bürger. Konkret heißt das: Ich sehe das Kind vor mir an, sage ihm meine Beurteilung – und *es muß sich unterwerfen.* Nie kann daraus etwas wirklich Förderndes und Hilfreiches werden!

Ich drehe an dieser Barbarei nun so, daß sie sich erst einmal selbst ihre Beurteilung geben und behalte mir das letzte Wort vor – vor allem als Absicherung nach außen. Aber ob sie sich überhaupt diesen Beurteilungen aussetzen wollen – das kann ich nicht fragen. Und doch liegt darin, daß sie dem Beurteilungsverfahren *ohne gefragt zu werden* ausgesetzt sind, die Anmaßung, die Mißachtung, die undemokratische Willkür, die Inhumanität. Und ich realisiere dies! Ich frage mich, ob ich gegen jede Beurteilung von Lernleistungen bin. Nein, bin ich nicht. Wogegen bin ich? Gegen die Herrschaftsausübung beim Beurteilen. Sie läßt sich aufheben, wenn die Beurteilung freiwillig und zustimmend durch den Beurteilten, also durch das Kind geschieht. »Die in der Schule erbrachten Leistungen müssen doch eingeschätzt werden können« – *unter Mißachtung der Würde des Beurteilten?* Kinder sind Menschen, und »Die Würde des Menschen ist unantastbar. Sie zu achten und zu schützen ist Verpflichtung aller staatlichen Gewalt.« (Grundgesetz Artikel 1) Ich, Lehrer, bin Teil der staatlichen Gewalt. Und was tue ich? Ich schäme mich vor diesen jungen Menschen, daß ich in scheinheiliger Selbstverständlichkeit ihr Menschenrecht beuge.

Klasse 7G
Hier geht es auch um Vertrauen. Ich gebe die Kandidaten für die »Blauen Briefe« bekannt, obwohl ich das nicht sollte und

mir Ärger bei den Kollegen einhandeln kann. Denn es ist abgesprochen, dies nicht zu tun. Sieben Kinder werden von mir eine 5 in Mathe auf dem Zeugnis bekommen, wenn sie sich nicht verbessern, und sind deswegen versetzungsgefährdet. Die Eltern werden hierüber schriftlich informiert (»Blauer Brief«). Einige verstehen das nicht. Ich merke, was in ihnen ungefähr abläuft: »Was soll denn das auf einmal? Ich denke, er will uns keine Angst mehr machen. Das ist ja widerlich, das ist ja Schule.« Sie sagen es nicht – aber ich spüre es. Für diese Kinder ist da ein Bruch deutlich. Erst gehen wir »nur so« miteinander um – »Bei dem können wir machen, was wir wollen« –, und nun hat das Auswirkungen. Sie bekommen mit, daß ihr Tun (ihr Nicht-Mitarbeiten) tatsächlich negative Auswirkungen hat. Wie »oft genug« gesagt. Wenn auch nicht die gewohnten Auswirkungen: Angemeckert-Werden und Zum-Arbeiten-Getrieben-Werden. Aber eben doch Auswirkungen – schlechte Noten.

Einige, zu denen ich sonst einen offenen Blick habe, sind sauer und sehen nicht mehr zu mir hin. Aber sie reden noch mit mir: »Sie sind ja richtig gemein.« Was soll ich tun? Ich baue darauf, daß sie mitbekommen, daß ich mich dem Notengeben nicht entziehen *kann*. Was ich auch immer gesagt habe – aber es war für sie wohl nur »so gesagt«, irgendwie fern. Und dazu gehört, daß ich eben auch eine 5 auf dem Zeugnis geben werde, wenn die Klassenarbeiten so sind. Bei der Lärmfrage kann ich mich entziehen, ich kann sie lassen und den Krieg nicht mitmachen. Hier, bei der Notengebung, kann ich nicht anders, es sei denn, ich kündige stehenden Fußes. Ich mache den Krieg mit.

Dazwischen
Als Günter mich dann auf dem Hof nicht mehr ansieht, ist es schlimm. Ich habe es aber schon ein paarmal erlebt, daß sie nach solchen Situationen wiederkommen. Liegt es daran, daß ich sie trotzdem akzeptiere – auch wenn ich die Noten-

Peitsche schwinge? Kann man die Peitsche schwingen und zugleich den anderen akzeptieren? Und: Können sie, kann man überhaupt jemanden akzeptieren, der die Peitsche schwingt? Ich finde das alles höchst ungesund. Sollte ich nicht klar auf die »andere Seite« gehen und für eindeutige Verhältnisse sorgen, also ein »richtiger« Lehrer sein? Oder eben ganz auf ihre Seite, was heißt: noch heute aus dem Schuldienst austreten? Ich hänge so dazwischen. Enthält es aber nicht auch Chancen?

Klasse 9G
Vertretung. Seit den Ferien bin ich nicht mehr dagewesen. Ich mache Mathe mit ihnen, verzichte auf Druck und höre dann mit Mathe auf, weil höchstens noch 5 von 33 mitmachen. Ich unterhalte mich mit einigen über das Problem der Notengebung in den Fächern, in denen keine Klassenarbeiten geschrieben werden. Sie finden Mitbeteiligung schon gut. Als ich ihnen sage, sie sollten solche Überlegungen nicht nur für sich behalten, sondern als Kritik mal »nach oben« weitergeben, sozusagen als Vorkämpfer für die jüngeren Schüler, stoße ich auf entrüstetes Unverständnis. »Wieso sollen wir denn was für die Jüngeren tun?« Und dann sagen sie, daß sie viel tun – aber eben außerhalb der Schule. Sie arbeiten an der Entstehung des Jugendheims mit. Schule gehört nicht zu *ihrer* Welt, nicht zu *ihrem* Lebensfeld. Schule ist abgeschrieben, durch die Schule muß man eben durch. Das ist eine Sache der Erwachsenen. Was dann nach Schulschluß kommt, nachmittags oder nach der Entlassung – das zählt. Ich habe es übersehen.

Bei den Kindern aus dem 5. und 6. Schuljahr ist das anders, ich habe da jedenfalls ein ganz anderes Gefühl. Dort versuchen wir zusammen, etwas zu verbessern. Und dort kommen wir voran: Gruppenarbeit, Gruppenklassenarbeit, Noten-Selbsteinschätzung, Spielen im Unterricht. Das wird mir im Gespräch mit den Kindern aus der 9G jetzt deutlicher. Mit einem Mädchen unterhalte ich mich länger über das Notenproblem. Sie will alles von mir vorgesetzt haben. Als ich dann nach der Stunde auf dem Schulhof mit den Jüngeren eine kurze und heftige Debatte über diesen Notenkram habe, sieht sie zu. Sie lacht – und ich habe das Gefühl, daß sie versteht.

Klasse 5c
Ich hole mir wieder einige in meine freie Stunde. Auf einem Mädchen wird irre rumgehackt. So etwas habe ich noch nicht erlebt. Ich entwickle: Der Junge, der das Mädchen noch einigermaßen akzeptiert, sucht sich zusammen mit ihr in der nächsten Stunde ein paar andere aus, um einmal in Ruhe über das Problem zu reden. Wir haben gleich zusammen Physik, sie können nach nebenan, in den Vorbereitungsraum. In der letzten Stunde läuft das dann gut mit denen. Ich bin mit der Klasse im Physikraum und lasse sie machen. Ich freue mich, daß ich auf so etwas komme.

Dienstag – 18.5.

Heute ist bereits Mittwoch. Was weiß ich noch von gestern?

Klasse 5c
Während des Physikunterrichts will die Besprechungsgruppe von gestern wieder tagen. Aber der Vorbereitungsraum, in dem sie gestern waren, wird von einem Kollegen gebraucht. Sie wollen nach unten in die Klasse. Ich sehe das nicht gern, wenn sie so außer Reichweite sind. Aber ich gebe grünes Licht. Zum Schluß geht alles glatt. Keiner ist verletzt, keine Beschwerde über unbeaufsichtigte Kinder. Sie sagen, daß sie weitergekommen sind, daß sie aber noch lange nicht genug gesprochen haben. Guido will in der 5. und 6. Stunde weitermachen, da haben sie frei. Ich denke sofort an die Aufsichtsfrage. Ich selbst habe Unterricht. Ich wälze ab: »Sucht Euch jemanden, der die Aufsicht übernimmt.«'

Dann aber überwinde ich mich und werde ihnen zuliebe die ganze Sache anderen Kollegen erzählen und um Aufsicht für sie werben. Ich sage ihnen, daß ich die Sache in die Hand nehme. Herr T. ist dann auch sofort bereit, das zu machen. Er erzählt von ähnlichen Versuchen. Auch dem Klassenlehrer erzähle ich davon. Ich möchte ihn nicht uninformiert über das lassen, was ich inszeniert habe. Ich verstehe mich gut mit ihm. Er will selbst mal in der 5. Stunde nachsehen. Da sind aber die Kinder dagegen, »mit dem können wir nicht reden, da geht es ja doch nicht«. Sie wollen es unter meiner Schirmherrschaft durchführen. Dann, als alles klar ist, sagen sie mir, daß sie doch lieber nach Hause gehen wollen. So sieht es halt aus. Das Wetter ist heute zu gut, und der Reiz, daß dadurch Unterricht ausfällt, darf nicht unterschätzt werden. Von mir aus könnte er für so etwas nicht oft genug ausfallen!

Am Mittwoch, eben, wollte Guido im Physikunterricht mit der Besprechung weitermachen. Ich gehe darauf aber nicht ein. »Das müssen wir dann mal sehen.« Und wie dachte ich gestern: »Von mir aus könnte der Unterricht für so etwas nicht oft genug ausfallen.« So sieht es eben auch aus. Ich schaffe es einfach nicht, zu tun, was ich für gut halte. Die Struktur ist stark: im Unterricht wird gelernt – da wird nicht dauernd »was besprochen«.

Am Bus
Nach der 6. Stunde gehe ich zum ersten Mal mit den Kindern zum Bushalteplatz. Tolles Kontakten. Warum mache ich das nicht immer? Herr T. hat Busaufsicht. Er meint, wenn ich sowieso da wäre, könne er ja schon nach Hause fahren. Ich habe Vertrauen zu ihm und sage, daß ich dann, wenn ich seine Busaufsicht übernehmen würde, nicht mehr in Ruhe kontakten könnte. Ich würde mich zum Eingreifen verpflichtet fühlen und hätte keine Zeit mehr für die Kinder. Er versteht und bleibt da. Als die Busse kommen und er »aktiv« wird, gehe ich zurück. Ich will ihn nicht irritieren.

Vorurteil
Heute ist der abgesprochene Termin mit Frau S., Planung für den Schulratbesuch. Wir sprechen intensiv und akzeptieren uns. Wenn auch deutlich wird, daß wir im Ansatz verschiedene Auffassungen haben, was mit Kindern in der Schule zu geschehen hat. Ich stelle dabei fest: Wenn ich da ausweiche, ihr also nicht meine Position darlege – dann entsteht der Eindruck, als brächten meine Auffassungen nichts. Das tun sie aber sehr wohl. Nur: Ist das denn sinnvoll, darüber zu reden – wenn andere das gar nicht hören wollen? Ich sollte viel mehr von meiner Position offenlegen. Ich sehe da in mir ein Vorurteil: »Die hören sowieso nicht zu.« Und auch bei ihnen: »Das bringt nichts, was der denkt.« Und ich könnte ihnen auch mehr von meinen Erfolgen als von meinen Schwierigkeiten erzählen.

Woanders lernen
Mir fällt noch etwas zum Dienstag ein. Zum ersten Mal gehe ich mit den Kindern vom Schulgebäude weg, um woanders zu unterrichten. Erst mit der 6b, dann mit der 7G. Ich habe für beide Klassen Mathe-Arbeitsblätter gemacht. Dann kommt mir die Idee, daß wir sie bei dem schönen Wetter auch draußen am Sportplatz bearbeiten können. Sechs Minuten Weg bis dorthin. Sonne, Wärme, Wiese, Bäume mit Schatten. Es ist prima! Sie arbeiten auch mehr als sonst. Und ich habe viel mehr Ruhe und Zeit zum Erklären. Ich fühle mich nicht so beobachtet wie in der Schule. Einige aus der 6b klettern auf die Bäume und füllen da oben die Arbeitsblätter aus. Ich bin gerührt: Da klettern sie auf *ihre* Bäume – und nehmen *meine* Schulblätter mit. Tja. Es sieht alles schon gut aus. Wer keine Lust mehr hat, geht zu einer anderen Gruppe. Die sitzen auch in den Bäumen. Die meisten aber bleiben und »lernen«.

Mittwoch – 19.5.

Klasse 6a
Sie arbeiten an einem Gruppenarbeitsblatt. Einige sind schnell fertig. Bei einer Gruppe erkläre ich länger, während fast alle anderen laut sind und etwas anderes als Mathe machen. Viele sind vorn am Projektor und malen darauf herum. Ich nehme das alles sehr wohl wahr, doch ich bleibe bei der Gruppe. Ich bin voll davon: »Ihr mit Eurem Lärm könnt mich nicht davon abhalten, daß ich denen hier die Sachen weiter erkläre.« Ich kann in mir die Anforderung »Aber eigentlich müßten doch viel mehr Kinder richtig arbeiten« stärker als sonst zurückweisen. Ich sage mir und akzeptiere mich dabei, daß ich nicht dauernd alle »zum Lernen bringen« kann. Ich finde es o.k., daß ich mich jetzt mit den Kindern aus dieser Gruppe beschäftige, und zwar so intensiv, daß jeder versteht, um was es geht.

Zum Lernen bringen
Jetzt beim Aufschreiben denke ich weiter darüber nach: Im »normalen« Unterricht kann man auch nicht alle gleichzeitig »zum Lernen bringen«. Eine bestimmte Anzahl ist dauernd anders beschäftigt, fluktuierend zusammengesetzt, mal diese Kinder, mal andere. Ich schätze den Prozentsatz dieser Kinder generell auf ein Drittel bis die Hälfte der Klasse. Diese Einschätzung habe ich in den Unterrichtsbesuchen gewonnen, die ich im Lauf der Zeit gemacht habe. Bei »Anfängern« und bei »Gestandenen«. Und ich habe sehr viele Unterrichtsbesuche gemacht.

Die Lärmfrage
Der Lärm in meinem Unterricht zeigt mir an, daß viele Kinder eigenen Interessen nachgehen, jenseits von dem, was vom Unterricht her gesehen dran ist. Auch bei mir sind solche Kinder dabei – aber im Unterschied zu anderen Lehrern sind die Kinder bei mir ziemlich ungehemmt laut.

Bei anderen Lehrern wird sehr darauf geachtet, daß es »ruhig« ist. Und wenn dies (einigermaßen) der Fall ist, dann ist das ein Kriterium dafür, daß »die Klasse mitarbeitet«. Für mich ist das dagegen ein Kriterium dafür, daß es dem Lehrer nicht mehr gelingt, zu merken, was bei den Kindern Sache ist. Er setzt per Druck durch, daß sie leise sind – aber er kann nicht erreichen, daß die Leisen dann auch wirklich mitarbeiten. Diese Leisen tun dann eben leise, versteckt, heimlich, unter der Bank, was sie interessiert, jenseits vom Unterricht. Der Lehrer, dem Ruhe eine arbeitsame Klasse signalisiert, macht leicht einen Riesenfehler: Er hat keinen Kontakt zu den Bedürfnissen der Kinder. Und wenn *sein* Bedürfnis nach Ruhe erfüllt ist, dann münzt er diesen Ruheerfolg in einen Unterrichtserfolg um: »Sie arbeiten so ruhig und konzentriert«. Sicher kommt es auch vor, daß die Ruhe in der Klasse von den Kindern selbst kommt, weil sie (fast) alle den Stoff wirklich interessant finden und sich in tatsächlicher Arbeitsruhe damit beschäftigen. Aber das ist doch sehr selten – es ist die völlige Ausnahme bei so vielen Kindern, so vielen verschiedenen Interessen, bei Klassengrößen, die sind, wie sie sind (bis 40 Kinder). Nein: die Regel ist, daß die Ruhe in einer Klasse eben Friedhofsruhe ist, in der die Kinder mit sehr mäßigem »Erfolg« »zum Lernen gebracht werden«.

In meinem Unterricht ist es beim Unterrichtserfolg »Mitarbeiten« ebenso wie bei anderen Lehrern. Aber es ist bei mir entscheidend anders, was Offenheit und Kontakt angeht: Ich bekomme mit, was Sache ist. Bei mir wird gezeigt und gelebt, wenn der vorgeschriebene Stoff ein Drittel bis die Hälfte der Klasse nicht interessiert. Daß die Kinder mir dies unmißverständlich und postwendend zu erkennen geben, finde ich schon sehr in Ordnung. Das Problem dabei ist nur, daß mich und die Interessierten der Lärm anstrengt und stört. Oder, Fragezeichen: Ist der Lärm nur in erster Linie für mich so unangenehm? Immerhin bin ich entsprechend belastet, für Lehrer gilt Lärm als Mißerfolg. Und es ist doch schwierig für mich, davon loszukommen. Ich weiß, daß mir dann, wenn es laut ist, ein »Bei Ihnen war es aber laut« dauernd präsent ist. Die Befürchtung einer solchen Kritik strengt mich zusätzlich an. Aber ich habe mich da entschieden. *Ich lasse die Kinder ihren Lärm machen.* Und ich denke mir alles Mögliche aus, um unter Beibehaltung »ihres Lärms« mit den Kindern zu arbeiten.

Weil ich mich in der Lärmfrage so verhalte, erreiche ich ein wesentliches Mehr im Vergleich zum Unterricht der auf Ruhe bedachten Kollegen: Offenheit, Kontakt, Vertrauen. Und neben der grundsätzlichen Relevanz, die diese Größen haben, kommt das ja auch wieder dem Arbeiten im Unterricht zugute. Bei mir gibt es ein ehrliches Feedback, bei anderen gibt es das nicht. In unserem authentischen Miteinander wird mir gesagt und durch Lärm und Spielen deutlich gezeigt, wenn das, was ich mit ihnen bearbeite, mehr und mehr Kinder nicht interessiert. Da kann ich dann umsteuern und anderes versuchen. Beziehungsweise sehe ich dann ein, daß der Unterrichtsstoff für sie eben wirklich nicht relevant ist. Und daß ich dies (gerade) nicht ändern kann, egal, was ich versuche. Ich halte mein Vorgehen in der Lärmfrage für erfolgreich. Grundsätzlich gesehen und auch in Bezug auf den Unterricht.

Klasse 8b
Ich lebe diese Offenheit, und sie sind ansprechbar. Mir fällt auf, was ich dabei so alles »übersehen« muß, wo man »normalerweise« eingreifen würde. Aber es läuft prima. Und heute kommen wir sogar zu einem Klassengespräch nach der Gruppenarbeit.

Donnerstag – 20.5.

Relevanz
Jetzt, abends um halb acht, spüre ich, wie wenig mich das alles eigentlich angeht, was in der Schule läuft ... Und wie sehr es mich aber in Anspruch nimmt.

Ich habe eben mit Peter zwei Stunden über die Schule gesprochen. Wir kennen uns aus der Ausbildung, er ist heute Lehrer wie ich. Wir haben uns intensiv ausgetauscht. So, als ginge mich das alles viel an. Ich weiß dazu so viel zu sagen, ich beobachte so viel, es fällt mir so viel auf, es gibt so viel Neues zu erleben. Nur – und das ist die wichtigere Frage – was von all dem geht mich *eigentlich* an? Was ist von all dem *wirklich* relevant für mich? Relevant ist, was mir selbst etwas sagt, was mir das Gefühl gibt, zu leben und nicht nur zu verwalten. Die Elemente der Begegnung, der Kontakt. Das Gefühl, in lebender Interaktion zu sein. Wenn die Kinder mir etwas sagen, was sie wirklich angeht, wenn ich ihnen etwas sage, was mich wirklich angeht. Dies – und nur dies – ist für mich relevant in der Schule. Heute vormittag war das so:

Klasse 5c
Ich habe schon frei – da bestürmen sie mich mitzukommen. Dann fahre ich mit ihnen zum Schwimmen ins Hallenbad, zusammen mit der 6c und 6d, die ich vom Unterricht her nicht kenne, und mit drei anderen Lehrern. Im Hallenbad sind dann auch noch Grundschüler da.

Als es zum Schluß für die Schwimmer erlaubt ist, im Wasser »Fangen« zu spielen: da spielen wir miteinander und erleben uns dabei. Ich kann mich einbringen – aber eine Restbarriere ist schon noch da: die Kollegen, der Bademeister, Schule. Richtig wäre es erst, wenn wir uns nachmittags zum Schwimmen treffen würden. Aber auch so beeindruckt es mich. Sie wollen mit mir spielen, und ich kann mitmachen. Die Kollegen sind draußen – am Rand oder anderswo. Aber sie sind auch in einem viel tieferem Sinn draußen.

Schwimmen
Schwimmunterricht. Frau M. redet auf Ulla ein, sie solle sich doch trauen, im Schwimmerbecken zu schwimmen. Ulla versucht und versucht, traut sich aber nicht. Es gibt einen klaren von Frau M. kommenden Anspruch: »Los, schwimm, stell Dich nicht so an, Du kannst es, los endlich.« Es ist nicht Ullas Sache, dieses Schwimmen heute. Wie Frau M. die drei, die im tiefen Schwimmerbecken üben sollen, von den Nichtschwimmern absondert: Das ist Streß, ist Anspruch, ist die Möglichkeit des Versagens. Ist Schule. Frau M. läßt Ulla dann in Ruhe. Krasser Gegensatz: Die Nichtschwimmer, auch Ulla, spielen erst im Nichtschwimmerbecken, und sie versuchen dort für sich zu schwimmen. Warum kann Frau M. denn nicht mit ihnen das Schwimmen im tiefen Wasser *spielen,* statt es zu üben, Schule daraus zu machen? Geht nicht, ist nicht drin, überhaupt nicht und nicht bei Frau M., systembedingt. Und dabei finde ich Frau M. »sonst« ganz nett zu den Kindern. Aber: »Sie wollen ja alle den Freischwimmer machen – da müssen sie schon mal ran.« Keine Kommunikation zu Ulla, ihren Ängsten, ihren Wünschen, ihren Ideen, ihren Vorschlägen, eben zu Ulla. Sie soll funktionieren, die Arme und Beine so und nicht anders bewegen, die Finger zusammen. Dann wird sie schwimmen können, dann kann sie den Freischwimmer machen. Schwimmen im schulischen Sinn.

Aber was alles kann sie dann nicht! Sie selbst sein, selbst schwimmen. Ulla wird geschwommen. Nicht: Ulla bewegt sich selbst im Wasser – was selbstverständlich Schwimmen ist, nur nicht mit Schulsicht. Dort ist Schwimmen nicht Schwimmen, noch lange nicht. Ulla schwimmt – und ich merke, wie dieselben Worte einen verschiedenen Sinn haben. Die Schule fragt nicht nach der Person, die schwimmt, sondern nach dem, was von dieser Person verlangt wird, was sie schaffen soll. Inhumanes Schwimmen auf der einen Seite – humanes Schwimmen auf der anderen Seite. Ich erlebe beides kurz hintereinander. Und erst jetzt beim Aufschreiben wird mir klar, wie viel in der Schule geschieht – und wie schwierig es ist, all diese Dinge mitzubekommen.

Als Frau M. weggeht, um mit anderen Kindern – für sie: Schüler – schwimmen zu üben, versuche ich mit Ulla so etwas wie ein »humanes Schwimmtraining«. Ich lasse sie nicht in Ruhe. Dazu bin ich zu sehr angemacht von der gerade erlebten Inhumanität. Ich überblicke die Situation nicht so richtig. Ich fühle aber, daß das unmöglich war, was Frau M. da eben mit Ulla gemacht hat. Also: »Ulla, ich warte (mit dem Vorwärtsgehen der Haltestange, die ich vor ihr herziehen werde), bis Du selbst anfängst. Es ist nicht nötig, wenn Du nicht willst. Vielleicht willst Du ja heute nicht mehr, erst wieder das nächste Mal, das macht ja nichts, ...« Ich rede viel zu viel. Einmal spüre ich das und *tue* etwas. Ich gehe ins Wasser und zeige ihr, wie ich es immer mache. Jetzt beim Aufschreiben denke ich: Alles Quatsch – ich hätte sie allein spielen lassen sollen, warten, bis sie meine Hilfe will. »Komm, hilf mir doch, ich möchte heute mal ins große Becken.«

Ich lasse dann von ihr ab, ich spüre, daß ich falsch liege. Und die anderen, die ein paar Meter weiter spielen, rufen mich. Ich soll mitmachen. »Komm, mach mit!« Mit ihrer Hilfe werde ich aus meinem immer noch inhumanen Tun rausgelotst – ich fühle mich befreit, schwimme zu ihnen hin und spiele mit.

Disco
Ich bin abends zum Tanzen in einer Disco. Zwei Mädchen aus dem (freiwilligen) 10. Schuljahr aus T. sind da. Sie freuen sich riesig. Ich bin überrascht. Ich dachte, daß es ihnen unangenehm ist, hier auf einen Lehrer zu treffen. Aber sie freuen sich einfach, daß ich da bin. Und ich dann auch – weg mit der

Lehrerrolle, weg mit der Schülerrolle. Aber wir reden auch von der Schule, sie ist nicht vergessen. Es macht mich glücklich, sie zu sehen, sie zu erleben – und weder sie noch mich in der Schule verraten zu haben. Und dann morgen für sie (und für mich auch) wieder diese grausige Schule. Es ist Wahnsinn.

Freitag – 21.5.

Vorbereitung
Jetzt ist es 23.35 Uhr. Bis jetzt habe ich Unterrichtsstunden für morgen vorbereitet und Klassenbucheintragungen gemacht. Für die 6a habe ich mir zwei Arbeitsblätter überlegt. Ich will mit ihnen eine neue Idee umsetzen. Als ich heute vormittag mit der Unterrichtsreihe »Insekten« starten wollte, mit dem Maikäfer, da waren sie so laut, daß ich mit ihnen nicht reden konnte. Es sei denn, ich hätte sie angeschrien. Ich hatte dann das Gefühl, irgend etwas improvisieren zu müssen, damit »etwas getan wird«. Und dabei fiel mir die Projektidee ein.

Projektunterricht ist mir natürlich bekannt, aber ich kam in der Situation darauf, ihn anzuwenden. Der Kern des Projektunterrichts ist die *Eigenregie*. Insgesamt soll das so aussehen: 1 Stunde eigenes Planen darüber, was sie selbst bearbeiten wollen aus dem Gebiet Insekten – 2 Stunden Bearbeitung ihres Vorhabens – 1 Stunde Bericht und Abschluß – 2 Stunden Vergleichen und Diskutieren ihrer Projekte. Das Ganze werde ich dann zensieren. Warum zensieren? Ich will damit die Ernsthaftigkeit der ganzen Sache unterstreichen. Vielleicht will ich auch nur meiner Angst vor »Ausufern« und »Nichtstun« begegnen, wenn sie die Stunden in eigener Regie machen. Ich schaffe es, mich vom Plan zu lösen, der nur vier Stunden für Insekten vorsieht. Ich bin gespannt, ob das morgen bei ihnen ankommt. Irgendwie freue ich mich darauf. Falls es nicht ankommt – dann denke ich mir eben etwas anderes aus.

Ich habe noch etwas vor. Es ist eine Idee von Peter, den ich besucht habe. Ich werde eine Bio-Bücherkiste einrichten, in die alle möglichen Bio-Bücher kommen. Sie wird im Lehrerzimmer stehen und ich werde sie zum Unterricht holen. Ich sehe nach, welche eigenen Bücher ich hineintun kann. Und morgen werde ich sie mit Büchern aus der Schulbücherei ergänzen. Soll ich die Kiste in der Klasse stehen lassen? Lieber nicht. Einerseits fürchte ich Beschädigungen, und andererseits wird sie dann ja nur selten benutzt. Wenn die Kiste im Lehrerzimmer steht, kann sie auch von Kollegen eingesetzt werden.

Als ich mir überlege, was ich morgen mit der 8b in zwei Stunden Vertretung machen kann, komme ich darauf, mit ihnen Gesellschaftsspiele (Würfelspiele) zu spielen. Es gibt eine Spielesammlung in der Schule, das habe ich mal beim Durchsehen der Schränke im Lehrerzimmer entdeckt. (Das war für die Kollegen eine sehr ungewöhnliche Aktion. Aber ich wollte einfach wissen, welche Ressourcen in den Schränken sind.) Ich will mit den Spielen »soziales Lernen üben«. Zwei Stunden hintereinander passen mir da gut. Es ist eine Investition, vom Stofflernen her gesehen. Aber eine Investition, die sich ja auszahlen kann. Wenn ich mich auf sie besser einstellen kann, weil ich zwei Stunden mit ihnen gespielt habe, dann kann ich ihnen auch besser »Stoff vermitteln«. Ganz abgesehen davon, was ich für mich und was sie für sich davon haben, wenn wir miteinander spielen. Es ist ja nicht so, daß immer alles gegen das Stofflernen geht. Vielmehr ist es so, daß das Stofflernen so gut wie immer gegen das andere geht, gegen die persönliche Kommunikation. Sie ist aber das Grundnahrungsmittel für alle, die in der Schule miteinander zu tun haben.

Ich denke kurz zurück an heute morgen:

Klasse 6a
Sie sind sehr (!) unruhig, als ich komme. Ich überwinde mich und verzichte auf eine Intervention. Ich warte fünf Minuten.

Sie werden etwas ruhiger, aber doch nicht ruhig genug. Ich kann die Stunde nicht im Klassengespräch anfangen, wie ich es eigentlich möchte. Ich schreibe ihnen das als Brief an den Tageslichtprojektor. Dann verteile ich die vorbereiteten Mathe-Arbeitsblätter. Ich freue mich, daß ich es schaffe, ihnen meine Informationen ohne Druck (»Seid jetzt endlich ruhig!«) zu geben. Sie nehmen das Blatt an, sie beginnen, sich zu konzentrieren – und die Sache läuft. Anlaufzeit etwa 20 Minuten. Ich kann einzeln und in den Gruppen beraten und kontakten. Ich habe das Gefühl, daß sie »was tun« (am Unterrichtsstoff arbeiten) und daß wir dabei trotzdem freundlich miteinander umgehen. Das ist schön – und ich habe es *nicht* in der Hand! Es gefällt mir hier und ich fühle mich erfolgreich!

Sonnabend – 22.5.

Bereitstellen
Es ist 20.00 Uhr, ich bin in der Schule und habe Arbeitsblätter fertig gemacht. Für Montag und Dienstag bin ich vorbereitet. Daran habe ich seit 15.30 Uhr gesessen, eine halbe Stunde Pause dazwischen. Es war eine Menge Arbeit. Mir ist jetzt ganz gut zumute: Ich habe etwas geschafft. Die ersten beiden Tage der nächsten Woche sind vom Angebot her geregelt, ich kann mich ganz auf die kommunikative Umsetzung konzentrieren. Mir wird deutlich, wie sehr mich diese organisatorische Sache beansprucht, das Bereitstellen der notwendigen Papiere, das Sichten der Materialien, das Ausprobieren von Experimenten. Wenn ich nur zu planen und dann umzusetzen hätte und die Bereitstellung und das Sichten und Ausprobieren von einem Assistenten übernommen werden könnte: das würde mir viel mehr Ideen möglich machen. Und ich hätte mehr Zeit und Energie, mich dann auf die konkrete Umsetzung aller Ideen mit den Kindern zu konzentrieren.

Projektunterricht
Heute beginne ich in der 6a mit dem Bioprojekt »Insekten«. Sie sind zu unruhig, um mir zuzuhören. Das hatte ich gestern vorausbedacht, und deswegen stehen die Informationen zum Bioprojekt auf ihrem Arbeitsblatt. So informieren sie sich, ohne daß ich laut zu werden brauche, ohne daß ich mich ärgere. Und dann geht es aber auch los: So intensiv haben sie noch nie gearbeitet! In Gruppen oder zu zweit oder allein. Die Bücherkiste wird gestürmt. Einigen erkläre ich sehr ausführlich, was denn so getan werden könnte. Sie entschließen sich dann zu dem, was ihnen am meisten Spaß macht. Als ich am Ende der Stunde zu einer Gruppe komme, erfahre ich, daß sie ziemlich frustriert sind. Sie finden im Buch nicht das, was sie suchen. Sie arbeiten schon alle selbständig. Nur gibt es viele organisatorische Fragen, nicht nach dem Was, sondern nach dem Wie und dem Wo.

In dieser Stunde verhalte ich mich wie ein Facilitator, ein Lernhelfer (Carl R. Rogers). Es ist für mich ein Wolkenaufriß – keine Strukturveränderung. Aber vielleicht: viele Wolkenaufrisse? Das läßt sich aber nicht realisieren, solche Eigenprojekte sind gänzlich ungewöhnlich im Schulbetrieb. Ja, wenn alle mitzögen, einschließlich Rektor und Schulrat ... So aber bleibt es bei Ausflügen. Trotzdem: Dieses Wolkenaufreißen macht Spaß, und ich werde mir und ihnen noch mehr davon gönnen.

Klasse 8b
Es sind die zwei Stunden Vertretung. Die Spielesammlung der Schule enthält zwölf Würfelspiele. Ich suche sechs raus und bringe sie mit. Sie haben diese Sachen noch nie gesehen. Ich lasse die Tische zum Spielen zurechtrücken. Ich merke, daß sie das Miteinander-Spielen als Klasse oder in Einzelgruppen nicht gewöhnt sind. Daß sie es nicht kennen. Sie halten so etwas immerhin etwa 60 Minuten durch, dann steigen einige aus. Ich lasse die Spiele einsammeln und frage

sie, ob es ihnen gefallen hat oder ob es doch zu langweilig war. Nein, es hat ihnen gefallen. Haben sie Angst, sonst nicht mehr spielen zu können? Als die Spiele weggeräumt werden, rücken sie von allein die Tische zurecht und gehen auf ihre Plätze zurück. Das finde ich auffällig. Sie greifen nach dem Bekannten, der gewohnten Schulsitzordnung. Die Spielsituation war wohl doch eine Verunsicherung. Sie sehen angestrengt aus. Sie haben bisher erfahren: In der Schule wird nie gespielt – und eben geschah es dann doch.

Dann biete ich ihnen »Heads down – Heads up« an. Sie spielten es schon einmal, aber ich brach das ab, weil einige dabei zu wüst wurden. Ich steuere heute deutlich. Es klappt. Nach dem ersten Durchgang nimmt ihr Interesse zu. Sie wollen weitermachen. Im dritten Durchgang spiele ich dann schon mit. Was möchte ich ihnen nicht alles anbieten, was wichtig ist und Spaß macht in der Schule!

7. Woche

Montag – 24.5.

Unwahrscheinlich! Dieses Inanspruchgenommensein. Dieses Fordern. Dieses Rufen. Dieser Lärm. All die Hektik. Und parallel dazu das Wissen, daß sie so recht haben. Daß ich Zeit für sie haben müßte. Daß ich mich ihren Wünschen zuwenden müßte.

Klasse 5c

In der 6. Stunde sind die Kinder aus der 5c völlig aufgedreht. Nicht böse oder aggressiv. Nur emotional völlig hochgefahren. So eine Inanspruchnahme und so einen Lärm habe ich noch nie erlebt. Es ist Spitze heute in der 6. Stunde. Hinterher gehe ich mit ihnen zum Bus, obwohl ich eigentlich dringend weg muß.

Uni-Seminar

Dann, nachmittags, Gegenerfahrung in einem Uni-Seminar, wo ich per Verabredung bin. 60 Studenten, brav, still, zuhörbereit, geregelte Kommunikation, steril. Da fehlt jede Lebendigkeit, da ist nichts von Spontaneität. Das ist eine völlig andere Welt. Trotzdem, ich mische mit. Ich bewirke, daß die Sitzordnung lockerer wird. Vor und auf den Tischen im Kreis statt in Reih und Glied. Ich merke, wie hier im Seminar Wichtiges für mich besprochen wird. Es geht um Lao Tse. Aber es ist so fad, wie sie es machen. Und dann ist eben wieder so schmerzvoll klar: Relevantes wie hier kann ich in der Schule mit den Kindern nicht tun. Eine Kombination von Seminar (wir behandeln wirklich Relevantes) und Schule (wir leben dabei, voller Dynamik und Aktion) wäre genau richtig.

Kritik

In der 5. Stunde habe ich frei. Zwei Mädchen aus der 7G kommen zum Reden. Ich hatte es ihnen angeboten. Sie erzählen mir viel Hausinternes. Mir fällt auf: Wenn ich mitbekommen will, was in der Schule läuft, dann sind die Kinder eine wichtige Informationsquelle. Sie haben übergreifende Informationen. Theoretisch ist mir das klar, heute erfahre ich es. Sie erzählen, daß sie sich beim Rektor über meinen Matheunterricht beschwert haben, und daß er daraufhin mit der Klasse in einer Pause gesprochen hat. Ich erinnere mich jetzt, daß er einmal in eine Pause kam, als ich bei der 7G Aufsicht hatte, und daß er mich kommentarlos »rausbat« und mit ihnen dann etwas besprach.

Sie machen mir klar: Sie – diese zwei, aber es sind auch andere – mögen das »Wie« meiner Art nicht. Mein »Wie« nervt sie – und sie hätten es lieber anders, »strenger«, um sich wohlzufühlen. Sie wollen Lehrer haben, die ihnen Verhaltensregeln vorsetzen und die durchgreifen. So, wie Lehrer eben nach ihrer Meinung mit Kindern umzugehen haben. So, wie sie es täglich erfahren und wonach sie sich ausrichten. Die Alternative eines freundlichen Zusammenseins schaffe ich nicht mit diesen Kindern – und diese Kinder schaffen es nicht mit mir. Ich verstehe sie jetzt besser. Ich habe erfahren, was sie lieber hätten. Ich kann es bei ihnen stehenlassen. Ich fühle mich nicht irritiert, mein »Wie« zu ändern. Da gehe ich über sie hinweg, um so sein zu können, wie ich es möchte. Und ich denke auch, daß es für die anderen o.k. ist. Und außerdem: Da besteht selbst zu diesen beiden ja Kontakt. Kontakt, den ich für so wichtig halte. Würden sie sonst so mit mir reden, so, daß wir uns mögen, bei »all den Gegensätzen«?

Dienstag – 25.5.

Klasse 6b
3. Stunde. Mathematik-Klassenarbeit Nr. 7. Es ist eine kurze Arbeit, nur eine Stunde. Sonst schreiben wir immer zwei Stunden. Sie sind schnell fertig, ich sammle nach und nach die

Arbeitspapiere ein. Als ich zu Beginn in die Klasse komme, haben sie schon die Tische zurechtgerückt. Eine freundliche Geste der Klassenlehrerin, die vorher dort Unterricht hatte. Das Klima ist heute nicht so angespannt wie sonst bei Klassenarbeiten. Ich lasse viel mehr Reden zu. Ich bin nicht so sehr im Zwiespalt darüber wie sonst, sehe ihn aber doch sehr deutlich. Die, die reden wollen, sind im Recht. Denn diese Veranstaltung ist nicht ihre Sache, ihr Reden ist ein berechtigtes Sich-Wehren. Die, die in Ruhe arbeiten wollen, sind ebenfalls im Recht. Jeder hat sein legitimes Bedürfnis. Ich merke, daß ich nicht gegen die Redenden Position beziehe, da ich ihr Reden eben als Sich-Wehren gegen Inhumanität auffasse. Aber ich sollte intervenieren, so ist es »vorgeschrieben«. Ich tue es nur hin und wieder. Es pendelt sich dann ein.

Dennoch habe ich ein deutliches Gefühl, etwas Unzulässiges zuzulassen (»es wird geredet«). Andererseits weiß ich, daß ich gerade so die Abwehr von Inhumanität ermögliche, die hier in Form der Klassenarbeit mit allen Begleiterscheinungen auftritt. Und wieder andererseits weiß ich, daß die, die schreiben wollen, durch die Redenden gestört werden. Daß ihnen also durch die Abwehr von Inhumanität (durch das Reden) Inhumanes (Störung im Ruhebedürfnis) zugefügt wird. Hier kollidieren Interessen – ich sehe keine Lösung, die human wäre. Es sei denn, man ändert die Bedingungen, also keine Klassenarbeit mehr. Das kann ich aber nicht realisieren. Und somit ist einmal mehr klar: Die inhumane Struktur (»Klassenarbeiten müssen geschrieben werden«) ruft Inhumanität hervor (»Ich muß etwas tun, was ich nicht will – eine Arbeit schreiben«) und pflanzt sich fort (»Ich bin so gestört, ich kann mich überhaupt nicht konzentrieren«). Alte Erkenntnis, heute für mich konkret.

Klasse 6b
Ich bin wieder bei ihnen, ich habe in der 6. Stunde Vertretung. Schon vor der 1. Stunde, auf dem Hof, habe ich mit

einigen darüber gesprochen, was wir tun könnten. Entweder etwas zusammen spielen oder rausgehen. Bei dem Gedanken an Rausgehen ist mir nicht so wohl: Ich denke an »kribbelig« und »weglaufen«, an Ärger eben, den ich mit ihnen bekommen könnte. Ich sage, daß es dann von meiner Stimmung abhängen würde, ob wir rausgehen oder nicht. Ich vertage die Entscheidung. Und dann, eben: Wir gehen raus. Ich bin ziemlich skeptisch. Es ist mal wieder ein Springen ins kalte Wasser. Sie stehen alle am Hofausgang, »wie befohlen« und warten auf mich, damit es losgehen kann. Ich fühle mich ermutigt. Und am nächsten Haltepunkt sind die weit Vorausgestürmten tatsächlich da und warten.

Auf der Wiese am Sportplatz schlage ich vor, daß wir »Zuzwinkern« spielen. Sie finden das gut, stimmen zu, und es wird ganz toll. Sie bilden den Doppelkreis für das Spiel, mit fröhlichem Hallo: wer steht hinter wem? Dann zuzwinkern, festhalten, weglaufen, nächster Durchgang. Es macht ihnen großen Spaß, ihre Fröhlichkeit steckt mich an. Es ist eine Bilderbuchszene. Ich bin fasziniert und glücklich. Kinderkreis im Mai. Freundliches Spielen, Gras, Sonne, blauer Himmel, Entspannung, Dynamik, Leben. Ich lasse mich fallen und komme mir wie verzaubert vor. Es ist ein eindringliches, fantastisches und wunderschönes Erlebnis.

Einige machen nicht mit. Sie stehen am Rand und unterhalten sich. Ein paar klettern auf Bäume. Aber das stört mich nicht. Ich registriere es schon, und mir wäre lieber, wenn sie alle mitspielen würden. Zumindest wäre es angenehmer, wenn sie alle da wären, auch wenn sie nicht mitspielen. Dann hätte ich einfach ein ruhigeres Gefühl. Wie wir so spielen, da entdecke ich auf einmal einige aus dem Nachmittagstreffen von Ende März wieder. So – so haben sie sich damals auch verhalten. Es fällt mir richtig auf. Liegt es an ihnen oder liegt es an mir? Habe ich mich jetzt beim Spielen »draußen«, außerhalb der Sichtweite der Schule, umgestellt, weg vom Lehrer, hin zur Person?

Als die Zeit vorbei ist und ich sie zum Zurückgehen auffordere, werde ich wieder lauter. Ich scheuche sie zurück, zurück zur Schule. Ich rufe einigen hinterher, daß sie am Hofeingang warten sollen, daß sie nicht allein ins Gebäude gehen sollen, wegen Lärm, anderen Klassen, Kollegen. Mir liegt daran, daß sie das tun – und schon bin ich wieder drin in der Distanz zu ihnen. Dieser Distanz, die doch gerade verschwunden war. Sie halten dann nicht am Hofeingang. Ich zitiere einige zurück, bin aber inkonsequent, warte nicht, bis sie wirklich kommen, und gehe mit denen, die gerade da sind, ins Gebäude. Dabei laufen mir die ersten bereits mit der Tasche entgegen. Ich sehe sie – und sie sind so freundlich, daß mein Ärger über ihr Vorlaufen nicht richtig hochkommt: Ich lasse sie ziehen. »Na – dann geht nach Hause.« Und die anderen, die »brav« bei mir sind: »Die dürfen das.« Ich wehre das alles ab, schiebe es weg, gehe darüber weg. Und gebe doch dadurch auch klar Signal. In der Klasse räume ich noch einige Minuten auf. Ein paar helfen mir, ohne Aufforderung. Es war schön draußen.

Im Schwimmbad
Ich habe das Gefühl, daß mir alles wegläuft, und will etwas dagegen tun. Ich spreche einige aus der 7G an und sage ihnen, daß ich heute nachmittag ab 15.00 Uhr im Schwimmbad in T. sein werde. Dies ist ihr Freibad, wo sie hinfahren. Am Bad dann sind sie da, warten auf mich, und ich werde schnell in Empfang genommen. Ich gehe mit zu ihrem Lagerplatz und lasse meine Sachen dort. Im Wasser ist es friedlich und freundlich. Wir machen Spiele. Reiterkampf, Rutschen, Unterwasserschwimmen, Fangen. Es ist schön und vertraut. Auf der Wiese dann Reden, über nichts Bestimmtes. Ich lasse mich treiben, steuere aber gelegentlich deutlich. So hole ich das Federballspiel, spiele Mundharmonika, schlage ein Gesprächsthema vor, spendiere Eis. Ich bin vorwiegend mit den Kindern der Planungsgruppe zusammen, es sind aber auch einige andere dabei. Zum Schluß

verabreden wir eine Radtour für den übernächsten Mittwoch. An einen Platz, wo man ein Feuerchen machen kann. Ich freu mich drauf.

Mittwoch – 26.5.

Was spüren sie?
Ich wollte sie auf eine Klassenarbeit am Freitag vorbereiten und mich entschuldigen, daß ich nicht eher Bescheid gesagt habe. Ich kündige in der 6a also »etwas Trauriges« an. Da sagt einer, bevor ich ihnen das »Traurige« mitteilen kann: »Oh – gehen Sie weg?« Nachmittags mache ich in der Planungsgruppe 7G einen Brief vom Schulamt auf, ich kam vorher nicht dazu, ihn zu lesen. Als ich ihnen sage, daß der Brief vom Schulamt ist, da fragt einer: »Ist das Deine Entlassung?«

Was spüren sie? Daß es so, wie ich es in der Schule mache und wie sie es ja mitbekommen, eben doch nicht geht? Oder bin ich eine Hoffnung für sie, die sie gefährdet sehen? Weil es so ungewöhnlich ist, was sie mit mir als Lehrer erleben? Befürchten sie, »so mußte es ja kommen«? Oder wirkt sich die eingetrichterte Schüler-Lehrer-Norm so aus, daß sie meinen, wer dagegen verstößt, wird doch schließlich bestraft und letztlich entlassen? In der 6a gehe ich mehr davon aus, daß sie überwiegend betrübt wären, wenn ich gehe. In der 7G habe ich mehr das Gefühl, daß sie es nicht so sehr wundern würde, wenn ich weg *müßte*. Und daß sie in gewisser Weise zufrieden wären, daß die Welt wieder in Ordnung ist. Schule ist eben anders – diese Erfahrung sitzt schon ziemlich fest.

Klasse 5c
Zuerst lasse ich sie am Arbeitsblatt arbeiten. Sie sind laut. Die Bio-Bücherkiste ist für viele eine tolle Sache, sie ist heute zum ersten Mal in ihrer Klasse. Die Kinder, die ein Buch

ergattert haben, ziehen sich mit »ihrem« Buch zurück. Dann beende ich den normalen Unterricht und führe bei ihnen »Heads down – Heads up« ein. Während ich das Spiel erkläre, sind sie noch laut und hören nur wenig zu. Dann aber: Umschlag, Spannung, Engagement. Applaus für die, die richtig geraten haben. Es ist schön, wir können endlich mal zusammen friedlich spielen. Ich denke, daß die Dynamik des Spiels auch unterrichtsmäßig weiterhelfen wird, daß wir auch im Unterricht friedlicher miteinander umgehen können. Ich will mit ihnen öfter spielen.

Klasse 8a
Ich habe sie lange nicht gesehen, sie waren auf Klassenfahrt. Sie albern herum, und ich kann sie nicht ansprechen wie sonst. Sie sind Schüler, die »losgelassen« sind. Einige meinen, es läge daran, daß zwei Stunden bei ihnen ausfallen und daß sie deswegen die Schule heute nicht so ernst nehmen. Ich fische mir einen raus und versuche, direkten Kontakt herzustellen. »Sieh mich doch bitte mal an, was ist denn eigentlich los heute, Du wirkst auf mich richtig überdreht, sag doch mal, was los ist ...« Es klappt ansatzweise. Zwar nicht mit ihm, aber mit anderen, die zugesehen haben. Sollte ich sie so lassen, wenn sie nicht wollen? Ich würde lieber eher intervenieren, gleich zu Beginn. Damit wir etwas voneinander haben in der Stunde. Besser: damit ich etwas von ihnen habe. Sie sind unter Freunden – aber für mich ist es blöd, wenn ich von ihnen getrennt bin.

Auf einmal geht mir ihr Verhalten auf die Nerven. Aus irgendeinem Grund fange ich an, einen Jungen anzumeckern. Auch erst albern. Aber dann merke ich, wie ich immer mehr aufdrehe, nicht mehr davon runter komme, ernster werde und ihm schließlich drohe, damit er tut, was ich will. Dann schmeiße ich das alles mit großer Anstrengung herum, sage, daß das so ja auch blöd von mir ist. Die Spannung ist weg, es ist, als ob alle aufatmen. Zu dem Jungen habe ich bis zum Schluß Kontakt. Er flachst weiter, und ich fühle mich nicht mehr gestört.

Rita
Heute ist Rita den ganzen Vormittag da. Sie studiert Lehramt. Ich habe ihr schon öfter angeboten, einmal zu hospitieren, und heute tut sie es. Zwischendurch sagt sie mir, daß ich mit Kindern umgehen könne. Ich freue mich darüber. Ich brauche mich nicht irgendwie zur Wehr zu setzen, wenn sie mir zusieht – ich kann so sein, wie ich es möchte.

Donnerstag – 27.5.

Schulfrei
Schulfrei, Himmelfahrt. Aber ich habe mit der Schule zu tun. Es ist viel vor mir, und ich will es hinter mich bringen. Mathearbeit der 6b nachsehen, Biotest und Physiktest der 8b vorbereiten, Arbeitsblatt für die Mathearbeit der 6a fertigmachen. Letzteres schließt ein, daß ich nachher zur Schule fahre und es dort vervielfältige. Dann bereite ich mich heute auch für die nächste Woche vor, da ich mir Montag und Dienstag freigenommen habe und dann nicht zum Vorbereiten komme. Also muß ich vorarbeiten. Somit: Es ist ein Berg von Dingen vor mir, die mit der Schule zu tun haben. Als Freunde anfragen, ob sie mich besuchen können, wehre ich ärgerlich ab: »Ich muß arbeiten.« Ich bin erst wieder ruhig, als dann um 17.30 Uhr alles fertig ist und ich von der Schule mit den druckfrischen Papieren nach Hause fahre. Insgesamt hat es heute sieben Stunden gedauert.

Arbeiten korrigieren
Als ich die Mathearbeit der 6b nachgesehen habe, überlege ich: Das Ergebnis zeigt eine deutliche Aufteilung in »gute« und »schlechte« Arbeiten. Bei reeller Zensierung sind es einerseits 13 Arbeiten mit Note 5 und andererseits 15 Arbeiten mit Note 1 und 2. Das bedeutet bei 38 Arbeiten insgesamt, daß eine klare Trennung in »verstanden« und »nicht verstanden« vorliegt. Ich folgere daraus, daß in der Klasse das

Konzept der freiwilligen Mitarbeit angekommen ist. Ich übe auf ihre Mitarbeit ja keinen üblichen Druck aus. Ich sage nicht: »Mach das Buch auf« usw., sondern: »Es ist Deine Sache, ob Du mitmachen willst.« Daß ihr Mitmachen oder Nichtmitmachen dann Auswirkungen bei den Klassenarbeiten und somit bei den Noten hat – das ist klar und das übt auch Druck aus. Ich verstärke ihn nur nicht durch persönlichen Druck von mir. Diese Arbeit und auch die Klassenaktivität in letzter Zeit machen mir deutlich, daß mein Konzept »Ohne Druck mitmachen« Anklang findet und sich durchsetzt.

Natürlich lasse ich auf sie nicht dreizehn Fünfen los. Ich drehe das mit den Auswertepunkten so hin, daß es dann sieben Fünfen und eine 6 werden. Die reelle Statistik ist für mich – die andere »offiziell«. Ich mogle dabei so viel, wie es eben geht. Was heißt schon »reell 5«. Reell, realistisch ist nur eins: Weg mit dem ganzen Notenkram. Läßt sich aber nicht machen. Auch Realität.

Freitag – 28.5.

Vorsorgen
Ich bin früh da, um 7.38 Uhr. Aber die wertvolle Zeit für Kontakte mit den Kindern geht drauf, weil es mir auf einmal wichtiger ist, ein Kabel für den Kassettenrecorder zu organisieren, mit dem ich die 1. Stunde aufnehmen will. »Daß alles klappt« ist mir wichtiger als Kontakt! Ich merke, wie mich das an die Lehrerausbildung erinnert. Vorsorgen durch das Bereitstellen von allem Möglichen. Tendenz: Immer mehr vorsorgen, immer mehr Eventualitäten berücksichtigen und den Kindern zuvorkommen. So rücke ich heute einen Tisch für den Recorder zurecht, so probiere ich aus, wie lang das Kabel ist, so rolle ich das Kabel dann wieder ein, damit zu Beginn beim Reinlaufen in die Klasse keiner drüber fällt. Ich

bin im Sog der »Unterrichtsvorbereitung« und habe zum Schluß gerade noch drei Minuten zum Kontakt mit den Kindern. Die Alternative ist klar: Improvisieren und darauf vertrauen, daß die Kinder nichts von dem umwerfen werden, was ich vorhabe. Und falls dies doch geschieht – flexibel aufgreifen, worum es geht, abbrechen oder verändern, jedenfalls *Kommunikation herstellen*. Und nicht besorgt vorsorgen.

Klasse 8c
Dies alles wird mir dann in der 6. Stunde deutlich, als ich mit ihnen das Problem der Selbsteinschätzung für die Noten besprechen will. Sie bleiben unruhig, hören nicht, was ich sage. Ich habe nun die Möglichkeit klar vor Augen, diese ganze Sache abzubrechen und Selbsteinschätzung eben nicht zuzulassen. Denn wenn ich mit ihnen nicht über das Vorhaben Selbsteinschätzung reden kann, dann wird das nichts – darauf habe ich mich festgelegt. Ich bin drauf und dran, die herumgehenden Zettel zur Selbsteinschätzung wieder einzusammeln, als mir noch bewußt wird: Wissen sie denn eigentlich, was ich jetzt von ihnen will? Wissen sie, »was auf dem Spiel steht«? Mir fällt ein, daß Hannelore einmal nach dem Hospitieren sagte, daß viele nicht wüßten, worum es in einzelnen Situationen überhaupt geht. Dazu ist es zu unruhig, und sie sind zu sehr mit anderen Dingen beschäftigt. Das, was »da vorn« läuft, ist uninteressant.

Dies alles taucht in mir auf. Und so halte ich mich an und frage sie ein paarmal, ob sie wissen, was ich von ihnen will. Ich rufe einen Jungen auf. Er weiß es nicht. Und das beruhigt mich. Ich fasse ihr Reden und Lautsein jetzt nicht mehr als Ablehnung auf. Ich kann ihnen ruhig noch einmal sagen, was mir wichtig ist. Und da hören sie zu. Meine andere Einstellung hat gezündet. Sie machen Vorschläge, wir kommen ins Gespräch. Die Sache mit der Selbsteinschätzung kann laufen. Es ist gelungen, Kommunikation herzustellen. Wenn sie laut sind und miteinander reden, hat das noch nicht zu bedeuten, daß sie ein Gespräch mit mir wegschieben. Wenn mir am Gespräch mit ihnen liegt, kommt es darauf an, es zustande zu bringen!

8. Woche

Mittwoch – 2.6.

Berlin
Freitag bis Dienstag bei Freunden in Berlin. Viele Schulgespräche mit Menschen, die selbst in der Schule sind, und solchen, die es nicht sind. Grundsätzliche Gespräche und Detailgespräche. Am Montag erscheint der »Spiegel« mit dem Titel »Schulangst«. Ich lese die Titelgeschichte »Macht die Schule krank?« Wieder wird mir klar, daß die Inhumanität der Schule strukturell ist. Ansatz des »Spiegels«: Das Verteilen der Sozialchancen, das in der Schule per Zeugnis stattfindet, bewirkt die Inhumanität. Ich lese hier von den Dingen, die ich mir täglich selbst sage und die ich täglich erfahre. Wenn es einmal so von außen gesagt wird, tut das gut: Ich bin nicht allein mit meiner Ansicht, daß die Schule inhuman ist. Das, was ich sonst als meine private Meinung habe, ist hier ganz offen ausgesprochen. Wenn im »Spiegel« auch lediglich der Zusammenhang mit den Sozialchancen gesehen wird und die gesamte Menschenrechts- und Demokratie-Thematik ausgeklammert bleibt, ebenso wie die Relevanz personaler Beziehungen.

Dennoch macht mir der Artikel Mut, der Inhumanität der Schule weiter nachzuspüren. Mir wird aber auch wieder deutlich: Als einzelner kann ich hier und da freundlich und human sein. Die strukturelle Inhumanität – Verteilen der Sozialchancen, Mißachtung der Menschenrechte, unpersönliche leistungsorientierte Kommunikation – jedoch bewirkt, daß ich faktisch, nicht unbedingt von mir selbst bemerkt, aber für die Kinder spürbar, inhuman *bin*.

Die Erfahrungen in Berlin helfen mir, meine Position deutlicher zu sehen. Wenn ich in dem Bereich »Kommunikation mit Kindern« arbeiten will, dann muß ich das dort tun, wo nicht Inhumanität vorgegeben ist. Also nicht in der Schule. Gibt es für mich an der Versuchsschule in B. eine Chance? Ich werde mich genau umsehen. Ich werde *die Kinder* fragen, sie werden mir Auskunft geben. Ist das Problem des Verteilens der Sozialchancen, Beachtung der Menschenrechte und der personalen Kommunikation dort irgendwie anders als an einer herkömmlichen Schule? Ich habe die Hoffnung. Wenn es aber nur die herkömmliche und damit inhumane Möglichkeit gibt, mit Kindern zu arbeiten? Wenn niemanden wirklich interessiert, daß mit Kindern freundlich und human gearbeitet wird? Wenn meine Position für mich letztlich das Aus bedeutet? Auch finanziell? Dann arbeite ich lieber ganz woanders als mit Kindern. Jedenfalls nicht inhuman.

Schule heute
Ich gebe zwei Klassenarbeiten zurück. Ich achte darauf, was die Noten für sie bedeuten. Dabei habe ich die ganzen Berlinüberlegungen im Hinterkopf. Ich merke, wie sehr sie von diesem Notenkram abhängen. Es ist einfach irre. Wie sie sich freuen, wie sie betrübt sind. Gute Note heißt gutes Kind, schlechte Note heißt schlechtes Kind. Ein Mädchen hat sich eine genaue Liste mit allen Noten gemacht, die sie erhält. Sie zeigt sie mir und erzählt, wie sehr sie sich über eine 1 freuen würde. Und ich sehe an ihrer Liste, daß das für sie ganz ausgeschlossen ist, da sie nur Vieren und Fünfen eingetragen hat ...

Die Kinder sonst heute: Ich spüre die ganze Problematik deutlicher und komme nicht so einfach und zwanglos zu ihnen durch. Aber: Sie mögen mich und helfen mir.

Planungsgruppe 7G
Es kommt mir wie gerufen, heute nachmittag mit ihnen in diesem »außerschulischen« Rahmen zusammenzusein. Ich erlebe sie und mich entspannter, privater. Es tut gut.

Donnerstag – 3.6.

Klasse 7G
Es liegt ein böser Ton im Raum. Ich habe keine Lust mehr, von Gruppe zu Gruppe zu gehen und zu erklären, dasselbe immer neu in jeder Gruppe. Ich möchte einfach, daß alle zuhören, damit es nicht so anstrengend ist. Wenn sie nur fünf Minuten zuhören – dann bin ich wieder bereit, den Rest der Stunde in den Gruppen zu erklären. Aber ich habe heute das Gefühl, immer mehr nachzuschieben, ein Geber zu sein. Sie kommen mir nicht entgegen, und das regt mich auf. Das ist seit den letzten Stunden mit ihnen so. Ich schaffe es heute nicht mehr, ihr Verhalten von meiner Person zu abstrahieren, wie es mir sonst gelingt. Mein Wissen dringt nicht zu mir durch, daß sie sich nicht gegen mich als Person, sondern gegen den Lehrer wehren, der etwas von ihnen will (»macht Mathematik«). Daß sie das Institutionelle an mir ablehnen, aber nicht mich.

Vielleicht liegt es daran, daß sie mir vorhalten: »Bei Herrn R., den wir gestern in Vertretung hatten, verstehen wir sofort alles. Der macht das ganz anders.« Ich kenne die Art von Herrn R. aus dem gemeinsamen Unterricht in der 9G. Dort wurde ich auch mit solchen Kommentaren konfrontiert. Ich denke so darüber: Er spricht sie als Schüler an, die Kinder in der Schülerrolle. Das stellt dann Kinder, die gegen meine Art opponieren, zufrieden. Sie wissen, um was es geht und was von ihnen erwartet wird. Der Lehrer dirigiert – und sie stellen sich darauf ein. Es ist bei Herrn R. ein freundliches, wohlwollendes und umgängliches Dirigieren. Sympathisch – aber eben Lehrer hier, Schüler dort. Befehlsgewalt hier, Gehorsam dort. Da ich versuche, mich als Person einzubringen und sie nicht als Schüler sondern als Personen sehe – als Menschen, die man nicht dirigiert, sondern achtet und bittet –, gebe ich ihnen keine Befehle oder »klare Anweisungen«. Ich spreche sie mit meinen Anliegen so an, wie ich das unter Erwachsenen auch tue. Sie sind für mich keine Befehlsempfänger. Und das strengt dann die an, die dies aber in der Schule sein wollen oder aus den vielfältigsten Gründen sein müssen. Es ist für solche Kinder – ein paar, je nach Klasse verschieden viele – dann nur schwer auszuhalten bei mir. Und deswegen waren sie ja auch bereits beim Rektor und haben sich beschwert: »Der sollte mal richtig durchgreifen«. Es würde mich nicht überraschen, wenn sie dies wiederholen würden.

Außerdem ist Netty aus der Planungsgruppe sauer auf mich, weil ich es ihr nicht extra erkläre, als ich bei ihrer Gruppe bin. Gestern Nachmittag haben wir uns noch prima verstanden. Und Gabi und Berthold, ebenfalls aus der Planungsgruppe, haben heute auch mehr Distanz zu mir. Dann konzentriere ich mich auf diese Kinder. Ich erkläre die Stunde über doch in Gruppen, aber eben nur ihnen. Ich möchte sie nicht verlieren. Aber ich weiß, daß ich sie nicht auf Freundlichkeit mir gegenüber programmieren darf, sonst enge ich sie ein. Wir sprechen auch kurz über ein Projekt der Planungsgruppe. Es stellt sich heraus, daß der »laute« und im Unterricht kaum ansprechbare Heinz-Bernd unbedingt die Radtour mitmachen will. Theo: »Der ist in der Freizeit ganz anders.« Ich bin gespannt, ob ich mich über ihn aufregen werde.

Beate
Klasse 5c, wir bilden den Biokreis. Zum Schluß lasse ich ein paar Bilder aufhängen, die ich mitgebracht habe. Seit einer Woche habe ich sie dabei. Ich bin aber immer so eingespannt, daß ich sie gerade erst in meiner Tasche entdecke. Die Bilder werden mit Nadeln angesteckt. Einige kommen und sagen, daß Beate dauernd mit Nadeln sticht. Ich reagiere darauf nicht, es ist mir egal. »Und dann macht sie auch so.« Einer führt vor, wie Beate mit der Nadel anderen am Auge rumfummelt und durch die Wimpern sticht. Jetzt meine ich, daß ich mit ihr reden muß. Ich bewege mich in ihre Richtung, da weiß sie gleich Bescheid. Als sie mit mir spricht, sehe ich, daß

sie eine Nadel im Mund hat, eine Pinnadel mit dickem gelben Kopf. Das macht mich aber nicht weiter an. Bevor ich dennoch zum »Raus damit« komme, wird alles ganz anders: »Ich habe die Nadel verschluckt.« Ich glaube ihr nicht, bin aber erschrocken. Dann merke ich, daß es stimmt, sie hat Angst im Gesicht – es alarmiert mich. Ich bin ruhig und »weiß, was zu tun ist«. Da sie atmen kann, hat sie die Nadel in der Speiseröhre. Also: Krankenhaus. Was bedeutet: Schluß mit der Intimität der Stunde, raus in die Öffentlichkeit. Es muß sein.

Ich gehe mit ihr ins Sekretariat. Ich rede beruhigend auf sie ein, bin aber selber beunruhigt. Ich traue mich nicht, meinen Arm um ihre Schulter zu legen, und bin wütend über das Kinder-Berühr-Tabu der Schule. Ich hoffe, daß der Konrektor da ist, damit ich wieder in die Klasse kann, wegen der Aufsichtspflicht. Er ist nicht da. Die Sekretärin bietet an, mit Beate zum Arzt zu fahren. Das Wort Arzt bewirkt, daß Beate aus der Tür will. Ich halte sie zurück, finde alles ernst und habe das Gefühl, daß jetzt gehandelt werden muß. Die Sekretärin ruft einen Arzt an, ich sehe im Lehrerzimmer nach, ob ein Kollege die Aufsicht in der Klasse übernehmen kann. Es ist aber keiner da. Der Anruf ergibt, daß die Sekretärin sofort mit Beate zum Arzt fährt. Später erfahre ich vom Rektor, daß die Röntgenaufnahme nicht beunruhigend ist. Die anderen aus der Klasse sind neugierig, es ist interessant bis spannend. Kein Gefühl von Gefahr oder Angst im Raum. Ihr Bruder aus der 6a lacht und ulkt, als ich ihm davon erzähle. Morgen will ich Beate besuchen.

Freitag – 4.6.

Unterlaufen
Es sind jetzt Ferien. Pfingsten. Es ist 13.30 Uhr. Gestern war im Kollegium nicht klar, ob heute bis zur 6. Stunde unterrichtet werden sollte. Ich wußte, daß in den Verwaltungsvorschrif-

ten eine einheitliche Regelung vorgeschrieben ist, nämlich Unterrichtsende nach der 4. Stunde. Gestern hatte ich mir überlegt, ob ich den Rektor darauf ansprechen sollte. Das tat ich dann nicht, um nicht als irgendwie arbeitsfaul angesehen zu werden. Ängstliche Bedenken. Als die Kollegen heute in der Pause selbst diese Frage aufgreifen, sage ich, was ich weiß. Das bewirkt dann, daß wir nach der 4. Stunde aufhören.

Der Kontakt zum Rektor läuft jetzt immer besser. Sportfest, Berlinfahrt, Beates Nadelgeschichte, Radtour mit der Planungsgruppe. Ich schalte ihn immer ein, wenn ich etwas tun will, was »die Schule« angeht. Dadurch habe ich mehr mit ihm zu tun, dadurch bekomme ich Kontakt. Ich gebe kein Kontra. Falls er etwas von meinen Aktionen streichen sollte, werde ich das akzeptieren. Ich will keinen Streit – was sollte dabei schon herauskommen?

Ich brauche für mein Tun – den Umgang mit den Kindern – freie Bahn von oben. Es reicht mir, in der Klasse so ein ungutes Gefühl zu haben. Ein Gefühl, als würde ich dauernd die bestehenden Schulnormen unterlaufen. Was ja auch stimmt – wenn man die Schule so auffaßt, wie es die allermeisten tun. Wenn Kinder in der Schule zu Schülern werden, die etwas »lernen« müssen und Erwachsene zu Lehrern, die »durchsetzen«, daß »gelernt« wird. Und das gesamte System, das sich Schule nennt, gibt diesen allermeisten recht: So ist Schule eben. Und meine Position ist gegensätzlich dazu.

Wenn ich nun vom Rektor ein Gefühl der Unterstützung erfahre, dann hilft mir das. Und ich werde mich hüten, etwas zu provozieren, was diese Unterstützung abbaut. Wenn ich offen klarmachen würde, wie ich alles sehe, dann würde es Proteste geben, könnte es zu Eingriffen führen und letztlich im Rausschmiß enden. Jemandem seine Inhumanität aufzeigen, wo er sich doch für human hält: Wer kann das schon ertragen? Und Lehrer sind da wohl besonders empfindlich.

Meine Position
Ich denke darüber weiter nach und schreibe mir meine Position auf: Wenn in einer demokratischen Gesellschaft, wie sie bei uns seit 1949 konstituiert ist, für die nachwachsende Generation eine Schule eingerichtet wird, dann ist es unverzichtbar, daß dort die Menschenrechte beachtet werden. Im Klartext: Die Erwachsenen müssen die Selbstbestimmung des Kindes achten, sie müssen Kinder beim selbstbestimmten Lernen unterstützen. *Dann erst wird das Recht dieser (jungen) Menschen auf Gedankenfreiheit respektiert.* Das traditionelle Durchsetzen, daß dies und das gelernt wird, ist mit der Würde des Menschen unvereinbar, es ist Ausdruck einer diktatorischen oder absolutistischen Denkweise. Eine menschenrechtsorientierte Schule ist wesentlich leistungsfähiger als die bestehende Willkürschule, ihr Charakter als freiwillige Angebotsschule für selbstbestimmtes Lernen macht sie für Kinder einer demokratischen Gesellschaft attraktiv und identifikationsfähig.

Hausbesuch
Nach Schulschluß fahre ich mit dem Bruder von Beate zu ihnen nach Hause. Die Mutter ist freundlich. Es ist alles in Ordnung, die Nadel ist »rausgekommen«. Ich freue mich. Und dann auch, nicht zu vergessen, wird es keine Nachfragen über meine Rolle bei der Aufsicht geben, als es passierte. Beate ist zurückhaltender, als ich sie in der Klasse erlebe, sie ist nicht so gelöst und spontan und wirkt ziemlich verschüchtert. Das ist deutlich. Ich denke, daß es an der Konfrontation mit mir und gleichzeitig mit ihrer Mutter liegt. Konfliktsituation für Beate. Das kenne ich von vielen Hausbesuchen, wenn ich bei den Eltern war. Hausbesuche waren mir wichtig, als ich Klassenlehrer in T. war. Das war zwar äußerst ungewöhnlich, klappte aber immer gut und war als Hintergrundinformation über die Situation der Kinder einfach unverzichtbar. Diese Besuche hatten für die Kinder einen eigenen Stellenwert. Das Verhältnis zwischen den Kindern und mir war zu Beginn eines Besuchs immer anders als gewohnt. Bis ich ihnen vermitteln

konnte, daß ich nicht mit den Eltern paktiere, sondern loyal auf ihrer Seite stehe, wie immer. Dann ging es wieder.

Bio-AG
Vier Mädchen aus der 8b sind am neuen Bioprojekt sehr interessiert. Ich habe heute als Projekt »Schmarotzer und Symbiose« anfangen lassen. Sie können dazu in den nächsten fünf Biostunden selbst etwas ausarbeiten. Ich stelle Literatur und mein Fachwissen zur Verfügung. In der letzten Stunde sollen sie dann ihre Ausarbeitungen vorstellen. Nach der 4. Stunde haben sie heute Schulschluß, aber die Mädchen gehen in die Bücherei, um noch weiter daran zu arbeiten. Freiwillig. Ich gebe ihnen ein paar Tips. Als ich mit dem Besuch bei Beate fertig bin, sehe ich in der Bücherei nach. Vielleicht läßt sich so etwas wie eine Bio-AG anzetteln. Sie sind noch da. Ich schlage vor, daß wir ins Lehrerzimmer gehen. In der Bücherei ist gerade Klavierunterricht. Sie kommen mit, und wir sind noch eine halbe Stunde zusammen. Als die 6. Stunde dann vorbei ist, haben sie plötzlich keine Lust mehr. Wir verabreden, am nächsten Mittwoch nach der 5. Stunde noch bis halb zwei weiterzumachen. Ich habe dann auch frei.

Ich komme mit den vier Mädchen nicht so in Kontakt wie in der Planungsgruppe 7G. Wir sind noch nicht so vertraut. Ich bin auch irgendwie reservierter, und sie siezen mich konsequent. Wir arbeiten auch nur am Projekt. In der Planungsgruppe läuft es ja so, daß wir stets allgemeine Klassenprobleme besprechen, etwa eine Stunde lang, und dann erst Mathe machen. Dadurch haben wir persönlicher miteinander zu tun. Hier, mit den Mädchen, merke ich, daß das sachliche Arbeiten wenig persönlichen Kontakt schafft. Als sie dann gehen, reden wir noch über Duzen und Siezen. Sie sagen, daß sie sich nicht trauen. Ich habe es allen freigestellt und biete es ihnen noch einmal ausdrücklich an. Aber: »Die anderen Lehrer sind dagegen.«

9. Woche

Mittwoch – 9.6.

Meine Entscheidung
Vier Tage Pfingstferien sind vorbei. Mir ist deutlich geworden, daß es ganz allein meine Sache ist, ob ich in der Schule bleibe oder nicht. Die Kinder sagen: »Wir können Dir da keinen Rat geben. Übertrag uns nicht Deine Verantwortung für Dich. Wir fänden es zwar besser, wenn Du bleibst, aber Du mußt selbst sehen, was gut für Dich ist.« Sie entlasten mich dadurch, es doch verkehrt zu machen, sie im Stich zu lassen, feige zu sein, mich zu drücken, wegzulaufen. Sie sagen einfach: »Was wichtig für Dich ist, das mußt Du selbst entscheiden. Wir akzeptieren das.« Genau das ist die Antwort der Kinder, die ich in den Ferien gefragt habe. Dies ist überraschend klar, und es hilft mir. Die Kinder sind voll davon, sich nicht einzumischen, auch wenn sie die Betroffenen sind. Ich habe vor allem befürchtet, daß sie sagen würden: »Wenn Du weggehst, sind wir den anderen völlig ausgeliefert.« Aber das taucht nicht auf. Ich denke, daß ich meine Relevanz für sie da überschätze. Selbstverständlich finden sie sich in ihrer Realität (Schule) auch ohne Leute wie mich zurecht. Andererseits erfahre ich aber immer wieder, daß ich wichtig für sie bin.

Meine Relevanz
Heute passieren wieder zwei Sachen, die mir diese Relevanz zeigen. Mitten in der 3. Stunde sind auf einmal Conny und Petra aus T. in der Klasse. Ich weiß nicht, ob sie frei haben oder einfach weggegangen sind. Sie wollen mit mir etwas besprechen. Ich habe während des Unterrichts keine Zeit, und sie warten auf mich. Als es dann soweit ist, nehmen mich die Kinder aus der 8b zu sehr in Anspruch. Ich vergesse die beiden glatt. Schlimm. Aber eben auch nicht zu schlimm, denke ich – so etwas hält unsere Beziehung aus. Und dann erhalte ich eine Einladung zur Abschlußfeier einer 9. Klasse

aus T. Ich hatte bei ihnen nicht unterrichtet, aber sie sammelten damals auch Unterschriften gegen meine Abordnung. Und jetzt laden sie mich ein. Ich freue mich riesig.

»Komm laß uns abhaun ...«
Die Ferientage und der heutige Tag haben mich sicherer gemacht, trotz der inhumanen Situation, der die Kinder ausgesetzt sind, meine eigene Entscheidung treffen zu können. Ich fühle keinen Druck von ihrer Seite, »ihnen zuliebe« auf das zu verzichten, was ich selbst für richtig halte (nämlich zu gehen). Es kommt hinzu, daß die Kinder auf den Moment des »Raus aus der Schule« ja auch hinleben. Sie verstehen aus eigener Erfahrung, was ich meine und was in mir vorgeht, wenn ich aus diesem inhumanen Gestrüpp raus will. Andersherum: Auch sie würden jede Situation nutzen, hier herauszukommen, und es teilt sich ihnen mit, was in mir vorgeht, wenn ich es tun werde. Eigentlich müßte jeder beglückwünscht werden, der diese Möglichkeit hat ...

Dennoch, so ganz schweigen meine Bedenken nicht, daß ich die Kinder zurücklasse, ich spüre das. Aber ich weiß eben auch, daß diese Skrupel unberechtigt sind. Außerhalb der Schule werde ich mehr Humanität realisieren können als in der Schule, einem System, das mich trotz aller subjektiven Anstrengungen zur Inhumanität zwingt und das mich auf Dauer gesehen entnervt und zerstört.

Und genau so ist es heute wieder, in den ersten beiden Stunden, in der 6a und 6b. Was habe ich denn bloß damit zu schaffen, diese Kinder zum »Lernen« zu zwingen? Als ob so etwas überhaupt ginge, was ist das doch für ein irrsinniger Quatsch! Wie sie heute einfach keine Lust haben, »Heute lernen wir doch nicht, Hubi«, wie ich sie dann zum »Lernen« anhalte usw., usw. Und wie ich sie verstehe. Und wie entwürdigend dies alles ist. »Komm, laß uns abhaun, und zwar schnell« – ich habe den Song von Udo Lindenberg im Kopf.

In den weiteren Stunden heute geht es. Ich bin wieder fasziniert von den Menschen hier, von ihrem Leben und ihrer Freundlichkeit, von ihrer Aktivität. Aber es ändert nichts am Grundsätzlichen. Daran ändert auch so etwas wie die Radtour nichts, die ich gleich mit der Planungsgruppe 7G machen werde. In der Schule gibt es das nur am Rande. Dies nehme ich dann schon mit, und es wird sicher schön werden. Wir werden uns als Menschen begegnen, ohne Gefängnis Schule. Und in 20 Minuten geht es los.

Richtig einbezogen
Die Kinder der Planungsgruppe sind schon vor der verabredeten Zeit da. Mit ihren Rädern kurven sie auf dem Schulhof herum und warten, daß ich komme. Als ich sie begrüße, mache ich den Vorschlag, nach T. ins Schwimmbad zu fahren. Es ist heute sehr warm. Aber eigentlich sind wir zu einer Radtour verabredet. Einige sind sofort dafür, einige dagegen. Dann entscheide ich: »Wir fahren schwimmen, los, Badesachen holen.« Als alle wieder da sind, starten wir: Arnd, Theo, Berthold, Heinz-Bernd, Claudia, Netty, Henry, Gabi, Helga. Und ich. Die Fahrt durch die Felder zum acht Kilometer entfernten Schwimmbad – es ist einfach prima, mit ihnen so zu fahren. Ich fühle mich nicht im Streß wegen der Aufsicht. Ich bin mal vorn, mal hinten. Wir sind eine weit auseinandergezogene Gruppe.

Im Bad spielen wir zusammen im Wasser. Dabei befürchte ich, daß mir die Ideen ausgehen und daß sich die Wassergruppe auflöst. Aber es fällt mir immer etwas Neues ein, und sie machen alles mit. Nur so Rumschwimmen, Fangen mit Untertauchen, Wettkampfuntertauchen, Reiterkampf. Ich bin richtig einbezogen, ringsum die anderen Leute treten zurück. Etwa eine viertel Stunde entdecken wir immer neue Möglichkeiten, den anderen unterzutauchen. Als ich einmal extra länger unten bleibe, höre ich, wie sie besorgt sind. Sie ziehen mich nach oben. Das finde ich toll.

Ab und zu sehe ich zu den anderen Erwachsenen. Sie sehen so fremd aus. Ich weiß nicht, was sie von unserer Aktion hier halten, aber das ist mir dann gleich. Es ist auch ein Kollege da, auch er ist ganz woanders, nicht bei den Kindern, eben »privat«. Aber natürlich ist er freundlich.

Ich treffe auch viele Kinder aus der Schule in T. Vor allem Kinder aus meiner ehemaligen 5. Klasse. Wir haben ein bißchen Zeit zum Reden, es ist vertraut. Mit ihnen habe ich schnell wieder ein Wir-Gefühl, wie es damals war. Dann kommen andere hinzu, ich bin viel gefragt. Leicht entrüstet werde ich von der Gruppe abgeholt: »Wir denken, Du bist mit uns hierher gefahren.« Ich gehe mit ihnen zu unserem Platz zurück.

Wir sind von drei bis halb sieben dort. Die Rückfahrt ist dann wieder ganz prima. Warm, Sommerluft, Wiesen, Saaten, Sommer, Heu – und die Kinder. Einfach idyllisch. Wir spielen: »Achtung, Auto von vorn – Auto von hinten.« Wir reden. Und ich freue mich. Zum Schluß kommen sie alle mit zum Auto, mein Rad einladen. »Und jetzt gibt es noch einen Gute-Nacht-Kuß«, sagt jemand. Ich glaube, wir mögen uns – und dann fahre ich ab.

Donnerstag – 10.6. und Freitag – 11.6.

Hoffnung
Ich hatte von einem Freund erfahren, daß die Versuchsschule in B. Lehrer sucht, Anfang März einen ersten Besuch gemacht und mich dann für den Bereich Naturwissenschaften beworben. In den Bewerbungsunterlagen wurde nach dem eigenen Forschungsansatz gefragt – und das machte mir Mut. Ich will in dieser Schule den person-orientierten Ansatz realisieren. Nicht allein und »im Untergrund«, sondern offen und mit Unterstützung von Kollegen. Ich setzte auf den

Gründer der Versuchsschule (einem renommierten Pädagogen): Mit ihm müßten sich Schule und Menschenrechte, selbstbestimmtes Lernen und herrschaftsfreies Unterstützen, personale Kommunikation und Kinderfreundlichkeit, persönliche Entwicklung und fachliche Wissenserweiterung doch machen lassen.

Kontakt
Gleich zu Beginn am Donnerstag Morgen springe ich in die Interaktion mit den Kindern. Ich will von ihnen erfahren, was hier läuft. Ich weise freundliche Angebote von Lehrern zurück, mit ihnen über die Schule zu reden. Heute ist regulärer Betrieb, damit man sich ein Bild von der Schule machen kann. Ich sehe die Chance, mit den Kindern zu reden. Morgen werde ich eh mit Erwachsenen zusammensein. Ich bekomme schnell Kontakt. Als ich einmal so herumstehe, da erkennen mich einige von der Gelben Sechs (6. Klasse) vom Märzbesuch wieder und rufen meinen Spitznamen von damals durch den Raum: »Nicki« (wegen meines Pullovers). Ich winke unsicher und will mich nicht aufdrängen. Als ich dann höre, wie einer sagt: »Sieh mal, der reagiert ja«, da berührt mich das. Ich bin angekommen.

Ich rede mit vielen Kindern. Alle Klassen (5.–9.). Und dann laden mich Axel (7.) und Steffen (8.) zu sich nach Hause ein, zum Übernachten. Die anderen Bewerber gehen zu Erwachsenen. Mit den beiden, vor allem mit Axel, spreche ich viel über meine Ansichten. Axel hat dabei klar die Ansicht, daß ich für ihr Lernen und für ihren Erfolg verantwortlich sei. Ich lehne das ab. Sage ihm aber deutlich, daß ich nicht darauf aus sei, ihn zu überzeugen. Nur: Meine Position sei eben so, und ich könne nicht anders. Er ist an all dem sehr interessiert und gehört als Vertreter der 7. Klassen zur Entscheidungskommission für die Bewerbungen. Und nachts diskutiere ich mit Steffen bis weit nach Mitternacht. Es ist ein ganz tolles Erlebnis! Und das würde ich *nie* erleben, wenn ich ein »normaler Lehrer« wäre. Ein schlichtes »Es ist besser für Dich, wenn wir jetzt mal schlafen« würde reichen. Nein, wir hören auf, weil *ich* völlig k.o. bin, nicht er.

Realitäten
Während der Gespräche mit den Kindern mache ich mir Notizen. Besonders zum Gespräch mit Christel aus der 7. Klasse.

- Sie erzählt von ihrer Angst noch mal nachzufragen, wenn sie etwas nicht verstanden hat.
- »Ich weiß nicht, was ich mit dem Mathe-Kram soll.« Ihr Lehrer ist nicht in Kontakt mit ihr.
- Sie sagt, sie möchte nicht so viel mit Lehrern zu tun haben. »Die wissen dann zu gut, was man wirklich kann.«
- »Hier ist keine Spielschule.«
- »Wir haben viel Freiheit – aber Lernen muß ja auch sein.«
- »Die Kinder von den anderen Schulen sagen: ›Bei Euch lernt man ja nichts.‹«
- Sie unterhalten sich viel darüber, wie es mit ihren Leistungen aussieht.
- Die Tinktur »gute Leistung« bestimmt das Grundgefühl. Hieran mißt sie sich und andere auch.
- Die Möglichkeit, für sich selbst zu lernen, ist nicht präsent. Ich habe den Eindruck, daß weder Eltern noch Kindern vermittelt wird, was Lernen jenseits von Schullernen bedeutet.
- Wenn nicht »gelernt« wird (in schulischem Sinn), entsteht das Gefühl sozialer Minderwertigkeit. Sie bejaht das Schullernen, sonst entsteht Angst.
- Der Druck, sich mit guten Leistungen gute Chancen für später einzuhandeln, ist präsent. Das machen Eltern und Lehrer deutlich.
- Sie sind sich sehr bewußt, daß sie »lernen« müssen (im schulischen Sinn), um entsprechende Sozialchancen wahrnehmen zu können. Sie sehen die Zusammenhänge selbst,

nicht aber den darin liegenden Betrug in Bezug auf ihre persönliche Entwicklung und die darin liegende Herrschaft Erwachsener über Kinder.
- Die Beurteilungen ersetzen die Noten. Sie sind einerseits freundlicher (es fällt nicht so über einen her), andererseits vernichtender: Das Versagen ist dann definitiv, man akzeptiert es selbst. Der Lehrer wird nicht dafür verantwortlich gemacht, es wird alles besprochen, und der Fall ist klar.
- Sie haben hier keinen Krieg mit den Erwachsenen. Sie werden von Erwachsenen nicht zum »Lernen« gezwungen. Da sie gelernt haben, was passiert, wenn sie nicht so viel »lernen«, ist so etwas auch nicht nötig.

Strukturzwang
Weil die Kinder sich nicht wie an anderen Schulen im Krieg mit den Erwachsenen aufreiben, haben sie einen freien Blick auf die Dinge, die Erwachsene sonst predigen – und das tut seine Wirkung. Der an anderen Schulen übliche Lernzwang als konkreter Krieg der Erwachsenen gegen Kinder, der dort den Blick auf diese Dinge verschleiert, läuft hier auf Sparflamme. Die Zwangsstrukturen des Lernzwangs werden von den Kindern gespürt – deutlicher, brutaler, alternativloser, als wenn sie wie an den anderen Schulen »die Lehrer« für das Leiden an der Schule verantwortlich machen können. Und sie fühlen sich den Systemanforderungen ausgeliefert. Die Erwachsenen repräsentieren und akzeptieren das System. Sie werden von den Kindern als – umgängliche – Sachwalter der Inhumanität erfahren. Und die Erwachsenen stellen die Inhumanität des Systems nicht in Frage.

Die Idee des selbstbestimmten Lernens jenseits vom Zwangslernen, die Idee des tatsächlichen Lernens jenseits vom Schullernen ist tabu. Helfende Beziehungen, intensiver Kontakt, Emotionalität, personale Kommunikation, Unterstützung von Souverän zu Souverän, gleichberechtigtes Akzeptieren – dies alles geschieht nicht als Basis-Eigenschaft dieser Schule. Wie ich gehofft hatte und was für mich die unverzichtbare Grundlage, die »conditio sine qua non« ist. Dies alles geschieht hier ebenso wie an anderen Schulen: zufällig, am Rande, als Privatsache. Hier ist leistungsorientierter Unterricht wie sonst auch – soweit kein Unterschied, soweit keine andere Struktur. Neu ist lediglich, daß der strukturelle Lernzwang den Erwachsenen die »Arbeit« abnimmt, den Unterricht in der üblichen Kriegerei bei den Kindern durchzusetzen. Diese Kinder hier sehen der Diktatur direkter ins Gesicht. Dies erzeugt Angst, die als »Einsicht« und »Reife« daherkommt, *und so bejahen sie das Schullernen.* Sie spüren wie alle anderen Schul-Kinder nicht mehr, daß ihr Lernen doch eigentlich ihnen, *nur ihnen* gehört und nicht den Erwachsenen und deren Schule.

Radikal
In diesen zwei Tagen erlebe ich, daß meine Position – die bedingungslose Anerkennung der Menschenrechte auch junger Menschen – richtig ist und daß ich vor anderen dafür eintreten kann. Auch wenn das persönliche Nachteile für mich bringt. Jemanden, der so radikal für die Selbstbestimmung und Gedankenfreiheit der Kinder eintritt, den wollen sie dann eben nicht. Bei den Kindern aber läuft es. Ich bekomme persönlichen Kontakt zu jungen Menschen, schnell, spontan, wirksam. Damit läßt sich arbeiten, damit kann ich anfangen. Und niemals wäre so etwas möglich, würde ich auch nur um Haaresbreite von dieser Einstellung abweichen. »Ich weiß besser als Du, was für Dich gut ist«, ist das tödliche Stück Giftpilz, und davon darf eben *nichts* in der Suppe sein. Die Schule in B. zeigt mir das mit ihren offenen Strukturen deutlich, es ist eine eindringliche Erfahrung.

Keine Alternative
Die Auswahltagung ist nun schon einige Tage vorbei. Ich habe über diese beiden Tage noch so viel in mir gegenwärtig, erlebt, reflektiert, gespürt, schon verarbeitet, noch nicht ver-

arbeitet – schon entschieden. Ich gehe nicht dorthin. Die Versuchsschule ist für mich keine Alternative. Es gibt dort zwar andere Strukturen als an anderen Schulen, aber sie sind nicht anders genug. Nicht für das, was ich will.

Zu wenig Erwachsene verstehen überhaupt, wo ich ansetzen möchte. Und ich finde es einfach zu schwierig und zu hoffnungslos, diesen Leuten meine Position zu vermitteln. Ich will mich woanders einsetzen, voll einsetzen: In der Arbeit mit den Kindern. Und nicht noch lauter anstrengende Scharmützel mit andersdenkenden Erwachsenen haben, die sich eh schon Fraktionskämpfe liefern, die es in sich haben. Ich spüre, daß hier viele starke Persönlichkeiten sind und daß es ihnen genau wie mir dann letztlich darum geht, wer das Sagen hat und was realisiert werden soll. Ich wüßte nicht, wer sich von den Leuten dort vorbehaltlos auf meine Seite schlagen würde, um sich mit person-orientiertem Kurs zur Kommunikation mit den Kindern aufzumachen.

Ich bin enttäuscht, daß auch der Schulleiter, der Gründer der Schule, nicht mitzieht, aber er ist eben »realistisch«. Mir fallen einige Statements von ihm ein, ungefähr so: »Die Schule, die Sie vorhaben, mache ich mit Ihnen auch noch mal.« – »Vergessen Sie nicht, hier ist eine *Schule*.« – »Wir können die Schule nicht abschaffen.« – »Wir müssen sehen, daß wir unseren Freiraum erhalten. Er ist durch die Wissenschaft erkämpft, neue Ideen gefährden ihn.« (Dabei denke ich ärgerlich: Ist das hier nun eine Versuchsschule mit Möglichkeiten für Ideen oder nicht ...?) – »Kommen Sie nicht hierher, hier gehen Sie mit Ihren Vorstellungen unter.« Er ist anscheinend der einzige, der Bescheid weiß, was Carl R. Rogers angeht und was »Lernen in Freiheit« für ein Buch ist – und das ist mir zu wenig. Ich kann nicht erst ein ganzes Kollegium aufklären. Das führt nicht weiter. Außerdem wäre ich hier, bei diesen starken Leuten, völlig überfordert. Wer von denen läßt sich schon noch etwas Neues sagen? Wer ist offen für eine nichtpädagogische und person-orientierte Position? Und so sehe ich dort keine befreiende Alternative, das Potential der Erwachsenen ist für mich nicht geeignet. Oder andersrum: Ich passe nicht in ihren Laden.

Sicher, hier ist vieles anders, es gibt verheißungsvolle Ansätze. Aber im Grundsatz stimmt es nicht. Im Mittelpunkt stehen die Erwachsenen mit ihren Vorstellungen – nicht die Kinder, denen Erwachsene ihre Unterstützung anbieten, als Facilitatoren oder schlicht als Freunde. Es ist eben eine Schule – und nichts für mich. Als ich Steffen wie vereinbart anrufe und ihm zuerst meine Entscheidung mitteile: »Ich werde nicht kommen«, sagt er trocken: »Du bist auch nicht genommen worden.« Somit ist klar: Die Versuchsschule in B. ist nicht die Alternative.

Sonnabend – 12.6.

»Kleine« Inhumanitäten
Wegen der Auswahltagung habe ich mich zwei Tage »krank gemeldet«. Um dieses Vorhaben wollte ich wirklich keine Auseinandersetzung. Heute fahre ich wieder zur Schule. Ich fahre locker hin. Ich fühle mich sicher und bin auf Freundlichkeit eingestellt. Und weiß aber doch, daß ich mich zu Unfreundlichkeiten herhalten lassen muß. Aber dieses Wissen um das paradox Unvermeidliche verunsichert mich nicht wie sonst. Ist das nun ein Plus oder ein Minus, frage ich mich jetzt, nachmittags. Bin ich durch meine Eindrücke von gestern und vorgestern so »ausgestiegen«, daß ich die Inhumanität, die auf mich zukommt, auf die ich mit dem Auto zurolle, nun weniger deutlich empfinde?

Aber es läuft dann alles recht freundlich ab. Ich bin mit den Kindern ziemlich unabhängig vom Unterrichtsstoff zusammen. Nur in der 4. Stunde mache ich regelrecht Stoffarbeit, aber es geht um Sexualkunde, und dabei unterhalten wir uns. Ich gerate somit nicht in das Getriebe der Inhumanität, die mit dem Unterrichtsstoff zusammenhängt. Trotzdem gibt es genug »kleine« Inhumanitäten, Eingriffe, zu denen ich mich »veranlaßt« fühle. So bestehe ich darauf, daß die Kinder aus der 6a erst mal im Klassenraum leise werden, bevor wir zum Mathemachen nach draußen gehen. »Damit es im Gebäude nicht so laut wird.« »Sonst gehen wir nicht.« Ich erpresse sie, und sie nehmen es gelassen hin ...

Klasse 6a
In der Biostunde wollen viele am Projekt »Insekten« weiterarbeiten. Sie finden das wirklich gut. Ich bin überrascht. Ich habe etwas gefunden, das ihnen Spaß macht. Ich erkläre es mir mit der Selbständigkeit, die ich ihnen bei dem Projekt eingeräumt habe und die sie sonst nicht kennen. Sie fangen damit an, bevor es zur Stunde gongt, und sie machen auch dann noch weiter, als die Tische aus den selbstgewählten Gruppenpositionen zurückgestellt sind, und somit auch formal klar ist, daß Bio zu Ende ist. Und sie arbeiten auch zu Hause freiwillig weiter.

Klasse 8b
Bei ihnen ist es ähnlich. Einige arbeiten nach Unterrichtsschluß in einer AG freiwillig am Projekt weiter. Als ich darüber rede, bestehen sie darauf, daß es am Thema »Schmarotzer und Symbiose« liegt, das sei so interessant. Ich nehme das nicht als Grund an und sage es ihnen auch. Aber sie bleiben dabei. Ich akzeptiere es als ihre Meinung, habe aber auch meine: Nach Vorgabe des Themas gebe ich ihnen den Rest frei – und diese Freigabe ist es, was sie da so anzieht. »Ihr entscheidet selbst, was für Euch daran wichtig ist, was Ihr aufschreiben wollt – und für das, was Euch wichtig ist, bin ich nicht mehr kompetent.« Wenn ich es schaffe, dieses Konzept nicht als Trick zu verstehen, mit dem ich sie dann doch zu den vorgeschriebenen Zielen manipuliere ... So

verstehe ich mich aber. Ich übertrage ihnen ehrlich und konsequent diese Kompetenz, nach der Themenvorgabe. Das Thema selbst gebe ich vor, sie können sich kein eigenes aussuchen. Doch erst dies wäre die wirkliche Kompetenz. Ich gebe das Thema nicht frei, weil ich Angst vor hilflosen Rechtfertigungsversuchen gegenüber Kollegen habe, mit denen die Themenfolge für alle 8. Klassen vereinbart ist (ohne jegliche Wahl durch die Kinder, ein solcher Gedanke existiert nicht). Als die Kinder dabei bleiben, daß es am interessanten Thema liegt und nicht am freien Arbeiten, da verunsichert mich das schon. Dann aber denke ich, daß sie zu sehr in die Struktur eingetaucht sind, um sie zu erfassen. Und daß es eben auch so kompliziert ist, dies zu durchschauen. Es macht ihnen Spaß, am Thema zu arbeiten – also liegt es am Thema. Daß es am Drumherum liegen könnte, das ist dann wieder zu abstrakt.

Lehrbericht
Jetzt gerade fällt mir ein, daß ich ja noch Eintragungen in den üblichen Lehrbericht machen muß. Ich muß ein Stichwortprotokoll über den durchgenommenen Unterrichtsstoff jeder Klasse schreiben, möglichst noch heute, sonst vergesse ich zu viel. Da habe ich Wut, nicht meine Ruhe vor diesem blöden Bürokratenkram zu haben.

10. Woche

Montag – 14.6.

Klasse 7G
Die Versuchsschulerfahrungen liegen zurück. Aber sie haben mich sicherer gemacht, das zu tun, was ich im Umgang mit Kindern für richtig halte. So gelingt es mir, in der 7G nach einigem Erklären am Tageslichtprojektor in die Gruppen zu gehen. Das konnte ich in den letzten Stunden kaum mehr tun. Ihr »Du interessierst uns nicht mit Deinem Mathekram« war mir zu nah gegangen. Doch dann lehnt mich die Gruppe, die sich über meine Art beim Rektor beschwert hat, bereits ab, als ich zu ihnen komme. Mit deutlichen, zur Schau getragenen Gesten wie Wegdrehen, aggressivem Sich-Anschreien, Streiten, »Und das soll Unterricht sein«. Ich wende mich einer anderen Gruppe zu. Daß ich nicht auf sie eingehe, ärgert sie. Ihr Ablehnungsverhalten ist aber so drastisch, daß es mir etwas ausmacht. Ich kann nicht davon abstrahieren, kann mich nicht auf das einstellen, was dahinter steckt, auf den Wunsch nach Zuwendung. Jetzt, wo ich schreibe, um 23.57 Uhr, nehme ich mir vor, geduldiger zu sein. Aber es sind in dieser Klasse so viele, die das brauchen.

Klasse 5c
Es ist warm draußen, und ich verzichte in der 6. Stunde auf den Physikstoff. Ich befürchte Hickhack und Antreiben zum Lernen. Ich lasse sie erst einmal 20 Minuten Hausaufgaben machen, die sie eben aufbekommen haben und über die sie sich aufregen. Es wird in der Stunde vor mir überhaupt ein ganz anderer Stil gefahren: ruhig sitzen, nicht miteinander reden, arbeiten und ordentlich Hausaufgaben. Das merke ich jedesmal montags. Dann traue ich mich, mit ihnen nach draußen zu gehen und auf dem Rasen zu spielen, obwohl regulärer Unterricht ist. Wir spielen »Zuzwinkern«. Zwei wollen nicht mitmachen, sie

sondern sich ab. Ich lasse sie, was soll ich sie zum Mitspielen zwingen. Später sagen sie mir, daß sie draußen noch nie etwas zusammen gespielt haben. Da wundert es mich nicht, daß sie sich im Klassenverband dauernd so bekriegen. Hier müßte – natürlich – viel mehr dran gearbeitet werden. Im Grunde finde ich es skandalös, daß sie noch nie draußen gespielt haben. Aber: Schule ist eben so. Als wir wieder reingehen, sagt ein Mädchen: »Trag mich huckepack«. Ich reflektiere kurz, daß das nicht geht. Es ist verboten, Kinder zu berühren, Schulrat, Eltern. Ich spüre, wie mich das alles aufregt. Und dann tue ich es eben doch, mit unruhigem Gefühl. Ich trage sie huckepack in die Klasse. So! Es befreit mich, und das nächste Mal kann ich das leichter.

Das zählt!
Und dann nehme ich nach Schulschluß zwei Kinder aus der 5c mit dem Auto mit. Ich muß auf meinem Rückweg durch ihr Dorf und denke, daß sie dann schneller zu Hause sind als mit dem Bus. Wieder habe ich dabei dieses Gefühl, etwas zu tun, was noch mal »bös enden« kann, wegen der Versicherung usw. Weg damit! Und so erfahre ich, daß Hannelore heute Geburtstag hat – und das zählt! Auf welche irrelevanten Dinge wird doch in dieser blöden Schule die Aufmerksamkeit gelenkt, so daß ich nur durch einen solchen Zufall (ich hätte ja auch andere Kinder mitnehmen können) erfahre, was für die Kinder wichtig ist.

Sand
In der Pause wirft mir einer Sand nach. In die Haare. Es ist ein freundliches Werfen. Als ich nachmittags in der Uni ein Seminar über Carl R. Rogers mitmache, rieselt es auf meine Papiere. Ich freue mich. Und ich denke: Wie tot sind hier die Studenten. Wie zäh und wie papiernern verhandeln sie Rogers, dessen Ideen ich – ansatzweise – bunt und lebendig in der Schule umzusetzen versuche.

Dienstag – 15.6.

Vorbehalte

Es ist 13.50 Uhr. Die letzte von sechs Stunden ist seit 45 Minuten vorbei, ich bin zu Hause. Und ich bin geschafft, voller Ärger. Weshalb? Die Widersprüche waren heute sehr ausgeprägt, so deutlich wie nie. Ich fuhr schon mit Vorbehalten hin und ging mit unangenehmen Gefühlen in die 1. Stunde zu denen aus der 5c.

Klasse 5c

Ihre Kribbeligkeit von gestern ist mir noch vor Stundenanfang gegenwärtig. Gestern hatte ich dem entfliehen können, als ich mit ihnen nach draußen ging. Heute ist das nicht drin. Also: In den Physikraum. Dann der erste Ärger. Es sind nicht alle da, sie tröpfeln in den Raum. Und gleichzeitig überlege ich: »Was sollen sie denn auch in dieser Zwangsanstalt, recht haben sie.« Aber ich muß dafür sorgen, daß sie hier sind, alle. Ich starte eine Durchzählaktion. Das strengt mich an, sie sind unruhig, ich verzähle mich dauernd. Dann weiß ich, daß einer fehlt. Das geht ja. Sie sagen: »Heinz kommt oft zu spät. Der muß Spargelstechen. Außerdem sieht er das Fernsehprogramm immer bis zum Schluß.« Ich kommentiere, daß das so nicht geht, und weiß aber, daß Spargelstechen für ihn wichtiger ist als Physiklernen in einer Schule, die ist, wie sie ist. Ich bin mir noch nicht klar darüber, ob ich den Klassenlehrer damit belästigen soll. Dann kommt Heinz, 43 Minuten zu spät. Ich zitiere ihn zu mir, frage, was los ist, höre nicht hin und sage ihm, daß das so nicht weitergeht und daß ich es melden muß. Das vergesse ich später, natürlich, bei all den anderen Sachen, die los sind. Und habe dann, noch eine Pause weiter, keine Lust mehr, mit seinem Klassenlehrer drüber zu reden. Irgendwie war mir das schon klar, als ich es ihm androhte.

Und jetzt, wie ich das so aufschreibe, fällt mir ein, daß ich ja doch mit seinem Klassenlehrer darüber gesprochen habe, kurz, als ich ihm beim Stundenwechsel auf dem Flur begegnet bin. Wieso wußte ich das gerade nicht mehr? Ich überlege und erkläre mir das damit, daß vormittags in der Schule immer so viel los ist, daß ich vieles von dem, was läuft, nur dann mitbekomme, wenn es gerade passiert. Und daß ich etliches vergesse, daß es untertaucht, daß ich es einfach nicht mehr weiß. Zu viel, Streß, Reizüberflutung. Und dann überlege ich mir noch, ob ich nicht die Dinge, die meinem Selbstverständnis (human zu sein, wo immer es geht) nicht entsprechen, einfach verdränge. Wie hier, ein Kind einer Bestrafung auszuliefern. Und ich denke weiter: Eigentlich haben alle Lehrer ein humanes Selbstbild. Und wenn sie dann im Unterricht, in den 45 Minuten Aktion, so inhuman herumfuhrwerken – was wissen sie davon dann noch hinterher? Direkt nach dem Gong, wenn der Stundenstreß abfällt, in der Pause, im Lehrerzimmer, bei den Kollegen, wo sie mal kurz ausruhen können, oder noch weiter weg von der Stunde, zu Hause, oder noch abstrakter, in Seminaren? Ich denke über Ideologie und Realität nach – und lande wieder in der 5c.

Sie arbeiten gegen Mitte der Stunde an dem Arbeitspapier, das ich mitgebracht habe. 25 von 39 machen mit, der »Physikkreis«. Die anderen tun, was sie mögen und sind einigermaßen leise dabei. Und da ist es wieder ganz anders: so kooperativ und freundlich. Ich werde ihnen ein neues Arbeitspapier mitbringen, »weil das Spaß gemacht hat«. Ich staune und bin am Ende der Stunde ziemlich verwirrt.

Klasse 8b
Physik im selben Raum, direkt nach der 5c. Ich kann mich bei ihnen, den Älteren, etwas erholen. Ich sage ihnen auch, daß es eben anstrengend war. Wir machen einen Versuch zur Zerlegung des Lichts. Sie sind in sechs Gruppen eingeteilt und haben Gruppenversuchsgeräte. Sie sind interessiert und wollen das mit den Farben hinkriegen. Aber auch: Sie werfen mit dem Lappen in Versuchsanordnungen und donnern das

empfindliche Gerät beim Aufbauen auf den Tisch. Wieder dieser Gegensatz. Es reißt mich geradezu, einzugreifen – aber ich sehe auch, wie es sie interessiert, und verordne mir Zurückhaltung. Jede Intervention stört ihre positive Einstellung zu den Versuchen. Es ist mir ja recht, daß sie Lust haben, und Meckern läßt das wieder umkippen. Also halte ich die Spannung aus und bin zur Pause ganz schön k.o.

Klasse 6b
Hier ist es dann am anstrengendsten. Ich erkläre die Mathesachen an der Tafel, es ist etwas zum Mitschreiben. Von Anfang an spielen drei Gruppen Karten. Etwa die Hälfte aber macht mit und versteht auch, um was es geht. Ein 50-Prozent-Satz von Beteiligten ist schon gut, sage ich mir. Die andere Hälfte, einschließlich der Spieler, lasse ich erst mal in Ruhe, weil es mit den Interessierten so gut läuft. Ich will meine Aufmerksamkeit von ihnen nicht abziehen. Und ich spüre wieder diese Diskrepanz in mir: Ich sollte für Ruhe in der Klasse sorgen, aber ich sehe und respektiere ihre Entscheidung (Spielen mit zugehöriger Lautstärke). Und so rede ich laut gegen ihre Unruhe an und erkläre den anderen die Mathesachen.

Dann wird es mir zu viel. Ich fühle wachsenden Druck, eingreifen zu müssen, je länger sie Karten spielen. Ich halte das »Laß sie doch in Ruhe« nicht durch, und es gibt einen Machtkampf mit einem Jungen. Ich hole einen Stuhl, setze mich neben ihn und will warten, bis er die Karten rausrückt. »Ich zwinge niemanden zu etwas«, sage ich – und weiß doch gleichzeitig, daß mein Dasitzen nichts anderes als Zwang ist. Dann werde ich brutaler: »Wenn Du die Karten nicht herausgibst, bekommen Deine Eltern einen Brief.« Er bietet einige Karten an. Das finde ich schon wieder lustig, so bekannt ist mir so ein Kuhhandel. Aber ich lehne das strikt ab, verlasse ihn, nehme einem anderen nach sofortiger Drohung mit dem Elternbrief die Karten ab. Der hat dann Angst, läuft mir nach, gibt mir alle Karten, fragt dauernd, ob ich denn wirklich nicht schreibe. Dann bekomme ich auch die bewußten Karten. Die anderen haben den Jungen unter Druck gesetzt. Als alle Karten in meiner Tasche verschwinden, ist nichts gewonnen. Alle sind lauter und unruhiger als vorher. Außerdem sind nur noch vier Minuten Zeit. Ich merke es und bin angemacht und wütend. Wilde Aktion – und wofür? Vor welchen beschissenen Karren habe ich mich da spannen lassen?

Klasse 8b
Noch einmal bei ihnen. Biologie. Sie sind sehr unruhig, ganz anders als in der 2. Stunde. Ich hatte gehofft, wieder etwas verschnaufen zu können. Sieht nicht so aus. Ich bin sauer und kündige an, daß in dieser Stunde alle Projektunterlagen abgegeben werden sollen, und lasse mich nicht darauf ein, daß einige noch mehr machen wollen. Ich gestatte gerade noch, daß sie das ja zu Hause tun können, und sie sollen die Unterlagen vor der nächsten Biostunde abgeben. Dann hole ich meine Namensliste raus und beginne zu kontrollieren und zu patrouillieren. Auf einmal großer Umschwung, sie arbeiten an ihren Unterlagen, nach einigem Hin und Her auch alle. Einen, der mir schon in der 2. Stunde sagte, daß er heute zu nichts Lust hat, kann ich in Ruhe lassen. Es wird freundlich, und ich fühle mich wohl.

Eigentlich sensibler ...
Ich habe noch zwei Stunden, in der 7G und in der 6a. Hier erlebe ich wieder ähnlich starke Wechsel. In der 7G komme ich mit den oppositionellen Mädchen ins Gespräch. In der 6a gibt es eine Diskussion über meine Art, ich gehe mit ihnen dann zum Bus. Und zum Schluß bin ich völlig k.o. und denke, daß diese Widersprüche robustere Leute als mich brauchen. Doch eigentlich müßte ich viel sensibler sein und nicht robuster – wenn ich wirklich mitbekommen will, was für sie wichtig ist.

Mittwoch – 16.6.

Wenn »Schule aus« ist

Es ist kurz vor sechs. Ich bin noch voll von den Kindern. Den ganzen Tag war ich mit ihnen zusammen. Vormittags Schule, anschließend Gruppengespräch mit vier Mädchen aus der 8b. Und nachmittags vier Stunden Planungsgruppe 7G. Es macht Spaß, mit ihnen zusammen zu sein. Klar – in der Schule geht das nicht. Aber gleich danach, wenn »Schule aus« ist: dann läßt es sich erleben, das freundliche Miteinanderumgehen und das wirkliche Lernen. Als ich mit den Mädchen aus der 8b nach der letzten Stunde zusammen bin, erlebe ich diesen Wechsel. In der Stunde vorher sind wir in den verschiedenen Lagern – und nach dem Gong sitzen wir zusammen, reden, und es ist einfach schön.

Klasse 8b

Gegen Schluß der Stunde arbeiten sie nicht mehr richtig am Versuchsgerät (Physik). Ich lasse es wegräumen und fange nichts Neues mehr an. Ich merke, daß sich ein gutes Drittel nicht für das interessiert, was ich zu sagen habe. Ich komme erst richtig dahinter, als ich »Konsequenzen« ankündige, weil ein Versuchsbecher aus Glas kaputt gegangen ist. Sie hören nicht zu – und da höre *ich* zu reden auf. Ich merke, daß ich »meinen Kram« rede, der sie kalt läßt. Ein Drittel ist nicht erreichbar, das ist mir zu wenig, ich ziehe mich zurück. Ich setze mich auf einen Tisch und mache mir Notizen: »Meine Informationen interessieren sie überhaupt nicht. Sie sind in Aktion und registrieren nur am Rand, was ich vorhabe. Andererseits schlagen sie fast automatisch ihre Bücher auf und wollen lesen. Zwei Jungen sind nicht in der Klasse. Was tun? Ich sage, daß ich keine Lust habe, sie zu suchen. Und daß ich deswegen keine Geräte mehr austeilen werde. Es interessiert sie nicht.« Ich schreibe und warte. Ich merke, daß ich ruhiger werde. Einige kommen zu mir und wollen wissen, was ich schreibe. Ich lese es vor. Es werden immer mehr.

Durch das Schreiben und das »Was macht der da?« entsteht wieder Kontakt. Ich habe jetzt auch eine andere Intention. Vorhin wollte ich noch etwas von ihnen. Jetzt biete ich mich nur noch an und warte auf sie. Ich dränge nicht darauf, aber es geschieht dann: die Kommunikation ist wiederhergestellt. Den Rest der Stunde lesen sie aus dem Physikbuch vor.

Klasse 5c
Gleich als ich zu ihnen komme, merke ich, wie sie an mir zerren, kontakten wollen, persönliche Beziehung wünschen, daß ich für alle auf einmal da sein soll. Es wird mir zu viel. Und außerdem habe ich doch vor, Biologie zu machen und nicht emotionale Defizite aufzufüllen. Es ist doch »Unterricht«. Ich schaffe es aber schnell, davon wegzukommen. Ich denke an Montag, als ich mir vornahm, öfter mit ihnen zu spielen. Ich fahre also Zuwendungskurs und kündige an, daß wir erst »Heads down – Heads up« spielen. Es geht leicht, sie auf ihre Plätze zu beordern. Sie werden ruhig. Ich bin zufrieden, daß ich in dieser Klasse endlich einmal etwas Wichtiges mit allen zusammen tun kann. Dann lasse ich sie am Projekt »Wald« weiterarbeiten. Und dies läuft gut. Bis auf fünf tun sie alle Vorgeschriebenes, Biologie eben. Zum Schluß der Stunde wollen sie nicht in die Pause. Sie wollen weiter Bio machen. Ihre Gründe: Es macht Spaß. Und man kann sich eine gute Note holen.

Während sie am Projekt arbeiten, gehe ich herum und mache mir Notizen, wer etwas tut. Ich kontrolliere sie also. Sollte ich das lassen? Jetzt, hier und heute, komme ich damit zurecht. Sie sind mit dieser Kontrolle einverstanden, da habe ich schon nachgefragt. So fragwürdig wie das alles ja ist. Und so sehr ich auch weiß, wie das die Qualität unserer Kommunikation beeinflußt. Ich schaffe es aber dadurch, zu sehr vielen reihum ins Gespräch zu kommen – ohne mich anstrengen zu müssen, wegen Lärm und Desinteresse. Wenn ich mit dem Zettel herumgehe und kontrolliere – das macht Eindruck und erleichtert den Beginn von Gesprächen. Dennoch ist es natürlich unmöglich, Gespräche per Kontrolle in Gang zu bringen. Die Alternative: ich müßte mehr Unruhe und Lärm in Kauf nehmen und jenseits von Kontrolle versuchen, Beziehungen zu knüpfen. Die Kraft hierzu habe ich in der 5c heute aber nicht.

Martin
Klasse 6b. Als ich Vitus anfahre, er solle endlich aufstehen und auf seinen Platz gehen, sagt Martin freundlich besorgt: »Regen Sie sich doch nicht so auf.« Er will nicht, daß ich mir Streß mache. Er kümmert sich um mich. Eine tolle Erfahrung, wohltuend, entspannend. Ich kann sofort auf weiteren Druck gegen Vitus verzichten und warte einfach auf ihn. Und dann geht er auch schon.

Freitag – 18.6.

Ich spüre Morgen
Nachmittags bin ich beim zuständigen Referenten der Bezirksregierung und spreche von meinen Plänen über die Dissertation. Er sagt, ich müsse zum Schuljahresende am 31. Juli aufhören – oder in der Schule bleiben. Oder eine Beurlaubung anstreben, aber das ist für mich von Anfang an nicht in Frage gekommen. Ich hätte dann nicht die Unabhängigkeit, die ich brauche. Wenn ich *meine* Sachen tue (Dissertation), dann jenseits jedes Schul-Beamten-Status, auch wenn dies nur im Hintergrund steht.

Bei diesem Gespräch wird mir bewußt, gegenwärtig, realer als sonst, was ich vorhabe. Bislang war das Rausgehen aus der Schule eine private Überlegung – jetzt bekenne ich mich an offizieller Stelle dazu. Es ist eine entspannte Situation, ich habe das Gefühl, daß der Referent mir zuhört. Vor einer endgültigen Entscheidung will ich in der nächsten Woche erst noch mit meiner Dissertations-Professorin sprechen. Dann aber müßte er wissen, ob ich meine Entlassung beantrage oder nicht. Während des Gesprächs beziehe ich immer stärker und selbstbewußter meine nun offiziell mitgeteilte Position. Ich spüre den Unterschied, der zwischen Betreten und Verlassen des Regierungsgebäudes liegt. Ich beginne, Gedanken um das neue Sein zu spinnen. Mir fällt da so einiges ein, was ich in der Dissertation tun könnte, ich antizipiere Situationen, die ich mit Kindern erleben möchte. Ich nehme diese neue Seite meiner Position an und variiere sie. Das gefällt mir, ich spüre Mut, ich spüre Wind, ich spüre Morgen, ich spüre, wie ich hier zu mir komme und nach vorn sehen kann.

Dagegen heute vormittag:

Klasse 6a
Sie, mit denen ich mich hier am besten verstehe – sie gehen mir heute so auf die Nerven. Nach dem Feiertag (17. Juni) sind sie aufgekratzt wie an einem Montag. Außerdem haben die Kinder einen neuen Pausenhof zugeteilt bekommen, und dies ist die erste Stunde danach. Vor allem aber will ich heute etwas von ihnen, bin ich nicht so gelassen wie sonst. Ich will sie auf die Mathearbeit morgen vorbereiten. »Es ist doch in Eurem Interesse.« Ich weiß, daß dies nichts als manipulatives Denken ist, aber ich kann mich jetzt nicht davon freimachen. Und so stört mich das Desinteresse von acht Kindern, die unheimlich laut sind, sehr.

Auf mein Konto
Hinterher, in der anderen Klasse (8b), denke ich darüber nach. Ich gestatte mir fünf Minuten Zeit, um meine Gedanken aufzuschreiben: »Ich rege mich nicht über ihren Lärm auf. Aber ich merke, wie er mich anstrengt. Ich sehe, daß ich dann, wenn ich diesem Tosen länger ausgesetzt wäre, nichts mehr sagen könnte, mich zurückziehen und warten, warten

würde, daß es aufhört. Und wenn es nicht aufhörte, dann würde ich es schließlich nicht mehr bemerken und abschalten. Aber: Ich wäre nur kraftlos, nicht als Person angegriffen. Ich hielte zu ihnen. Ich habe es schon längst geschafft, gegen ihr Tosen, ihren Lärm und ihre Unruhe nicht mehr qualitativ als Person Position zu beziehen. Nicht die Art ihres Verhaltens – reden statt »lernen« – macht mich an. Mir macht zu schaffen, daß es *so viel* sein kann. Die Quantität – die macht mich schlapp, aber auf keinen Fall ärgerlich. Und so kommt für mich auch kein wirkliches Mich-Wehren in Frage. Dies täte ich, wenn ich mich als Person angegriffen fühlte.«

Ich lese meine Notizen und denke jetzt weiter darüber nach: Ich kann ihnen, die so tosen, nichts von dem mitteilen, was mir zu schaffen macht. Dazu ist es einfach zu laut, dazu sind sie überhaupt nicht auf mich ausgerichtet. Ich komme mit meinem Anliegen gar nicht an sie heran. Es sei denn, ich gehe zu einzelnen hin und rede mit ihnen. Aber wie lange würde so etwas vorhalten? Die notwendige Kommunikation über mein Leiden kann nicht stattfinden, kommt gar nicht erst zustande. Bevor ich etwas sagen kann, werde ich überrollt. Es ist bei ihnen keine Intention spürbar, zu schauen, was mit mir los ist. Und dabei meine ich, daß sie das nicht irgendwie feindlich tun. Es ist nichts dabei, was gegen mich gerichtet ist. Es ist ihr Interesse und ihr Recht, jetzt so (laut) zu sein. Nur, daß es für mich eben bedeutet, niedergewalzt zu werden.

Es ist ja *meine Sache,* daß *dieser* Lärm jetzt stattfindet. Denn dadurch, daß ich ihnen gegenüber das System vertrete und sie hier in diesem Raum einsperre, geht das, was sie dann dort tun, auf mein Konto. Es sei denn, ich fühlte mich berechtigt, sie zum Zwangslernen zusammenzupferchen. Wenn ich das Gefängniswärterspiel bejahe und noch mehr Rechte unterdrücke, dann funktioniert es besser für mich. Am besten ist es jedoch, wenn ich die Position vertrete, daß sie gar keine Rechte haben, ja gar nicht erst bemerke, daß sie welche haben könnten – dann komme ich nicht auf die Idee, daß ich jemanden mißachte.

Ich spüre, daß ich mich entschieden habe: Lieber am Schluß der Stunde k.o. sein wegen ihres Lärms als ihnen als Büttel der Zwangsschule zusätzlich zu den anderen Mißachtungen ihrer Rechte und ihrer Person auch noch dieses Menschenrecht (auf Meinungsfreiheit) niederzuschreien. Ich habe mich entschieden, sie zu achten, soweit ich es eben kann. Wenn das anstrengend ist – es ist für mich anstrengender, in nicht so anstrengender »Arbeitsruhe« Recht zu beugen.

Klasse 7b
Vertretung. Erst zeige ich ihnen als Verlegenheitslösung einen Film über den Hirschkäfer. Dann spielen sie die ganze Stunde über »Heads down – Heads up«. Das organisieren sie so schnell und engagiert, daß ich nicht mitkomme. Sie spielen schon, als ich noch plane. Und dieses Tempo halten sie bis zum Schluß durch. Ich mache dann schließlich richtig mit. Sie sind so selbständig in ihren Dingen, so sicher, miteinander so klar – trotz Lärm, trotz gegenseitigem Anmeckern. So geduldig und freundlich miteinander. Nur eben in einem lauten, für mich nicht so durchschaubaren Code.

Sonnabend – 19.6.

Krieg oder Frieden
Gestern sagte mir der Rektor, er wolle heute mit mir darüber reden, was ich weiter vorhabe. Er brauche es wegen der Stellenanforderungen. Ich habe das akzeptiert, dieses Gespräch. Ich glaube, daß er ein Recht darauf hat, zu erfahren, was ich vorhabe. Er leitet die Crew, er braucht Überblick. Als es dann soweit ist und ich mit ihm und dem Konrektor in seinem Zimmer bin, da wird mir doch unwohl. Ich sitze

vorn auf dem Stuhl und komme mir vor wie bei einer amtlichen Befragung. Ich merke, daß wir verschiedene Sprachen sprechen, daß sie ganz woanders sind, daß so etwas wie Unversöhnlichkeit im Grundsätzlichen zwischen uns schwingt. Ich merke, daß sie mit Kindern anders arbeiten als ich. Daß es da keine Verständigung gibt, nur Kampf um Macht, Kampf darum, wer seine Ansichten schließlich realisieren kann.

Ich spüre: Hier kann ich es nicht. Genauso wenig wie in T. oder in B. Geht es in einer deutschen Schule überhaupt? Drei Schulen sind nicht repräsentativ – oder doch typisch genug? Hinzu kommen meine Erfahrungen mit Lehramtsanwärtern und vielen Lehrern an rund 20 Schulen. Ich glaube, daß ich genug weiß, um den notwendigen Schluß ziehen zu können: Ich bin im Lager einer absoluten Minderheit, die heute keine Chance hat. Auch ansatzweise nicht, denn solche Ansätze verderben ja bereits die Konzepte der anderen. Was bleibt, ist verborgenes Tun – aber das läßt sich nicht durchhalten. *Kindern hilfreich und freundlich als Person zu begegnen – das ist in der Schule nicht gefragt*, es ist störend, dysfunktional. So steht es. Und das spüre ich, als ich ihnen gegenübersitze, als ich anfange zu reden.

Ich sage dann gleich, was ich vorhabe, und habe keine Lust zu taktieren. Daß ich nächste Woche entscheide, ob ich zum Schuljahresende kündige. Dann spreche ich ein eventuelles Weitermachen an und sage, daß man sich dann mal in aller Ruhe hinsetzten müßte und alles durchzusprechen wäre – die Positionen und so. Ich sage »alles« und weiß, daß es um Krieg oder Frieden (mit den Kindern) geht. Aber ich führe das nicht aus. Der Rektor stimmt der Überlegung, sich zusammenzusetzen, zu. Das wäre dann auch sein Wunsch. Und die Kollegen hätten auch viele Fragen. Dies sagt mir wieder, daß sie mich registrieren, beobachten, und daß ich wirke.

Ich überlege, ob ich vielleicht vom Rektor protegiert werde, oder ob die anderen darauf setzen, daß ich zum Jahresende gehe. Ich merke, wie wenig Kommunikation zwischen mir und den Kollegen stattfindet. Und daß ich mir andererseits aber eben sicher bin, daß mit den allermeisten bei einer grundsätzlichen Aussprache sowieso nichts herauskäme: Zwischen meiner Praxis und ihrer Praxis liegen Welten, die von Krieg und Frieden eben. Mir fallen die Gespräche während der Auswahltagung ein, wo es ausführlich um diese Frage ging. Und hier gibt es nur einen Kollegen, mit dem ich über so etwas als Theorie reden kann – von gleicher Basis aus Praxis zu machen ganz zu schweigen.

Als ich aus dem Raum gehe, merke ich wieder, wie weit weg und wie anders sie sind. Aber ich habe auch ein sympathisches Gefühl ihnen gegenüber, daß sie mich hier in E. nicht in dem Maß belästigt haben, wie es »von oben« wohl vorgesehen war: Beaufsichtigung usw. Es hätte schlimmer kommen können ... So habe ich meine Energie auf den Umgang mit den Kindern konzentrieren können. Und deswegen bin ich ihnen dankbar.

Klasse 6a
Wir schreiben die zweite Klassenarbeit in Mathe als Gruppenklassenarbeit. Sie können sich wieder in Gruppen zusammensetzen, miteinander reden und beraten. Was auch heißt, sich von anderen die Aufgaben lösen lassen – das weiß ich und das nehme ich in Kauf. Die Arbeit ist so konzipiert, daß jeder in einer Gruppe verschiedene Aufgaben hat, die aber gleichen Schwierigkeitsgrad und gleiche Wertigkeit haben. Es sind sechs verschiedene Arbeiten, die ich anbiete, und von denen sie sich eine aussuchen. Einfaches »Abschreiben« innerhalb einer Gruppe ist also nicht möglich. Daß sie sich die Informationen nicht von einer anderen Gruppe holen – dafür muß ich wieder herhalten als Aufpasser.

Es ist für mich jetzt, beim zweiten Mal, schon Routine. Für sie auch. Wir kennen das schon. Sie wissen, wie das mit den Aufgabenzetteln läuft und wie sie Gruppen bis zu sechs Teilnehmern bilden. Es läuft alles prima. Es ist eine neue Realität geworden. Ich staune, daß es heute fast so leise ist wie bei normalen Arbeiten. Es wird viel weniger mit den Gruppenmitgliedern gesprochen und wohl auf Wichtiges beschränkt. Es ist nicht mehr neu, daß während einer Klassenarbeit Reden zugelassen ist. Ich finde sie fair. Es ist ein freundliches, hilfsbereites Klima in der Klasse – bei allem Streß, der natürlich zu spüren ist. Es gibt schließlich Noten, das bleibt nicht vor der Tür. Ich bin irgendwie zufrieden und habe das Gefühl, daß ich mit ihnen sehr weit vorn bin bei dem, was hier machbar ist.

Ergebnisse
Es ist jetzt später Nachmittag. Ich habe gerade die Mathearbeit der 6a nachgesehen. Zum Nachsehen habe ich vier Stunden gebraucht, zum Entwerfen und Vervielfältigen knapp eineinhalb. Also fünfeinhalb Stunden für eine Klassenarbeit. Na ja. Das Ergebnis der Arbeit bestätigt meine Hypothese, daß die Kinder das Konzept der freiwilligen Mitarbeit immer mehr annehmen. Am sichersten bin ich mir da in dieser Klasse, sie setzen das Konzept am besten um. Ich verstehe mich mit ihnen auch am besten – das war gleich von Anfang an so. Es gibt hier Kinder, die mich ein paarmal vom Ärgertrip zurückholen, und das ist sehr schön.

Ich habe scharf zensiert, gebe trotzdem nur drei Fünfen. Es gibt 23 mal Note 1 und 2. Das gute Ergebnis ist nicht in allen Gruppen gleichmäßig verteilt: Nur in den Gruppen »Ingo X«, »Delta«, »Vampir« und »Fußball« gibt es Ergebnisse mit nur einer Note Differenz. Fünf Gruppen divergieren stärker. Jedenfalls führe ich das Ergebnis dieser Arbeit vor allem auf das Konzept der freiwilligen Mitarbeit zurück und nicht darauf, daß sie die Klassenarbeit in Gruppen geschrieben haben. Die Gruppennamen und die Zusammensetzung waren ihre Sache. Auch, daß drei Kinder lieber allein arbeiten wollten. Die Gruppenergebnisse: Ingo X: 3-3-3. Pussycat: 1-2-2-2-5. Unkraut: 1-2-2-2-2-4-4. Strohköpfe: 1-2-2-3-3-4. Delta: 2-3. Vier Hexen: 2-2-4-5. Vampir: 1-1-1-2-2. Ringo: 3-5. Fußball: 2-2. Baum: 4. Dracula: 4. Apfelbaum: 2.

Zur Idee der Klassenarbeit als Gruppenarbeit läßt sich sicher noch viel sagen. Ich bin nur froh, daß wir in der Arbeit weniger Streß haben. Und daß jeder in der Gruppe eine andere Arbeit hat als seine Gruppenmitglieder. Das bin ich »dem System« schuldig, wegen »objektiver« und »gerechter« Noten. Ich bin stolz über diese Idee und darüber, daß ich sie auch wirklich umgesetzt habe. Und das Merkwürdige daran ist – da ich mit so einem Schwachsinn wie Klassenarbeiten eigentlich nichts zu tun haben will –, daß mir meine Ideen noch Reste von Spaß finden helfen, wo es eigentlich am schlimmsten ist, bei einer Klassenarbeit.

Sonntag – 20.6.

Kirmes
Nachmittags fahre ich nach T. Dort ist Kirmes, ein paar Buden, drei Karussells. Es sind Kinder aus der Planungsgruppe da und auch aus anderen Klassen. Mir fällt auf, wie sehr ich verunsichert bin. Wegen der Öffentlichkeit, glaube ich. Ich kontrolliere mich dauernd, fühle mich dauernd kontrolliert, sehe nach den Erwachsenen. Ich merke, wie sonntäglich sie angezogen sind und wie anders ich dagegen aussehe. Das muß ihnen doch auffallen. Mir ist unwohl. Ich komme kaum zu den Kindern durch. Ich spüre so etwas wie »Der ist das also, der diese Dinge in der Schule mit Euch macht«. In den eigenen vier Wänden, im Klassenzimmer, da fühle ich mich jedenfalls sehr viel freier. Ich mache mir klar, daß ich natürlich nichts irgendwie Verbotenes tue. Aber es ist

eben nicht von der Art, wie Lehrer zu sein haben. Und daß so über mich gedacht wird, werden könnte, das macht mir etwas aus.

Die Kinder freuen sich, mich zu sehen. Ich merke es an ihren Gesichtern. Ich habe immer etwas Angst, ungebeten in ihre Kreise einzufallen, wie hier beim Karussell. Aber sie freuen sich. Ein Mädchen aus der Planungsgruppe kommt auf mich zu. Wir stehen und reden, sie geht ein Stück mit. Es kommen andere, die Jungen geben mir die Hand. Ich freue mich, sie zu sehen. Und bin doch in riesigem Streß. Ich würde gern mit ihnen allein sein, dann könnte ich mich wirklich einbringen. So aber reden wir nur ein bißchen miteinander. Ihnen ist das alles nicht so problematisch, sie sind viel lockerer. Dann ärgert es mich, daß ich in der Schule keine Gelegenheit habe, mit ihnen mal »einfach so« zusammen zu sein. Dort ist es so, daß ich per Institution immer etwas von ihnen will. Einige sprechen als »Lehrer« mit mir und reden vom Unterricht morgen. Das finde ich auch sehr blöd. Und bin wieder sauer auf diese Institution, die meine kommunikativen Möglichkeiten verstümmelt: Ich erlebe es heute auf der Kirmes so, daß es weh tut.

11. Woche

Montag – 21.6.

Zum x-ten Mal
Ich will heute wieder genau hinsehen und beobachten. Ist das denn wirklich alles so schlimm in der Schule? Immer noch geht es mir so: Ich weiß vom Kopf her, daß die Schule demütigend und gefährlich ist – aber vom Gefühl her ist mir die Widerwärtigkeit der Schule nicht präsent, wenn ich Abstand habe, wenn ich nicht unmittelbar dort bin, wenn wie heute ein Wochenende dazwischen liegt. Ich nehme mir also zum x-ten Mal vor, genau hinzusehen.

Klasse 6b
Es geht gleich los mit der Mathearbeit. Wird das mit der Arbeit inhuman? Wir schlendern in die Arbeit hinein, die Vorgeplänkel laufen ab. »Heute doch keine Arbeit. Heute ist doch Kirmes.« »Was hat das denn damit zu tun?« Die Tische werden verrückt, ich teile die Arbeitsblätter aus. Ich sage dabei, daß sie die Arbeitsblätter umgedreht vor sich hinlegen und noch nicht lesen sollen. Dann kommt deutlich der erste Streß, als einige ihre Blätter bereits beim Austeilen umdrehen und sich ansehen. Ich gehe dagegen vor, alle sollen zugleich anfangen, erst dann, wenn jeder einen Zettel hat. Wegen gleicher Chancen. Mir ist unwohl, weil ich merke, daß einige es wieder tun und ich schon sehr massiv intervenieren müßte. Ich lasse das dann, nur: Schon bin ich wieder genervt. Jetzt, nachmittags, denke ich, daß es besser gewesen wäre, wenn sie die Blätter selbst verteilt und sofort angefangen hätten. Aber hätten sie dann auch dafür gesorgt, daß jeder an einem Tisch unterschiedliche Arbeiten erhält? Ich habe zwei Arbeiten fertiggemacht, blau und gelb, sie können zu zweit an einem Tisch sitzen und haben verschiedene Blätter. Ich hätte doch wieder regulieren müssen, und auch das hätte mich genervt. Im Verlauf der

zweistündigen Arbeit wird es dann streckenweise sehr unruhig. Ich interveniere, Streß, Krieg. Aber es geht noch so.

Ich bekomme mit, wie ihnen die Arbeit unter die Haut geht. Wenn sie über Nebensächlichkeiten laut reden (Bleistift, Radiergummi), schwingen Angst und Streß mit. Sie lassen das an diesen Dingen raus, über Wichtiges zu reden (die Lösung oder einen Lösungsschritt), ist ja verboten. Über Aufregung, Angst, Unbehagen, »Ich kann das nicht« zu reden ist nicht vorstellbar und überhaupt nicht vorgesehen. Als einer beim Reden seinen Kopf an den Arm seines Nachbarn kuschelt – da ist das für mich so bezeichnend. In all dieser Quälerei halten sie sich aneinander fest.

Auf einmal kommt mir eine neue Idee: Ich lasse fünf Minuten vor Abgabe der Arbeit das Gespräch mit dem Nebenmann zu. Abschreiben ist nicht möglich, da der ja eine andere Arbeit hat. Sie können sich aber beraten. Es kommt gut an. Hinterher sagen sie mir, daß sie dadurch noch Fehler wegbekommen hätten. Ich richte das ein, nicht ohne ihnen einen offiziellen Grund mitzuteilen: Wir haben die ganze Zeit in den Gruppen Beratungsgespräche geübt, und das soll auch in der Arbeit zum Ausdruck kommen, es wird sozusagen ein Teil der Arbeit und von der Zensur mit erfaßt. Ich sage ihnen überhaupt einen Grund, um gegen meine Angst vorzugehen, daß zu Hause so etwas erzählt wird wie: »Das war gar keine richtige Arbeit, wir durften zum Schluß sogar miteinander reden.« Dabei ist es mir gleich, wie sie darüber denken – was mich belastet, sind mögliche Reaktionen von Eltern. Natürlich geht es mir um etwas anderes: Abbau von inhumaner Kommunikationssperre in Streßsituationen. O.k., ich schaffe bei ihnen nur, fünf Minuten einzurichten.

Zum Schluß habe ich noch etwas Neues für sie, das ich schon in der 6a ausprobiert habe. Ich lasse die bereits eingesammelten Zettel wieder austeilen, so daß jeder seinen zurück hat. Sie müssen alles andere vom Tisch räumen, einschließlich Schreibzeug. Dann lese ich die richtigen Lösungen vor. Nach jeder Lösung reagieren sie mit Freude und Beifall, sie haben wohl viel richtig. Bevor ich die Zettel zurückgebe, warnen mich einige: »Die mogeln doch nur.« Ich habe dann nicht den Eindruck, aber sicher bin ich mir natürlich nicht. Wenn schon. Die Entspannung, gleich zu wissen, ob man richtig oder falsch liegt, ist wichtiger als ein paar Mogler.

Klasse 6a
Ich komme nicht dazu, mit ihnen ihre Zeugnisnoten zu besprechen. Das steht jetzt in allen Klassen an. Sie sind und bleiben einfach zu laut. Ich sage, daß ich die Noten eben mit mir alleine ausmachen werde, will es dann auch wirklich tun und bin ziemlich sauer. Es ist aber heute nicht ihr Interesse, nicht das Interesse der entscheidenden lauten Minderheit. Gegen diese müßte ich energisch und angestrengt vorgehen, wenn ich die nötige Ruhe haben will. Das tue ich aber nicht. Ich schalte auf Vergeltung: »Wenn Ihr nicht wollt – dann eben nicht.« Und dann machen *sie* konstruktive Vorschläge, kommen zu mir, stehen um mich herum und sagen, wie wir es machen können. Ich soll ihnen morgen in den Gruppen die Noten sagen. Ich erkläre, daß die Klasse eine Einheit ist und daß ich nur – mit allen – über die Noten reden werde, wenn sie entsprechend leise sind. Ich bin ärgerlich und stur. Es gelingt mir nur mühsam, von meiner Position abzurücken. Mir hilft dann der Gedanke, daß sie in meinem Unterricht Arbeiten in Gruppen gewohnt sind und daß die Bitte, leise zu sein, eine Überforderung ist. Aber das gebe ich mir nur als Ausflucht. Innerlich bin ich überzeugt, daß sie leise sein sollten, wenn ich mit ihnen über die Noten sprechen will und wenn ich sie darum bitte.

Als ich dann nachgebe, tue ich es aus anderen Gründen. Ich reflektiere ihre unmögliche Lage, in der Schule sein zu müssen, mit dem Notenproblem belastet zu sein. Ich gebe nach, weil sie nie etwas zu melden haben. Also aus struktureller Einsicht. Dabei ist mir dann wohl, ich bin ja so großzügig. Vielleicht tue ich es auch nur jenen zuliebe, die mich jetzt nicht im Stich lassen, die gekommen sind, um mit mir zu beraten. Natürlich haben sie dabei ihr Interesse im Auge, schon jetzt die Zensuren zu erfahren und nicht erst bei der Zeugnisausgabe, wie es üblich ist. Vielleicht reizt mich aber am stärksten zum Nachgeben, *daß sie sich trauen, daß sie mir trauen,* sich so verhalten zu können: Einfach nach vorn kommen und mit mir über das reden, was ihnen wichtig ist. Daß sie nicht Angst haben, von mir angefahren zu werden, wenn sie mit ihren Wünschen kommen.

Klasse 5c
Mit ihnen bespreche ich die Noten auf dem Rasen. Ich gehe deswegen extra nach draußen. Es ist eine abgesicherte Gelegenheit, rauszugehen. Mit vielen geht es schnell. Ich setze die Noten nach Gefühl fest und mit Hilfe von Notizen, wer mitgemacht hat. Ich gebe keine 5. Das mache ich sowieso nur dort, wo ich wegen schriftlicher Arbeiten nicht anders kann, also in Mathe. Aber in Bio und Physik, wie hier in der 5c, denke ich nicht daran, diesen Superirrsinn mit den Fünfen mitzumachen. Da habe ich keinerlei Skrupel, hier kann ich echt mal etwas machen. Denn in Fächern ohne schriftliche Arbeiten kann es sich jeder Lehrer sparen, Fünfen zu geben, da gibt es keine Kontrollgefahr von oben. Wer nie mitgemacht hat, kriegt eben eine 4 und Schluß. Bei einigen schwanke ich, sie wünschen eine bessere Zensur. Sie sollen sie haben. Bei zwei anderen bleibe ich hart. Die akzeptieren. Insgesamt bin ich mit der Sache zufrieden und denke, daß ich mit meiner Notengebung fair bin. Zum Schluß sind sie dann besessen von der Notengeberei. Sie hängen so davon ab. Das geht mir durch und durch. Sie leben mir vor: Gute Note heißt gut sein. Oh Mann!

Klasse 7G
Hier höre ich mal fünf Minuten auf zu unterrichten. Zwischendurch, als sie mir zu viel Theater machen. Ich sage es auch und krame dann so herum, lege Kreide weg und räume auf. Dann habe ich mich beruhigt, sie werden leiser, und ich starte neu, um in den Gruppen zu erklären. Dann lasse ich mich nicht mehr irritieren. Als einer von fünf anderen auf einen Tisch gezogen, festgehalten und durchgekitzelt wird, mich aber nicht zu Hilfe ruft, sage ich zu einer Gruppe, die mir zum Eingreifen rät: »Das geht dann nur auf Eure Beratungszeit.« Ich glaube, daß sie das akzeptieren. Ich komme in jeder Gruppe zum Erklären und halte das als Erfolg fest.

Ansätze
Fazit heute wie auch sonst an Schulvormittagen: Nichts wie raus hier! Und wie üblich habe ich riesige Wut: Was ließe sich nicht alles machen, wenn dieses verdammte System Schule auf Miteinander und Humanität eingespielt wäre. Ich merke doch bereits jetzt, bei diesem Irrsinn, was es für Kommunikationsmöglichkeiten gibt, wie wir an das wirkliche, selbstbestimmte Lernen herankommen. Mir wird klar, daß ich diese Möglichkeiten auch aufgebe, wenn ich aus der Schule gehe. Aber was soll ich mit Ansätzen, wenn man damit nicht weitermachen kann? Oder sind Ansätze genug? *Mir nicht!*

Dienstag – 22.6.

Topfit
Die 6b ist nicht da, sie machen einen Waldlehrgang. Dadurch habe ich eine Stunde frei. Ich bereite mich für morgen vor und habe den Plan dazu fertig. Ich mache ihn wie alle Tagespläne. Sie enthalten die Informationen, die ich brauche, um den Überblick über den Tagesablauf zu haben. Ich komme mit diesen Plänen gut zurecht und weiß, was ich von Stunde zu Stunde machen will.

Der Tagesplan für Mittwoch, 23. Juni
6a Bio   Projektrückgabe, Notenbesprechung
6b Mathe   Rückgabe der Arbeit, Notenbesprechung
8a Bio   Film und Buchtext
5c Bio   Projekt »Wald« – Abschluß
8b Physik   Mischen farbigen Lichts mit Drehscheibe

Ich habe immer im Kopf, wie es in den Stunden fachlich ablaufen könnte und wieviel Material ich benötige. Was dran ist, liegt per Stoffverteilungsplan fest, den die Fachkonferenzen aufgestellt haben. Ich muß mir dann nur noch überlegen, wie ich mit den Kindern darüber ins Gespräch kommen kann, so daß sie verstehen, um was es geht, und welche Medien mir dabei helfen. Das nenne ich kommunikative Vorbereitung – ohne Tricks wie Motivation oder so etwas. In Physik probiere ich immer aus, was ich vorhabe. Das dauert seine Zeit, aber dafür läuft es dann in der Stunde. Jedenfalls bin ich vom Unterrichtsstoff her gesehen topfit, wenn ich zu ihnen gehe. Das braucht mal mehr Vorbereitungszeit, mal weniger. Aber anders möchte ich mich ihrer Aktivität und Unruhe nicht aussetzen. Ich brauche im Zusammensein mit den Kindern meine Energie, um Kommunikation zu machen. Nicht gut vorbereitet zu sein wäre viel zu anstrengend.

Hausmeister
Jetzt sind es noch 15 Minuten bis zum Gong, Klasse 8b. Wir werden über die Noten in Bio und Physik reden, draußen, auf der Wiese.

Der Hausmeister kommt in den Medienraum, wo ich schreibe. Drei-Minuten-Gespräch. »Waren Sie zuletzt in der 7a, gestern? Da war soviel Kreide auf dem Teppichboden.« Die Putzfrauen haben sich beschwert. Er steht als Auffanglager dazwischen. Sie wollen alles tip-top haben, er wohl auch. »Ordnung muß sein« und »Die meinen, sie können hier das machen, was sie zu Hause nicht dürfen«. Aber er ist mir gegenüber freundlich, er respektiert den Lehrer. Ich gehe auf ihn ein und überlege, während er spricht, daß es überhaupt keinen Zweck hat, mit ihm über die Situation der Kinder zu reden. Vielmehr sage ich, daß das doch kein so großes Problem sei, daß ich sofort etwas tun könne, damit es nicht wieder vorkommt, indem ich aufpasse, daß im Klassenraum keine Kreide mehr herumliegt. Es wird aber deutlich, daß er das nicht für die Lösung hält. Er trägt mir an, einfach »mehr durchzugreifen«. Ich spüre sein Unbehagen und sehe die Unmöglichkeit einer Verständigung. Vielleicht, wenn wir mehr Zeit miteinander hätten. Aber ich denke dann wieder, daß er kaum zuhören würde. Nur – wer hört ihm denn schon mal zu?

Noch zwei Minuten
Jetzt sind es noch zwei Minuten. Ich habe noch nie so dicht am eigentlichen Geschehen, so dicht vor einer Stunde, etwas notiert. Ich spüre den Streß, wie er sich in mir breitmacht. Ich kann mich auf diese Schreiberei hier nicht mehr konzentrieren. Mir fällt nichts mehr ein. Ich schließe mich nach hinten ab und konzentriere mich auf das Gleich. Tor zu – Tor auf. Sehen, was es dort gibt, geben wird. Los. Noch zögere ich, aber ich spüre es jetzt im Bauch: Unruhe.

Klasse 6a
Ich schreibe nachmittags weiter. Als ich wie ausgemacht versuche, die Noten in den Gruppen zu besprechen, sind sie so laut, daß ich mich in den Gruppen nicht verständlich machen kann. Ich hatte sie gebeten, sich zu beschäftigen oder Hausaufgaben zu machen. Das war wohl zu wenig Direktive. Ich breche das Notenbesprechen ab und bin echt sauer. Ich dirigiere und ordne an: »Schluß mit den Hausaufgaben, Mathebücher raus!« Ich schreibe an die Tafel »Seite 24« und die Nummern der Aufgaben. Ich sorge dafür, daß sie daran arbeiten, indem ich von Tisch zu Tisch gehe. »Heft raus, Buch raus, so, anfangen!« Sie sind überrascht, bleiben laut, murren, wollen nicht. Ich muß sie beinahe zwingen, die Hausaufgaben

(Englisch, Deutsch, Geschichte) wegzuräumen. Dann fangen einige mit Mathe an. Und sie kommen, um mit mir darüber zu reden, daß das eine Strafe sei, die alle trifft. »Was können wir denn dafür?« Mein Argument »Klassengemeinschaft« zieht überhaupt nicht. Wir haben wunderschön Krieg. Ich habe Angst vor den nächsten Stunden bei ihnen. Wie soll das *so* gehen? Dann tröste ich mich damit, daß es nur noch wenige Stunden bis zu den Ferien sind, noch drei Wochen. Und dann steige ich langsam in die Reflexion ein, als ich vorn auf dem Lehrertisch sitze und sie vor mir laut sind, teilweise Mathe machen, teilweise mit mir reden. Ist es nicht anders möglich, als so im Krieg miteinander umzugehen? Was war denn gestern noch? Ich denke an Strukturzwänge und Möglichkeiten, sie zu durchlöchern. Ich sehe keine Chance, ich gebe keine Chance, ich will die Stunde »durchziehen«. Ich bin traurig, daß unser Miteinander weg ist.

Und dann, langsam, am Schluß der Stunde, fange ich mich auf, da fühle ich mich nicht mehr so provoziert, sehe wieder stärker den Quatsch, der hier läuft, weiß mir aber auch keinen Rat und versuche dann etwas Neues. »Ich warte jetzt zwei Minuten, und wenn Ihr dann leiser seid, fange ich nochmal mit dem Notenbesprechen an«. Und das ist neu: »Damit Ihr seht, wer mich stört, schreibe ich diese Kinder an die Tafel. Es sind nämlich nicht nur ein paar, sondern viel mehr.« Ich beordere den Klassensprecher nach vorn, damit ich die richtigen Namen aufschreibe. Alle Namen kenne ich noch nicht, das war mir bislang auch nur am Rande wichtig, »Du« und kennen vom Gesicht reicht zur Kommunikation. Als ich die ersten Namen an die Tafel schreibe, wird es blitzschnell still. Viele haben nicht mitbekommen, was das soll. Vier stehen jetzt dort. Ihre Angst kommt bei mir an.

Ich bin auf einmal wieder ziemlich da, kann ihre Not sehen, generell, spüre aber auch, wie verhärtet ich bin. Ich spüre richtig harte Muskeln im Gesicht. Ich sage ein paarmal, daß die Namen an der Tafel nichts zu bedeuten haben, was in Richtung auf irgendeine Bestrafung geht. Dann kann ich mit dem Besprechen anfangen – und sie werden wieder laut. Und dann sind mir die Noten nicht mehr so wichtig. Ihnen wohl, ich soll sie runterlesen, damit sie Bescheid wissen. Ich sehe jetzt vielmehr die Chance, etwas deutlich zu machen, Gemeinschaft einzuüben. Ich sage ihnen, wieso mich Monika stört. »Weil die einfach drauflosredet. Und das strengt mich an, weil ich dann nicht mit allen reden kann.« Monika kontert: »Ist mir doch egal.« Und wieso mich Walter stört, der gerade vor mir friedlich im Papierkorb sitzt: »Wieso – ich sollte doch Papier aufheben.«

Dann ist die Stunde auch rum. Ich verkünde, morgen noch einmal einen Versuch mit dem Notenbesprechen zu machen. Fast alle sind jetzt weg, sieben reden mit mir weiter über diese Sache. Ich sage ihnen, wie es mir geht: »Ich bin angestrengt.« Sie sagen mir viel, und ich behalte davon, daß sie trotz der Belastung – wir standen kurz davor, Feinde zu werden – Verständnis für mich haben. Ich komme dazu, sie wieder freundlich zu sehen. Wir gehen noch zusammen zum Bus. Sie haben Zeit. »Der Bus, der fährt doch noch nicht.« Und immer wieder wollen sie die Noten wissen, das hält sie auch bei mir – aber eben nicht nur. Auf dem Weg zum Bus fällt die Belastung der Stunde ab, ich beginne, mich zu entspannen.

Im Schulbus
Am Bus entscheide ich mich nach und nach mitzufahren, um zu sehen, wie das so ist, ihr Nach-Hause-Bus. Ich wollte das schon längst mal gemacht haben. Zwei Kollegen, die Aufsicht am Bus haben, sehen freundlich-belustigt, was ich mache: mitfahren. Im Bus wird jede Menge geredet, noch ein bißchen über die Stunden eben, dann allgemeiner. Alle im Bus sind erstaunt und können es nicht – wirklich nicht! – fassen, daß ich hier mitfahre. »Was wollen Sie denn hier?« Ich

erkläre immer wieder: »Es interessiert mich, was Ihr so erlebt, wie das ist, mit dem Bus nach Hause zu fahren.« Es sind etwa 70 Kinder im Bus, ich zähle nach. Es ist nicht so voll. Einige schießen mit Papier auf mich und wissen dann selbst nicht so recht, was kommen soll, als ich doch mal zu ihnen hinsehe. Mit denen, die ich aus der 6. und der 9. kenne, ist es vertraut. Wir fahren 20 Minuten, dann steigen die ersten aus. Und so weiter. Dann sind es noch zehn Kinder, zum Schluß noch sechs. Es wird privater, vertrauter. Es ist schön und macht Spaß. Ich bin beinahe mit bei ihnen zu Hause. Dann gehen die letzten. Die Schule ist jetzt so weit weg – was könnten wir nicht alles zusammen erleben!

Der Busfahrer: »Hinzu, morgens, sind sie viel ruhiger, auch in ihren Bewegungen. Da lernen sie überwiegend, lesen oder schreiben. Rückzu ist alles viel aufgedrehter.« Einige hätte er lieber nicht im Bus. Er ist froh, daß ein Junge in ein paar Tagen entlassen wird. Ich frage ihn, ob er nicht lieber Linienverkehr fährt statt Schulbus. Linie fährt er nachher. Er sagt: »Wenn ich ehrlich bin, lieber Linie. Das ist nicht so anstrengend. Aber einer muß es ja machen.« Ich vergleiche seinen letzten Satz mit meiner Entscheidung, aus der Schule zu gehen, und denke darüber eine Zeitlang nach. Für Freitagmorgen verabrede ich mit ihm die Morgen-Tour. Erst Gymnasiasten, dann Hauptschüler. Um 7.00 Uhr geht es los. Ich bin gespannt drauf.

Dann, zum Schluß, da sagt er mir noch etwas Interessantes. Daß die Kinder *viel* lauter und hampeliger sind, wenn Lehrer mit im Bus sind. Er redet beispielsweise von Fahrten zum Schwimmen. Was bedeutet das? Hängt das nur mit dem »Gleich ist Schwimmen« zusammen? Oder ist so etwas ein Symptom für die unterschwellige Kriegssituation, die zwischen Kindern und Lehrern besteht – und die dann so ihren Ausdruck findet? Ich frage ihn, ob die Kinder heute, wo ich dabei war, auch lauter waren. Er meint nicht. Im übrigen versteht er nicht, warum die mitfahrenden Lehrer nicht für Ruhe und Ordnung sorgen. Ich werbe: »Die Lehrer können sich bei den Busfahrten ein bißchen entspannen, es ist ja nicht nötig, Ruhe herzustellen. Es soll ja nichts gelernt werden. Und da lassen sie die Kinder eben laut sein.« Ich weiß nicht, ob ihm das etwas sagt. Aber es bleibt für mich verblüffend, daß die Kinder mit den Erwachsenen lauter und unruhiger sind als ohne sie. Ich stelle mir vor: Zwei Busse, die zum Schwimmen fahren. In dem einen die Erwachsenen mit den Kindern. Dort ist Lärm, Unruhe. Die Erwachsenen als Verursacher von Lärm und Unruhe? Nun, immerhin kommen von ihnen die Überfälle auf die Souveränität der Kinder, getarnt als »notwendige« Pädagogik, ohne die aus Kindern nichts werden könne. In dem anderen Bus sind keine Erwachsenen. Dort ist eine freundliche Lebhaftigkeit, auch Lärm – aber von anderer Art.

Unterstützung
Ich telefoniere mit einer Mutter. Ich möchte mit einigen Kindern aus meiner ehemaligen 5. Klasse in T. einen Termin im Schwimmbad ausmachen. Sie ist spontan der Meinung ist, daß man auch außerhalb der Schule mit Kindern arbeiten kann. Es ermutigt mich. Sie vermittelt mir das Gefühl, daß auch andere sehen: »Da gehören Sie doch nicht hin« – positiv gemeint. Wohltuender sozialer Druck. Eine Rollenerwartung, die mir hilft.

Mittwoch – 23.6.

Gute Noten
Notenbesprechung in zwei Klassen. Was ihnen das bedeutet! Es ist zum Verrücktwerden. Wie sie hinter den »guten« Noten her sind. Und wie toll wir dann miteinander auskommen, wenn ich ihnen tatsächlich eine »gute« Note gebe. Idiotisches Scheißspiel!

Prüfungssituation
In der Pause erhalte ich einen Brief vom Schulamt. Am Freitag, übermorgen, will der Schulrat zwei Stunden sehen, mit allem Pi-Pa-Po, also den ausführlichen Stundenentwürfen. Mir geht diese Sache sofort in den Bauch. Es belastet mich so, daß ich die letzten beiden Stunden immer dran denken muß und auch den restlichen Tag. Obwohl ich morgen zur Uni fahre und das mit der Doktorarbeit klarmachen werde und eigentlich schon weg bin. Ich habe keine Lust, den Typ, der die Auseinandersetzung über die Umgangsformen mit den Kindern in T. durch meine Abordnung nach E. entschieden hat, jetzt noch im Unterricht zu sehen. Was will der hier? Ich spüre: »Na, Du Kleiner, da wollen wir doch mal sehen, was Du kannst«. Dabei weiß ich, daß er mir fachlich und was die Kommunikation mit den Kindern angeht überhaupt nichts sagen kann. Das sehe ich schlicht selbstbewußt nach meinen Gesprächen mit ihm so. Aber trotzdem kann ich mich gegen das Aufkommen dieses unangenehmen Gefühls nicht zur Wehr setzen. Ich überlege, daß die Kinder so ähnlich empfinden, wenn ich die nächste Klassenarbeit ankündige: unangenehme Gefühle im Bauch. Gestern noch habe ich darüber nachgedacht, daß ich kaum emotionalen Draht zu ihren Ängsten und ihrer Unlust habe. Nur noch intellektuelles Verstehen per Reflexion über Inhumanität. So gesehen kommt da dieses Gefühl dem Schulrat gegenüber wie gerufen. Ich erlebe jetzt mal für zwei Tage, was es heißt, im Streß zu sein wegen einer Prüfungssituation. Und im Untergrund bin ich aggressiv und will weg, raus hier. Wie die Kinder!

Ich will Stundenentwürfe machen, die wirklich meine Stundenentwürfe sind. Ich trickse mir keinen zurecht, wie es sonst bei Besuch von oben üblich ist. Und ich werde im Gespräch mit ihm über die Stunden kompromißlos keinen Zentimeter von dem abrücken, was ich richtig finde. Ich merke, wie mich diese Überlegung ruhiger macht: Ich habe etwas zu beschützen, zu verteidigen. Etwas, das ich aus Überzeugung für hilfreich und richtig halte. Ich fühle Selbstbewußtsein und Kompetenz in mir aufsteigen. Als ich die Entwürfe gleich nach der 6. Stunde, noch in der Schule, mache, da bin ich halb gelassen, halb im Startfieber. Und irgendwie auch sauer. Aber ich denke dann, daß man vielleicht ja doch miteinander reden kann.

Die Unterrichtsentwürfe:

1. Stunde: Biologie – Klasse 6a
Heute biete ich den Kindern an, im Rahmen selbst gewählter Projekte ihre eigenen Interessen im Fach Biologie zu verfolgen.

Nach der Zensurengebung – die Besprechung der Zensuren war am Mittwoch – erscheint es mir jetzt sinnvoll, durch das Einräumen von thematisch freien Lernsituationen das allgemeine Interesse der Kinder am Fach Biologie zu erhalten und zu vertiefen.

Die Kinder sind an die Projektarbeit durch das zuletzt durchgeführte Projekt »Insekten« herangeführt. Ich gehe davon aus, daß sie die Konzeption der Projektarbeit verstanden haben. Allerdings ist für heute nicht einzuschätzen, wie es sich auswirken wird, daß die Zensurengebung für dieses Jahr schon abgeschlossen ist.

Den Kindern wird als Hilfsmittel die kürzlich eingeführte Bio-Bücherkiste zur Verfügung stehen, ebenso ihr eigenes Biobuch. Auch ich werde mich als Informationsquelle anbieten.

Meine eigene Aufgabe in dieser Stunde sehe ich darin, für den Gedanken des Eigenprojekts zu werben, Hilfestellung bei der Wahl eines Themas zu geben und gewünschte Informationen zu vermitteln.

Darüber hinaus will ich wie üblich durch das Gespräch in den Gruppen mittels persönlichen Kontakts versuchen, am Klima der Freundlichkeit unseres Umgangs mitzuwirken.

Es könnte auch notwendig werden, bei einigen Kindern auf ihre Ängste und unwohlen Gefühle über die am Dienstag (Mathematik) und Mittwoch (Biologie) beschlossenen Zensuren einzugehen.

Ich werde mit dieser Stunde zufrieden sein, wenn es uns gelungen ist, nicht in Kommandiererei meinerseits und Unlust und Passivität bzw. Aggressivität ihrerseits zu verfallen – und wenn im Rahmen des Biologieunterrichts die Eigenprojekte für die nächsten vier bis fünf Stunden ausgesucht und begonnen wurden.

2. Stunde: Mathematik – Klasse 7G
Nach der Klassenarbeit am Dienstag gebe ich den Kindern heute ihre zensierten Arbeiten zurück. Danach werde ich mit ihnen über die Zeugniszensuren sprechen und diese festlegen.

Am Anfang der Stunde werde ich für Fragen hinsichtlich der Auswertung der Klassenarbeit zur Verfügung stehen. Dabei können auch Mitglieder der Planungsgruppe 7G befragt werden, mit ihnen habe ich die Auswertung der Klassenarbeit gemeinsam durchgeführt.

Bei der Zensurenbesprechung werde ich versuchen, mit jedem einen Konsens über seine Note zu erreichen. Ebenso liegt mir an einem Klassenkonsens über die Noten. Durch die schriftlichen Arbeiten – es liegen vier Arbeiten vor – ist der Spielraum für eine kontroverse Notenfindung deutlich eingegrenzt. Ich gehe aber doch davon aus, daß in einigen Fällen Unmut über die zugedachte Zensur entstehen kann. Dieser wird dann eventuell durch den Besuch nicht geäußert. Gegebenenfalls werde ich die Kinder ermutigen, sich direkt an den Schulrat zu wenden, wenn grundsätzliche Fragen zur Zensurenfindung auftauchen. Ich will mich bemühen, in solchen Fällen meine Entscheidungsgründe noch deutlicher offenzulegen und für meine Entscheidung zu werben, kann allerdings nicht jedem Wunsch stattgeben. Dies wird auch mich belasten und könnte bei einigen Kindern starke Unlustgefühle oder Ängste vor Reaktionen zu Hause auslösen. Ich will situativ reagieren.

Ich stelle mich darauf ein, daß in dieser Stunde ziemlich große Unruhe sein wird. Ich fasse ihre Unruhe als Ausdruck der Belastung durch die Zensuren auf und akzeptiere sie aus therapeutischen Gründen. Beim Verlesen und Besprechen der Zeugniszensuren läge mir schon daran, eine Verständigungsruhe zu erhalten. Doch ich halte ein Herumreiten auf der Lärmfrage für schädlich und werde dann in den gewohnten Arbeitsgruppen die Zensuren besprechen. Den anderen gebe ich dabei die Situation zum individuellen Gespräch frei.

Je nach Zeit schlage ich den Kindern dann ein gruppendynamisches Spiel zur Aufarbeitung der Belastungssituation vor.

Planungsgruppe 7G
Zwei Stunden nachmittags. Ich problematisiere die Punkteverteilung der letzten Mathearbeit. Sie verstehen dann, worum es geht. Sie finden die von mir ausgedachte alternative Punkteverteilung besser als die ursprüngliche und realisieren mit viel Einsatz, die Arbeit ganz neu auszuwerten, neu zu zensieren und neu in Listen einzutragen. Ich hatte die Korrektur schon fertig gehabt. Dann kam mir die Idee einer gerechteren Punkteverteilung und wollte sie darüber befragen.

Für nächste Woche planen wir einen Kinobesuch: »Nordsee ist Mordsee« von Hark Bohm. Ich schlage das vor, weil ich mich gern mit ihnen über den Film unterhalten möchte. Ich habe ihn vor ein paar Tagen gesehen. Eigentlich hatten wir für nächste Woche eine Radtour vor. Sie beraten ohne mich und stimmen dann ab. Sie sind einverstanden. Ich freue mich.

Donnerstag – 24.6.

Intrige?
Ich habe frei bekommen, um mit der Professorin an der Uni die Doktorarbeit zu besprechen. Ich möchte heute Perspektiven setzen.

Aber den ganzen Tag über beschäftigt mich eine andere Sache. Früh um sieben bekomme ich einen Anruf. Am Telefon ist Rolf, Lehrer aus T., ein Freund. Er war in meiner Ausbildungszeit mein Betreuer für den Physikunterricht, wir verstanden uns auf Anhieb und traten beide für mehr Kinderfreundlichkeit in der Schule ein. Er gibt mir aktuelle Neuigkeiten über den Besuch des Schulrats morgen durch. An der Schule in T. macht man sich darüber lustig, daß der Schulrat es mir schon zeigen werde und daß ich mein blaues Wunder erleben würde. Ich bin verunsichert, was denn jetzt die Intention dieses Besuchs ist. Mir fällt das Zusammenspiel von Rektor und Schulrat anläßlich meiner Abordnung ein, der unangemeldete Besuch des Schulrats, bei dem er meine besichtigten Stunden abqualifizierte. Hat er so etwas erneut vor, um meine Entlassung zu betreiben? Beim Schulamt ist ja nichts bekannt über meine Absicht, selbst zu gehen. Bekannt ist aber meine (kinderfreundliche und damit störende) Art, wie ich mich in der Schule verhalte – und das könnte reichen.

Bevor ich zur Uni fahre, entschließe ich mich dann, morgen zum Arzt zu gehen, um einen längst fälligen Besuch beim Augenarzt zu machen. Den Schulrat werde ich darüber nicht informieren, er wird es dann in der Schule eben »merken«. Ich will morgen früh in der Schule anrufen und mich krank melden. Damit ich deswegen keinen Ärger bekomme, und auch um mir nicht alles gefallen zu lassen, schreibe ich einen Brief an seine vorgesetzte Dienststelle bei der Bezirksregierung, in dem ich mein Befremden über den Schulratbesuch ausdrücke. Ich schreibe, daß ich mit dem Schulrat seit meiner Abordnung nach E. noch keine Aussprache hatte und daß ich mich ihm gegenüber in einer besonderen Position fühle, zumal ich ja gegen seine Entscheidung auch gerichtlich vorgegangen war. Ich schreibe davon, daß ich mich verunsichert fühle wegen der besonderen Umstände bei der Abordnung und daß ich mich weigere, ohne vorherige Aussprache meinen Unterricht von ihm besuchen zu lassen. Gleichzeitig erkenne ich aber sein Recht an, jederzeit meinen Unterricht besuchen zu können, und mache klar, daß ich auch weiter mit ihm zusammenarbeiten will. Ich bitte, mir zu helfen, daß ich fair behandelt werde.

Entscheidung
Trotz dieser Schulratsache im Hinterkopf läuft das Gespräch an der Uni gut. Der Doktorarbeit steht nichts mehr im Weg, ich kann jederzeit anfangen. Es ist alles klar. Ein schönes Gefühl – aber so richtig auskosten kann ich es nicht, wegen morgen.

Ich werde also die Schule am 31.7. verlassen und schreibe abends das Entlassungsgesuch. Als ich es in den Briefkasten geworfen habe – da bin ich dann doch entspannt: Die Würfel sind gefallen.

Freitag – 25.6.

Beschwerde
Ich habe bis zum Morgengrauen an der Schreibmaschine gesessen und an einer Beschwerde über den Rektor in T. gearbeitet. Bevor ich aus der Schule raus bin, will ich die

Chance nutzen und gegen solche Leute vorgehen, die die Lage der Kinder in überflüssiger Weise verschlimmern. Ich sehe es so, daß an der Schule in T. der Rektor einer Clique das Feld überläßt, die Kinder für meine Begriffe völlig unter Druck setzt, von oben herab behandelt, schlicht mißachtet, daß es gen Himmel stinkt. Die per Struktur gegebene Inhumanität in der Schule wird durch diese »regierenden« Leute gesteigert und hochgeschaukelt. Und andere, die versuchen, in die strukturelle Inhumanität so etwas wie Freundlichkeit zu den Kindern hinüberzuretten, werden diskriminiert und lächerlich gemacht. Obwohl ich den Kurs der Schule dieser bestimmten Gruppe anlaste, will ich gegen den Rektor vorgehen. Denn von seinem Verhalten gehen entscheidende Impulse dafür aus, was an dieser Schule möglich ist. Wenn meine Beschwerde Erfolg hat und der Rektor zurechtgewiesen wird, hoffe ich, daß die von seiner Haltung ermutigten Leute kürzer treten und daß dann andere, kinderfreundliche Lehrer im Kollegium ihre Chance bekommen. Ob meine Kalkulation wirklich etwas bringt, weiß ich natürlich nicht. Aber bis zum Ende des Schuljahres kann ich mich noch als betroffener Lehrer beschweren. Klar ist, daß ich mich nicht über solche Interna beschweren kann. Aber ich weiß von einer Menge unmöglicher Dinge im sicherheitstechnischen und organisatorischen Bereich, und das reicht allemal zu einer saftigen Beschwerde über den Rektor.

Ich höre in mir ein »Aber so kann man es doch nicht machen«. Wie aber kann man es denn machen? Gespräche, Goodwill – das funktionierte nicht. Eltern mobilisieren, Öffentlichkeit herstellen – das wäre eine offene Kriegserklärung an die anderen und das wollte ich damals nicht. Still halten und verborgen zu den Kindern freundlich sein, wo immer es geht – das bewirkt keine Änderung des allgemeinen Klimas, aber darauf kam und kommt es mir in T. an. Rangelei, Intrige, Diffamieren – das ist nicht meine Sache. Also ist nichts drin, wenn man keine Macht hat, per Funktion wie der Rektor oder per Mehrheit? Mit der Beschwerde versuche ich, etwas an der Machtkonstellation in T. zu verändern. Ich versuche es nicht offen, denn die Beschwerde ist ja nicht über das geschrieben, was ich erreichen will. Es fällt schon in den Bereich der Intrige. Und von daher habe ich auch kein so gutes Gefühl dabei. Was aber gibt es sonst für Möglichkeiten?

Die Schule in T.
Ich habe mit Rolf lange überlegt, was zu tun sei, um in T. ein kinderfreundliches Klima zu schaffen. Und wir haben viel versucht. Ich war der von den Kindern überraschend gewählte Vertrauenslehrer aller Schüler, Rolf der Vertreter. Es gab mit den Kindern oft nachmittags gemeinsame Beratungen. Aber es ging einfach nicht. Die anderen Kollegen waren nicht interessiert oder fanden das »Kinderkram.« Ich glaube auch, daß sie so sehr auf das Leistungsdenken fixiert waren, daß sie die Inhumanität, die auf ihr persönliches Konto ging, nicht mehr wahrnehmen konnten. Und sie hatten viel Angst vor den Kindern, diesen »kleinen Bestien«, wie sie von einer Kollegin einmal genannt wurden. Kurz nach meiner Abordnung hing ein Schild am Lehrerzimmer: »In den Pausen kein Zutritt für Schüler.« Wann, wenn nicht in den Pausen, haben sie Gelegenheit, mit Lehrern zu sprechen? Kommunikationssperre, Abwehr. Als Vertrauenslehrer wandte ich mich wegen der kinderfeindlichen Atmosphäre an den Schulrat. Der war sehr interessiert – aber bevor er etwas unternahm, gab es einen Wechsel im Schulamt. Und der neue Schulrat hatte natürlich noch nicht den Überblick, weshalb ich den Kollegen »auffiel« und was sie wirklich an mir störte. Bevor es zu einer verabredeten ersten Unterredung kam, machte er seinen Überraschungsbesuch in meinem Unterricht und verfügte meine Abordnung nach E. Die Gegenseite hatte ihm durch den Rektor wohl sonst was erzählt, was los sei. Und das, was wirklich Sache war, der Klartext – die persönliche inhumane Tour der tonangebenden Leute, die kinderfreund-

liche Ansätze beiseite fegte und die vorsichtigere und zurückhaltendere Kollegen einschüchterte, und mein Auftreten dagegen – verschwand im Nebel.

Daß trotz der inhumanen Struktur der Schule auch ein anderes Klima möglich ist, erfahre ich ja täglich in E. Hier verstärken die Kollegen nicht mit persönlichen Demütigungen die Struktur in dem Maß, daß das Klima umkippt und eine Schule so finstere Kinderfeindlichkeit ausstrahlt. Ich habe wieder erfahren, wie wichtig der Rektor in diesem Gefüge ist. Und in E. gibt es eben einen Rektor, der eine Antenne für die Situation der Kinder hat. Obwohl, grundsätzlich gesehen, auch in E. alles, was mit den Kindern in der Schule geschieht, inhuman ist. Aber es wird von den Erwachsenen nicht noch so persönlich verstärkt wie in T. Daß die Menschenrechte der Kinder mißachtet werden, gilt für jede Schule. Aber daß die Erwachsenen dann noch obendrein persönlich eklig sind, ist eine ganz andere Sache.

Beim Arzt
Bevor ich zum Arzt fahre, rufe ich in E. an und sage, daß ich heute nicht komme. Der Konrektor am anderen Ende versteht sofort. Aber es schwingt auch Nervosität mit. Es ist eben für alle ein Streß. Beim Arzt lasse ich mir dann eine Bescheinigung ausstellen. Dabei erzähle ich, weswegen ich sie brauche. Es gibt ein Gespräch über Kinder und Schule. Ich fühle mich verstanden und akzeptiert.

Aktion Humane Schule
Abends besuche ich eine Informationsveranstaltung der »Aktion Humane Schule«. Es soll in 14 Tagen anläßlich der Zeugnisausgabe eine Podiumsdiskussion über das Thema »Auswirkungen der Notengebung« gemacht werden. Dann geht es darum, wie man Kindern helfen kann, die wegen der Notengebung in Gefahr sind. Dazu lasse ich einen Bericht aus der »Frankfurter Rundschau« über zwei Schüler-

selbstmorde wegen »schulischer Schwierigkeiten« herumgehen. Es ist viel Engagement bei diesen Leuten hier. Wir beschließen, einen Informationsstand aufzubauen und einen Telefondienst einzurichten. Ich will in beiden Vorbereitungsgruppen mitmachen. Als es vorbei ist, denke ich, daß es gut tut, mit so vielen Gleichgesinnten – etwa 50 waren heute hier – das vorantreiben zu können, was mir wichtig ist und dessen Realisierung immer so fern ist: Humanität in der Schule. Aber ich bin auch realistisch. Erst mal abwarten, ob das alles so wird, wie wir es vorhaben. Und es kommt ja nicht nur darauf an, die Auswirkungen der Inhumanität zu lindern. Es kommt darauf an, zu erreichen, daß Inhumanität in der Schule gar nicht erst entsteht. Ob *dies* aber mit der »Aktion Humane Schule« möglich ist, läßt sich für mich noch in keiner Weise erkennen.

In den Tod
»Schülerpaar tötete sich«
»München, 23. Juni (dpa). Eine Woche nach der Einnahme eines Pflanzenschutzmittels sind am Montag in einem Münchener Krankenhaus ein 19jähriger Gymnasiast und seine 15jährige Freundin (beide aus Kempten/Allgäu) gestorben. Vor acht Tagen hatten die beiden beschlossen, aus Verzweiflung über schulische Schwierigkeiten gemeinsam in den Tod zu gehen.«

Sonnabend – 26.6.

Noten geben
Heute ist keine Schule. Ein Sonnabend im Monat ist schulfrei. Ich rufe die Mutter eines Mädchens aus T. an und frage, ob sie Lust hat, bei der Podiumsdiskussion der »Aktion Humane Schule« mitzumachen. Sie ist überrascht, aber nach einer Viertelstunde Gespräch weiß sie, worum es geht, und ich glaube schon, daß sie es machen wird. Ich rede mit ihr

also 15 Minuten über die schädlichen Auswirkungen von (schlechten) Zensuren. Sie erzählt von ihrer Tochter (7. Klasse), die in Latein eine 4 kriegt und deswegen völlig fertig ist. Sie ist in den letzten drei Tagen nicht zum Schwimmen gegangen, und es sind draußen jetzt jeden Tag über 30 Grad. Ich bin also voll drin in der Wirkungsproblematik der Notengebung. Und was liegt neben mir? Die Klassenmappen, und ich werde gleich – Noten festsetzen!

Verkehrte Welt. Natürlich nehme ich mir vor, die negativen Auswirkungen gering zu halten. Und bei den Kindern, die ich gut kenne, wird das wohl auch gehen. Aber bei den anderen, die ich nicht näher kenne, weiß ich nicht, was da eine 4 in Bio oder eine 5 in Mathe, oder, oder, oder bedeuten, welchen Stellenwert diese Urteile in ihrem Leben haben. Ich bin froh, daß ich das zum letzten Mal tun muß. Und eigentlich bin ich wütend, daß ich es noch einmal tun muß – gleich nämlich.

Also gebe ich mich noch einmal her für diese Inhumanität. Ich kann es nicht ändern. Ich spüre, wie es mich hart macht und verspannt. Ich spüre, wie mir der Zugang zu freundlichen Gefühlen schwieriger wird, wie mir Lächeln fremd wird. Ich weiß, per Intellekt: Das gibt es ja auch noch irgendwo, mit Kindern lächeln. Und dieses Wissen hält mich über Wasser.

12. Woche

Montag – 28.6.

Ärger
Voll Grimm über die Sache mit dem Schulratbesuch fahre ich zur Schule. Die Kollegen sind freundlich-neutral wie immer. Nur ich bin nicht so gelassen. Von zwei Kolleginnen kann ich 15 Minuten von ihren Stunden bekommen, für die Notengebung in der 8c. Ich würde die Noten sonst ohne die Kinder festsetzen müssen, denn an dem dafür vorgesehenen Tag war ich ja »krank«. Heute bin ich deswegen schon zur 1. Stunde da. Aber ich habe meine Prioritäten und meinen Ärger über den Freitag. Dann informiere ich den Rektor und den Konrektor über meine Kündigung. Es ist nun für sie keine Neuigkeit mehr, das Ganze. Ich sage ihnen auch, was ich von dem beabsichtigten Schulratbesuch gehalten habe. Sie meinen, ich könnte das doch jetzt gelassen passieren lassen.

Schulrat
Der Schulrat hat »reagiert«. Ich bin dienstlich zum Schulamt bestellt. Nachmittags bin ich dann da. Gleich zu Beginn sage ich ihm, was mich geärgert hat, und daß ich gekündigt habe. Und da ist es dann vorbei, die Kriegerei mit ihm. Er akzeptiert sofort und wünscht mir »alles Gute«. Beim Gespräch merke ich: Schule war, ist vorbei, mit einer Restzeit von etwas mehr als zwei Wochen. Eine Sache habe ich noch vor: Ich möchte Fragebögen erstellen und von den Kindern ausfüllen lassen – über meinen Unterricht, meine Art und unser Zusammensein.

Der Schulrat: »Was sollte ich denn machen, als das Rad lief (er meint die Aktion der gewissen Kollegen in T.), da konnte ich doch nicht in die Speichen greifen, das verstehen Sie doch?« – Ich verstehe schon. Meine aber, daß er etwas hätte bewirken können. Wer sonst? Ich sage aber nichts mehr dazu. Ich habe den Eindruck, ihn interessiert nur aus der Verwaltungsperspektive, daß der Laden läuft. Wie das Klima an einer Schule ist oder was dort für eine Politik gemacht wird, ob die Kommunikation mit den Kindern akzeptabel ist oder nicht – das überläßt er der Schule, das müssen die Lehrer unter sich ausmachen. Als ich über meine Art, mit Kindern umzugehen, rede und das von der Art der bestimmenden Leute in T. abhebe, hört er nur höflichkeitshalber hin. Seine Antwort dann: Er hat für das nächste Schuljahr vor, etliche neue Lehrer an diese Schule zu schicken. »Gestandene Schulleute«. Inhaltlich geht er überhaupt nicht auf das ein, was ich zur Kommunikation sage. Er hat eben eine andere Perspektive: die Sache funktionieren lassen. Das Wie dabei – wird ausgeklammert.

Als ich zurückfahre, bin ich doch ziemlich frustriert. Da ist einer, der die Macht hat, vor Ort in der Schule etwas zu bewirken, etwas zu initiieren, Zeichen zu setzen, Einfluß zu nehmen. Was tut er aber: Er zieht sich zurück und *verwaltet*. Natürlich bewirkt so ein Verhalten auch viel. Und ich finde es schon ganz in Ordnung, die Leute das selbst machen zu lassen. Trotzdem: Ich denke, auch er muß sich entscheiden, wo er steht, was den Umgang mit den Kindern angeht – und wenn dieser für ihn wichtig ist, dann ... Er muß ja nicht gleich anordnen, aber er könnte vermitteln, Gespräche bewirken oder wenigstens Interesse bekunden, Anteil nehmen. So aber verwaltet er und überläßt den Rest sich selbst.

Wahrheit
Heute ist die Abschlußfete der 9. Klasse aus T., zu der ich eingeladen bin. Die anderen Lehrer drohten an, wenn ich zusagen würde, kämen sie nicht. Als ich dann da bin, im Wald an einer Lagerfeuerstelle, sind außer Rolf und seiner Frau keine Lehrer gekommen, auch nicht der Klassenlehrer. Ich finde das total unmöglich – aber so sind sie eben dort.

Obwohl ich in dieser Klasse keinen Unterricht hatte und sie so gut wie nicht kenne, ist es sehr schön. Viel reden, viel Kontakt, viel »einfach so«. Nach drei Stunden, als alle im Kreis sitzen, fängt Mani an und liest seine Abschlußrede vor, mit vielen Kommentaren und Zurufen. Sie ist nicht für Eltern oder Lehrer gemacht, sondern für seine Leute. Was ich höre, geht mir sehr nahe: Er sagt das, was ich über die Situation der Kinder in der Schule herausgefunden habe. Was aber nur verschwindend wenige von den Erwachsenen, die in der Schule arbeiten, als die Realität der Kinder bemerken. Für die anderen ist eine solche Aussage nur »dummes Kindergerede«. Ich spüre, daß das, was so leicht dahingesagt wird, wirklich ihre Erfahrung ist, ihre Wahrheit eben. Sie gehen alle mit der Rede leicht um. Aber es wird deutlich, worum es geht. Um tiefes Verletztsein. Und um Betrogensein um die Jahre, die sie in der Schule verbringen mußten. *Die Rede ist die Wahrheit der Kinder.*

Mani verbrennt seine Rede im Lagerfeuer. Ich bitte ihn dann, sie noch einmal für mich aufzuschreiben. Er tut es gern, und die anderen helfen ihm dabei. Als ich von Veröffentlichung rede und ihn frage, ob er einverstanden sei, ist das für ihn in Ordnung. Aber ich merke auch, daß ihn das gar nicht mehr so interessiert. Es ist doch alles so klar. Und: Sie stehen vor Neuem ...

Die Abschlußrede
»Freunde, es ist geschafft. Neun lange Jahre sind vorbei. Mein herzlichstes Beileid möchte ich allerdings all denen wünschen, die noch länger in den sogenannten Schulen gefoltert werden. Die letzten neun Jahre waren die schlimmsten in unserem Leben. Und werden es wohl auch bleiben. Die Pauker haben uns dermaßen geschafft, daß manch einer sie gern vor ein Kriegsgericht stellen möchte. Ich bin auch dafür, daß die Schulen, die Gebäude des Schreckens – Schule, das Wort, das bei Kindern wie ein Brechmittel wirkt –

abgeschafft werden. Aber nein, die Schulen werden noch vom Staat unterstützt. Doch freut Euch, Ihr, die Ihr es geschafft habt. In Zukunft dürft Ihr mit euren Bossen über Lohnerhöhungen und seine Tochter streiten. Freut Euch, es wird eine herrliche Zeit. Vergeßt all das Böse, was Euch in der Schule geschah, haltet die Ohren steif. Tschüs!«

Dienstag – 29.6.

Wieder Student
Heute ist Lehrerausflug. Ich habe mit dem Rektor und den Kollegen darüber gesprochen, was ich vorhabe, und daß es mir heute am besten paßt, organisatorische Vorbereitungen für die Dissertation zu erledigen. Um 16.00 Uhr habe ich dann alle Unterlagen an der Uni abgegeben und bin wieder Student, immatrikuliert. Das geht bei Promotionsstudenten schnell und problemlos. Gestern und heute war das so eine Hetze, alle Papiere zusammen zu bekommen – aber jetzt ist es geschafft. Als ich den Studentenausweis in der Hand habe, merke ich langsam meine Statusveränderung: Ab jetzt bin ich Student, Doktorand, und nur noch restweise in der Schule. Und mir ist zum Heulen zumute, so anstrengend war das alles bis hierhin.

Countdown
Ich bleibe im Unigelände und gehe durch die Gebäude. Studentische Welt. Ich informiere mich mal einfach so. Es ist hier alles völlig anders als in der Schule. Das Schule-Gefühl weicht zurück, und ich spüre auf einmal, wie gut ich mit den Kindern auskomme, daß wir Freunde sein können. Ich merke, daß ich jedem mißtraue, der nicht mit Kindern in der Schule gearbeitet hat, wenn er etwas über Kinder aussagt. Wie will der eine Ahnung davon haben, was mit den Kindern die eine Hälfte des Tages passiert? Dies ist ein Erfahrungswert, der nicht abstrakt und theoretisch zu erfassen ist.

Können Unterrichtsbeobachtungen vermitteln, wie es ist? Vielleicht, wenn man sensibel darauf achtet, was die Kinder tun – wenn man nicht darauf achtet, wie der Unterrichtsstoff vermittelt wird, was der Erwachsene tut. Wenn man versucht, mit ihrer Perspektive das zu sehen, was dort geschieht, in der Schule, mit ihnen.

Insofern war es sehr wichtig, ein Jahr Schule mitzumachen. Aber dabei lief der Countdown, der Countdown für den Start zur persönlich mitgetragenen Inhumanität. Dorthin, wo es einem nicht mehr möglich ist, sich dem Sog der inhumanen Struktur *innerlich* zu entziehen. Wo das tägliche inhumane Handeln zur persönlichen Selbstverständlichkeit wird. Über das nachzudenken nichts bringt, vielmehr nur schadet, verunsichert, Selbstzweifel produziert, aufreibt, krank macht. Wo es schließlich tabuisiert wird – so selbstverständlich ist seine Ausübung. Wo sich einem der Schleier des ideologischen »Ich bin human!« vor die inhumane Tagespraxis schiebt. Ich habe mich so sehr gegen diesen inneren Umschwung gewehrt. Und ich weiß nicht, wie oft man versucht hat, mir zu zeigen, wie schön es in diesem Land ist und wie erfolgreich man dort sein kann – in diesem Land der Inhumanität. Ich hatte immer den eisernen Willen, nicht mit dorthin zu sausen – und jetzt, wo ich die Rakete, die mich in dieses Land bringen sollte, verlasse, da geht alles so schnell: neue Papiere (Studentenausweis), »Alles Gute auf Ihrem neuen Weg« (Schulrat), neues Lebensfeld (Uni). Schon bin ich draußen, vor dem Zaun, drehe mich um und sehe hinter mir: das Gelände, auf dem die Fahrzeuge zum Flug ins Land der Inhumanität bereitstehen, streng abgesichert, kaum verlaßbar für »normale« Leute, die einmal ja gesagt haben zu diesem Unternehmen, das sich als humanes Handeln verkauft und Schule heißt.

Vorerst habe ich noch einen Besucherausweis für 14 Tage. Und auch später werde ich wohl mal zu Gast dort sein können, bei diesen netten Leuten, die in ihrem Land der Inhumanität hausen – und die kaum mehr merken, wohin sie geraten sind.

Und die Kinder, die Zwangsbürger dieses Landes? Ich kann ihnen vor Ort nicht helfen, da ich es nicht aushalten würde, dort zu leben. Wenn ich ihnen helfen kann, dann diesseits des Zauns. Subversive Hilfe scheitert an meinem Unvermögen, mich in diesem Land dauernd verstellen zu können, so daß mich die Verstellung nicht doch auffrißt und mich die Realität meiner täglichen Umgebung einholt. Das schaffen vielleicht andere, die diese Quadratur des Kreises irgendwie hinbekommen – aber da bin ich doch sehr skeptisch. Wer will das denn auf Dauer aushalten können? Das geht doch nur vorübergehend. Vielleicht schafft man es ja länger als ein Jahr. Ich jedenfalls spüre, daß es für mich höchste Zeit ist, auszusteigen. Der Countdown läuft – und ich spüre die Nähe des Starts. Bisher habe ich noch nie ein Kind wirklich angeschrien oder derartiges gemacht, was dann auf mein persönliches Inhumanitätskonto geht. Da bin ich mir sicher und darauf bin ich stolz. Und ich weiß, wie hart das war. Aber ich spüre auch, daß der Punkt, eben doch mal loszuschreien und sie nicht mehr abzukönnen – die Kinder – näher und näher kommt.

Mittwoch – 30.6.

Ich bin wie zu Besuch in der Schule – ich fahre sehr unwillig hin, habe wirklich keinen Nerv mehr, noch irgendein Kind anzumeckern oder sowas oder sonstwas. Aber es muß wohl sein. Während der vier Stunden – es gibt heute nach der 4. Stunde hitzefrei – verhalte ich mich dann so:

Klasse 6a
In der 1. Stunde mache ich 30 Minuten richtig Unterricht. Allerdings lasse ich sie unbehelligt und arbeite zeitweilig nur

mit zwei Kindern zusammen, obwohl es als Klassengespräch läuft. Dann wird es mir unheimlich, daß fast alle nichts tun. Ich ordne an »Hefte und Stifte raus« und lasse sie etwas vom Projektor abschreiben. Ich gehe durch die Klasse und hake bei etwa zehn Kindern nach, die Arbeitssachen nun auch tatsächlich herauszunehmen. Ein paar haben aber heute »keinen Nerv« – es sind meine Worte, es sind die Möglichkeiten, sich der Inhumanität zu entziehen (hier irgendwelcher Matheaufgaben). Ich habe sie ihnen gezeigt, und ich erkenne dieses Signal und lasse sie dann auch in Ruhe. Ich bitte sie nur, nicht so laut zu sein, in eine Ecke der Klasse zu gehen und sich dort hinzusetzen, wenn sie miteinander reden wollen. Das tun sie dann. Mit den anderen führe ich die Arbeit zu Ende. Zum Schluß spielen wir alle zusammen »Heads down – Heads up«.

Klasse 6b
Hier bestehe ich darauf, zehn Minuten Unterrichtsstoff zu bearbeiten. Sie sind einverstanden, sie schreiben mit, problemlos. Dann gehen wir raus, auf den Rasen hinter der Turnhalle und spielen »Zuzwinkern«. Ein paar sehen zu, ein paar spielen Ball. Heute ist es in ihrem Klassenraum wieder sehr warm, um die 30 Grad, er liegt voll in der Sonne, dazu noch Baulärm. Sie sollten zu Hause bleiben, denke ich, oder eben spielen und lernen, wie man freundlich miteinander umgehen kann, in so einem großen Kreis. Und wir spielen ja. Es ist schön.

Beistehen
Pausenschluß. Monika aus der 5c ist barfuß gelaufen und hat sich einen Nagel in den Fuß getreten. Sie sitzt im Organisationsraum, andere drumherum, sie weint. Die Kinder holen mich, ich soll helfen. Sie trauen es mir zu. Ich fühle mich hilflos: »Wenn ich den Nagel anfasse, tut es weh.« Aber ich sehe, daß er raus muß. Und ich sehe, daß er krumm und brüchig ist, so daß ich nicht weiß, ob ich ihn mit Ziehen

überhaupt rausbekomme. Ich rede mit allen, ich akzeptiere sie hier im Raum. Ich fühle mich durch ihre Anwesenheit nicht gestört. Ich kann ihnen meine Hilflosigkeit anvertrauen. Ob ich mich lächerlich mache, wenn ich nach einem Arzt telefonieren lasse? Ich überlege, was mehr wiegt: ob ich mich lächerlich mache in den Augen Erwachsener oder ob ich ihr Schmerz ersparen kann. Der Hausmeister schaut kurz in den Raum, sagt etwas von »Müßt Ihr denn barfuß laufen?«, geht dann wieder und ist wohl auch hilflos. Dann sage ich, daß ich es versuchen werde, und daß sie heulen kann, wenn es weh tut, denn »es wird gleich weh tun«. Er geht nicht beim ersten Mal raus – sie sehen mich an. Ich bin ruhig und versuche es noch einmal und bin dann glücklich, daß er raus ist. Anschließend informiere ich aber doch den Konrektor darüber. Er zögert und denkt wohl auch an Bagatelle. Dann sagt er etwas, was ich toll finde: »Komm, ich fahr Dich zum Arzt.«

Ich komme zehn Minuten zu spät in die 8c. Mir war das Mädchen wichtiger, obwohl ich ständig an die Aufsichtspflicht in der 8c dachte und an den Lärm, den sie machen, und was die Kollegen davon halten. Aber ich freue mich, daß ich mich nicht davon abbringen lasse, konkret zu helfen. Und ich weiß auch, daß es die Ausnahme hier in der Schule ist, persönliches Leid mitgeteilt, anvertraut zu bekommen.

Nachher, in der 4. Stunde, ist Monika wieder da und hat einen Verband um den Fuß. Der Arzt hat noch einen Rest von dem Nagel gefunden und rausgeholt. Nach der Stunde fahre ich sie noch nach Hause – etwas, das »versicherungsrechtlich bedenklich« ist und der Struktur der Schule nicht entspricht. Aber ich weiß, was mir hilft, was auch ihnen gefällt und was uns alle weiterbringt.

Klasse 5c
Ich spreche mit den Kindern ab, nachher noch 15 Minuten Bio zu machen. Wir spielen zu Beginn 20 Minuten »Heads

down – Heads up«. Sie sind ziemlich leise und voll beim Spiel. Als ich dann die abgemachten 15 Minuten ankündige, da wollen sie nicht, sie haben keine Lust. Sie werden aggressiv gegeneinander. Sie sind auf einmal wieder so, wie ich sie so oft im »Unterricht« erlebt habe. Eine ganze Weile habe ich das Gefühl, von ihnen nicht ernst genommen zu werden. Ich kämpfe darum, Bio zu machen. Dann merke ich, auf was für ein Spielchen ich mich da einlasse – und wir spielen bis zum Schluß weiter.

Zeugniskonferenz
Einmal geht es darum, daß ein Junge sehr schlechte Zensuren hat. Alle beteiligten Lehrer sind sich darüber im klaren, daß mit Nichtversetzen die Noten im nächsten Jahr auch nicht besser werden, weil die Situation des Jungen aussichtslos ist (soziale Umgebung). Aber mit einer Versetzung auch nicht. So hatten sie noch im letzten Jahr reagiert. Sie sehen: Dieser Junge ruft nach Hilfe. Aber sie können nichts machen. Dazu haben sie keinen Auftrag, keine Ausbildung. Überforderung. Das sehen sie, und das halten sie aus. Einige spielen es herab – ich sehe das als Ausdruck ihrer Hilflosigkeit an. Ich aber weiß, daß ich so etwas nicht aushalten werde. Ich glaube, mein Wissen und mein Erfahren vom »Hilf mir doch« der Kinder setzen mir eine Schranke, hinter der ich nicht leben kann. Wenn ich diese Schranke nicht beachte, verrate ich sie. Und mich. Ich kann nur mit ihnen sein – oder gegen sie.

Donnerstag – 1.7.

Klasse 7G
Eben, vor 40 Minuten, ging diese Stunde zu Ende: Ambivalenz – Paradoxie – Inhumanität – Humanität – friedliches Miteinanderumgehen – Krieg: alles gleichzeitig, blitzschneller Szenenwechsel, anstrengend, hartmachend.

Die, die mitmachen: Sie sind bereit, zuzuhören und mit mir zu kooperieren. Sie stellen nicht in Frage, daß wir jetzt zusammen Unterricht machen. Sie fangen an, sie besprechen mit mir das, was unklar ist. Sie lassen sich helfen und helfen den anderen. »Es ist ja schon ein Erfolg, daß Max jetzt mit an unseren Tisch gekommen ist, statt allein zu sein«, sagen sie.

Die, die nicht mitmachen: Sie sind am Unterrichtsstoff nicht interessiert. Sie sind laut, aggressiv, reden miteinander. Sie werfen sich den Tafellappen an den Kopf, zünden Papier an, holen demonstrativ keine Arbeitssachen raus. Sie bleiben vor Stundenbeginn auf dem Flur, ich brauche schon fast Kriegsstimme, um sie reinzutreiben. Sie überschütten mich mit Vorwürfen: ich kümmere mich zu wenig um sie, sie können nichts lernen, es ist zu laut, ich tue nichts gegen den Lärm, ich komme nicht zu ihnen. Ich denke, daß sie es am nötigsten haben, daß ich mich ihnen zuwende, völlig unabhängig vom Unterrichtsstoff, einfach zuwende, freundlich zu ihnen bin, Zeit habe – und genau das, was so notwendig ist, geht in der Schule aber nicht. Wenn ich es nur mit einer kleinen Gruppe zu tun hätte. Hier schlägt der Strukturzwang »Große Klasse« durch – es sind 33 –, da läßt sich nicht dran rütteln.

Und dann passiert es: Ich erlebe mich heute zum ersten Mal in der Schule als wirklich aggressiv. Ich schreie heute zum ersten Mal richtig, mit einem Impuls innerer Ablehnung diesem einen Mädchen gegenüber. Nachher, im Anschluß an die Stunde, da geht es dann wieder. Claudia hat das auch während meiner Schreierei nicht so dramatisch gesehen, eher locker passieren lassen.

Was los war: Einer hat beim Versuch, den Stecker des Tageslichtprojektors rauszuziehen (eine der üblichen Störaktionen), die Steckdose mit herausgezogen, die Anschlüsse liegen gen offen. Ich bin beunruhigt und gehe auf den Flur, um die

Sicherung rauszumachen, finde aber nicht die richtige für die Klasse. Dann lasse ich einen Schraubenzieher vom Hausmeister holen, um die Steckdose festzuschrauben. Und damit ist die ganze Sache jetzt offiziell. Ich bin genervt. Dann klappt das mit dem Schraubenzieher nicht. Ich stelle den Papierkorb vor die offene Steckdose und sage laut, was los ist. Gefährlich usw. Ich habe jetzt ein etwas ruhigeres Gefühl hinsichtlich Unfall und Aufsichtspflicht, auch wenn die Klasse weiterhin sehr unruhig ist. Und irgendwann kommt Claudia mal wieder nach vorn und besteht darauf, daß ich jetzt aber etwas anderes machen soll. Sie steht dabei in der Nähe der Steckdose und redet auf mich ein – und da wird es mir zu viel, so daß ich aggressiv-feindlich versuche, sie von dort wegzutreiben. Als alle dann doch merklich ruhig werden, für einen Moment, kann ich ihnen sagen, daß ich im Fall von echten Gefahren eben wild werde. Trotzdem – es ist die Tour der »anderen Seite«. Und ich bin nicht nur sauer, wie mir einige hinterher als durchaus legitim zugestehen – ich bin feindlich. Höchste Zeit, zu gehen!

Klasse 5c
Eine Stunde vorher, vor der 7G. Es ist ganz anders. Hier gelingt es mir zum ersten Mal, am Ende einer Stunde so etwas wie ein therapeutisches Klima zu bewirken. Ich bemühe mich die ganze Zeit, einen Konflikt zwischen Stefan und Guido zu befrieden. Ich sage beiden, daß man so nicht weiterkommt, bin zu beiden freundlich. Zu Beginn der Stunde verhindere ich erst einmal, daß sie sich weiter schlagen. Dann spreche ich mit Stefan allein, gehe mit ihm in den Flur und rede mit ihm. In der Klasse zurück, lasse ich ihn dann seine Biosachen machen, er ist ruhiger. Mit Guido rede ich auch. Und immer sind andere dabei, die das alles mitverfolgen und mitagieren. Ich lasse sie das tun, kann aber nicht überblicken, wie weit sie da schlichten oder anheizen. Jedenfalls entsteht zum Schluß ein Toleranzgefühl Stefan gegenüber, der sonst deutlich isoliert ist. Ich spüre, daß viele aus der

Klasse diese Schlußminuten gut finden. Als ich beim Aufräumen nach der Stunde mit einigen noch darüber rede, wird mir klar, wie sehr sie selbst dabei helfen können – wenn es nur genug Gelegenheit geben würde, ihnen so etwas vorzuleben und dafür Zeit zu haben.

Belastung
Insgesamt hat mich dieser Vormittag sehr angestrengt. Ich bin jetzt beim Schreiben noch nicht darüber weg – ich spüre, daß ich keine weitere Belastung vertragen kann. Alles aus der 7G ist so gegenwärtig. Ich kann mich noch nicht auf die Radtour mit der Planungsgruppe einstellen. Ich möchte jetzt Pause haben von all dem – ganz mal *meine* Sachen tun. Aber es wird gleich schon gehen.

Planungsgruppe 7G
Radtour mit den Kindern aus der Planungsgruppe. Es kommen vier, die mitwollen. Andere kommen kurz zum Treffpunkt, aber sie sagen, daß sie heute etwas anderes vorhaben. Und dann erlebe ich die Alternative. Wie es ist, wenn man Zeit hat und ich nichts von ihnen will, wenn Freundlichkeit ohne »Schulnotwendigkeiten« zwischen uns sein kann.

Wir fahren durch die Felder, Sommerhitze, Sommerwind. Ich bin nicht so entspannt wie auf der Fahrt zum Schwimmbad neulich. Woran liegt das? Ich glaube, ich bin durch die geringe Zahl der Kinder viel mehr gefordert, dauernd dran, ohne Pause. Nicht schlimm, aber doch spürbar. Wir haben schnell einen Feuerplatz für die nächste Woche erkundet. Dann fahren wir weiter zum Wald und suchen eine Picknickstelle. Schließlich landen wir an einem Flüßchen, bei einer Brücke, weg von der Straße, mitten in den Feldern. Wie geschaffen für so ein Treffen. Wir bauen mit Steinen einen Damm, stehen dabei im Wasser, machen Zielwerfen auf unsere leeren Limodosen. Wir bleiben vier Stunden hier, und es ist einfach herrlich.

Wir sitzen auf einem Holzstapel. Sie rauchen. »Besonders vorsichtig«, wegen der Brandgefahr. Ich erzähle ihnen, daß ich aus der Schule rausgehe. Sie sind die ersten Kinder, denen ich es sage. Es fällt mir nicht so leicht, davon anzufangen, aber dann geht es. Sie wollen wissen, warum. Ich erkläre es ihnen länger. Zeitweise hören sie nicht hin, aber ich lasse nicht locker. Ich spreche von den Vorschriften, die mir sagen, wie ich mit ihnen umzugehen habe, und daß mich alles stört, was in Richtung auf ein »Ihr sollt« geht. Und daß ich mich nicht daran halten will, an diese Art, mit Kindern umzugehen, und daß ich dann eben aus der Schule raus muß.

Als wir überlegen, wie wir uns nach den Ferien noch sehen können, mache ich den Vorschlag, daß wir uns doch einfach als »Gruppe« treffen könnten. Mit allen, die dazu Lust haben. Ich habe dann das Gefühl, daß ihr Unbehagen über mein Weggehen einigermaßen vorbei ist. »Wen kriegen wir denn dann in Mathe?« Sie stellen sich um. Sie denken an das, was kommt und hadern nicht mit dem Jetzt. Zum Schluß beraten sie mich, welche Fragen ich in den Fragebogen über meinen Unterricht packen kann, den ich allen Kindern vorlegen möchte. Einige Ideen finden sie nicht so gut, und ich nehme sie heraus. Als wir zurückfahren, ist es allen zu wenig Zeit. Die Rückfahrt ist vertrauter als die Hinfahrt, ungezwungener. Wir kennen uns besser und wir haben etwas Neues vor.

Freitag – 2.7.

Klasse 6a
Große Debatte mit einer Gruppe von zehn Kindern die ganze Stunde über. Es geht um meine Notengebung. »Warum gibst Du Elisabeth keine 2, wo sie doch 2 steht, wie Du selbst sagst?« Ich erkläre, daß es nicht gestattet ist, jemandem eine 2 zu geben, wenn er auf dem letzten Zeugnis eine 5 hatte. Und daß die Note zum Ende des Schuljahres eine

Gesamtnote für das ganze Schuljahr ist, daß also die Frühjahrsnote mit berücksichtigt werden muß. Aber das interessiert sie nicht. Was sind schon Regeln, wenn das, was gut tut (eine 2 in Bio), so greifbar nah ist.

Dies erfahre ich immer wieder: Sie sind sich so sicher, was gut für sie ist – und keine Regel oder Vorschrift kann ihnen dieses Gefühl nehmen. Was nicht gut für sie ist, kommt von außerhalb. Sie selbst würden es sich so einrichten, daß es gut für sie und auch für die anderen ist. Das gilt ganz allgemein, und hier, bei der Notengebung, wird es konkret. Sie strahlen Souveränität aus in der Frage, was sie brauchen und was nicht. Da hat kein anderer zu bestimmen, da sind sie auf sicherem Boden. Regeln, Erwachsenengerede – das schieben sie souverän beiseite. Ich erfahre etwas von dieser Potenz, weil ich mich dafür aufmache, zuhöre, ihnen gestatte, zu sagen, wie sie die Dinge sehen. Und ich weiß auch von meinem Zusehen – einem Zusehen, das frei von pädagogischer Einmischung ist –, daß sie wirklich tun, was sie für richtig halten. Schlau, listig, verborgen oder offen: Sie sehen sich um, mit wem sie es zu tun haben und wie offen sie zeigen können, daß sie tun, was sie für richtig halten. Aber: Sie tun es eben.

Mir fallen Beispiele ein. Auf der Bioexkursion holen sie sich Kirschen vom Baum. Die »Regel«, daß diese den Anwohnern gehören, interessiert nicht. Oder: Im Anschluß an die Exkursion gehen sie vor den Fenstern der anderen Klassen lang und sehen sich an, was dort gemacht wird. Daß das dort Unruhe reinbringt, daß das nicht gestattet ist, das interessiert nicht. Oder: Bei der Radtour gestern fahren sie auf der linken Straßenseite. Daß das gefährlich ist, daß das gegen die Vorschriften der Straßenverkehrsordnung verstößt, das interessiert nicht. Oder: Wir sind beim Notenbesprechen draußen, es klettern drei auf einen Baum. Es interessiert nicht, daß das nicht gestattet ist. Oder: ...

Nein, sie lassen sich nichts vormachen, wenn es um ihre Interessen geht. »Wenn Du meinst, daß sie eine 2 kriegen kann, dann steht ihr das zu.« Sie haben ihre eigenen Bezugsgrößen und Relevanzkriterien, die ihnen Auskunft darüber geben, was gut für sie ist und was nicht. *Und genau an diesem Punkt, von dieser Basis aus müßte man mit ihnen arbeiten.* Dort anfangen, dort in Frage stellen, dort sich selbst einbringen. Dann könnte es etwas werden, etwas Gemeinsames von Erwachsenen und Kindern: relevantes und leistungsfähiges Lernen. Solange die Erwachsenen aber sagen, letztlich, was gut für die Kinder ist, da sieht es halt anders aus: Schule heute.

Ich trickse dann, um ihr die 2 doch geben zu können. »Ja, da gibt es aber eine andere Regel, die sagt, daß man die bei einer Konferenz eingereichten Zensuren nicht mehr ändern darf.« Die Begründung interessiert sie nicht, sie sind zufrieden, daß Elisabeth ihre 2 bekommt. Mir aber ist sauunwohl dabei, der so nicht gültigen Vorschrift und der Kollegen wegen. Ich tröste mich damit, daß es nicht an die große Glocke kommen muß und daß ich hier ja sowieso aufhöre.

Und in mir kommt Wut über diesen ganzen Notenquatsch hoch. Selbstverständlich sind die Noten, die ich ihnen verpaßt habe, von mir subjektiv zusammengebraut. Diese blödsinnigen Ansichten über »objektive« Notengebung! Derartige Beurteilungen sind Herrschaftsausübung, Kommunikationsvernichter, schlicht widerliche Angelegenheiten, inhuman. Wer anders darüber denkt, weiß nicht, was Sache ist bei denen, die das alles ertragen müssen. Und natürlich bin ich dafür, überhaupt keine Noten zu geben, all das »Ich weiß was über Dich« schleunigst sein zu lassen und statt dessen in ehrliche und gleichwertige Kommunikation einzutreten. Was wäre, wenn ich es bleiben ließe, Noten zu geben? Klar: Ich würde rausfliegen. Und wenn ich allen eine 2 geben würde? Dann wäre ich im Kollegium unten durch, der Rausschmiß käme nur etwas später. Daß ich es so mache, niemandem in einem Nebenfach eine 5 zu geben, ist das äußerste, was in diesem Laden geht. Und wäre ich noch länger hier, würde auch das Schwierigkeiten mit sich bringen.

Kollegen
Nach dem Unterricht komme ich mit zwei Kollegen ins Gespräch. Die Kollegin und der Kollege sehen es auch so, daß man in der Schule nicht tun kann, was man selbst für hilfreich hält. Sie hält das aus und will den bedrängten Kindern wenigstens helfen, so gut es eben geht. Es reicht ihr, was sie da machen kann. »Würde es weniger – dann ginge ich auch.« Er, gerade im 2. Jahr in der Schule, weiß noch nicht, ob er diesen Zwiespalt wird aushalten können. Er erlebt oft, wie er gegen sich handelt. Er meint, daß nichts gewonnen ist, wenn er rausgeht. Beide wüßten auch nicht, wie sie außerhalb der Schule mit Kindern arbeiten könnten. Ich werde mir im Gespräch mit den beiden Kollegen der Kompromißlosigkeit meiner Auffassungen deutlich bewußt. Ich frage mich, wie lange sie diese schizophrene Situation aushalten werden, oder ob sie nicht bereits so spezifisch blind sind, daß sie das, was sie eigentlich während der Unterrichtsminuten tun, in der realen Interaktion mit den Kindern, schon gar nicht mehr transportieren können in ein Gespräch wie dieses. Aber ich spreche das nicht an, ich lasse sie in Ruhe. Ich merke, daß sie an dem ganzen Kram leiden und daß sie keine Alternative haben. So bin ich freundlich, wie sie es zu mir sind, und wir können gut miteinander reden. So, als helfen wir uns, nicht umzukippen, bei all dem, was wir dort mit den Kindern anrichten.

Verabredet
Nachmittags bin ich mit Kindern meiner ehemaligen 5. Klasse aus T. im Schwimmbad verabredet. Es ist das erste Treffen mit ihnen seit meiner Abordnung im Februar. Es dauert eine Weile, bis ich mich an einzelne in ihrer Art richtig erinnern

kann. Nachdem wir im Wasser zusammen gespielt haben, wird das besser, vertrauter. Von den zwanzig, die gekommen sind, bleiben schließlich noch zehn. Mit ihnen sitze ich auf dem Rasen, und wir reden darüber, weshalb ich aus T. weg mußte.

Damals
Mir wird die gesamte Situation von damals wieder sehr gegenwärtig. Unser gemeinsamer Start im September vorigen Jahres, als alles ganz neu für uns war. Sie kamen von der Grundschule, ich aus der Lehrerausbildung. Unser Zusammenwachsen, unsere Spielnachmittage, die Klassenfahrt, die Besuche bei ihnen zu Hause. Die Besuche von Eltern im Unterricht, zu denen ich eingeladen hatte, die monatlichen langen und konstruktiven Elternabende. Die Wahl zum Vertrauenslehrer aller Kinder der Schule, mein Engagement, ihre Begeisterung darüber, und das Unbehagen vieler Kollegen über diese Aktivitäten. Meine völlig entgegengesetzte Art zu den tonangebenden Lehrern, was die Beziehung zu den Kindern und die entsprechende Unterrichtsgestaltung betraf. Die Heimlichkeiten, Belustigungen und Intrigen der Kollegen, ihr Neid über meinen Kontakt zu den Kindern. Meine vergeblichen Versuche, den Rektor zur Vermittlung zu bewegen.

Dann im Februar die groteske Situation, als es der Rektor nur im Beisein der Konrektorin schaffte, mir zu sagen, daß ich ab sofort als Klassenlehrer abgelöst sei, ohne Begründung. Meine völlige Verblüffung darüber. Meine zurückhaltende Reaktion und mein Stillhalten, da ich für die folgende Woche einen Termin beim Schulrat hatte, um alles einmal durchzusprechen, was in T. schief lag. Die riesige Enttäuschung über den Überfallbesuch des Schulrats am nächsten Morgen, seine Stundenbesichtigungen und unmöglichen Kommentare zu meiner Arbeit mit den Kindern und die anschließende Abordnungsverfügung zur Schule nach E.

Meine kurze Resignation und dann der feste Wille, mich nicht von diesem Ort meines Wirkens und Schaffens und Erfolgs bei den Kindern abdrängen zu lassen. Mein Wissen, wie wichtig ich für die Kinder in T. als Garant für Achtung und Kinderfreundlichkeit an ihrer Schule war.

Ich erinnere mich an meine Angst, die mich wegen des klaren Verbots, die Schule ab sofort weiter zu betreten, hinderte, den Kindern die Situation zu erklären. Meine Rücksichtnahme, die Kinder nicht in den Trubel mit hineinzuziehen. Der Verzicht auf eine Kampagne mit den Eltern, um nicht als Störer in eine aussichtslose Position zu geraten. Meine Hoffnung auf den Personalrat, meine Vorladung und das Hin und Her dort, das schließlich zu einem Votum gegen mich wurde. Meine Klage beim Verwaltungsgericht gegen die Abordnung. Die Protestschreiben von Eltern und die Unterschriftenlisten der Kinder ans Schulamt.

Dann das Warten in E., jeden Tag, wie das Gericht entscheiden würde. Die Beratungen mit Freunden in hohen Verwaltungsposten. Der Bittgang zum Rektor, den sie mir verordneten und der nichts brachte. Schließlich der negative Gerichtsbescheid und das Umstellen auf E.

Die Kinder aus T.
Wir arbeiten auf, sie erhalten Informationen von mir, an die sie bisher nicht herangekommen sind. Sie sind nicht damit einverstanden, daß ich damals keine Zeit fand, mich mit ihnen zu treffen und ihnen die Gründe für meine Ablösung als Klassenlehrer zu sagen, die ich auch jetzt noch nicht kenne. Oder über die wahren Zusammenhänge der Abordnung zu sprechen, die ich sehr wohl kenne. Als ich sage, das wäre damals alles innerhalb von zwei Tagen passiert, von der Ablösung als Klassenlehrer bis zur Abordnung, und ich hätte einfach keine Zeit gehabt und sie mir auch nicht genommen, um mit ihnen zu reden, damit sie sich nicht noch mehr

aufregen würden: Da zählt das alles nicht. Sie hätten es vertragen können und wären schon zurechtgekommen, meinen sie, auch wenn ich nur wenig Zeit gehabt hätte, und sie sich über die Gemeinheiten der anderen Lehrer sehr aufgeregt hätten.

Ich merke, wie sehr ich sie unterschätzt habe, beeindruckt von ihren Tränen und ihrem Entsetzen. Ich erinnere mich, wie sie mitten in den Unterricht einer anderen Klasse platzten und mich fragten und es nicht glauben konnten, nachdem der Rektor ihnen ohne jede Vorwarnung eine neue Klassenlehrerin vorsetzte. Sie können das, was sie betrifft, eben vertragen, denke ich. Wenn ich sie informiert hätte, wäre ihre Aufregung über die Machenschaften sicher gestiegen, aber sie hätten sich als gleichwertige Informationspartner erfahren. Ich hätte mich schon damals mit ihnen treffen sollen, auch heimlich, wenn es nicht anders gegangen wäre. Andererseits hätte das meine Position in der rechtlichen Auseinandersetzung vor dem Verwaltungsgericht geschwächt, denn so ein Treffen wäre der anderen Seite sicher zu Ohren gekommen und hätte dann gut gegen mich verwendet werden können: »Der wiegelt die Kinder auf und stört den Schulfrieden.« So hole ich jetzt, Monate später, nach und arbeite auf. Als einige mich fragen, ob ich nicht doch noch mal nach T. zurückkomme, sage ich deutlich nein. Und ich merke, daß sie es erst jetzt als Realität akzeptieren.

Nachher, als ich zurückfahre, frage ich mich, warum dieses Treffen so spät stattgefunden hat. Mich regt das alles eben immer noch auf. Und vielleicht bin ich erst jetzt, wo ich mir meines neuen Weges sicher bin, stark genug dazu. Stark genug, der Erniedrigung und Demütigung von damals erneut ins Gesicht zu sehen: *Objekt von Erwachsenenwillen zu sein* – so wie es die Kinder täglich sind. Ich spüre, wie tief ich mich ihnen verbunden fühle, es wird mir eindringlich bewußt.

Ich bin aber nicht nur aufgewühlt und wütend, ich bin auch glücklich. Darüber, daß die Freundlichkeit trägt, die ich damals mit den Kindern leben wollte, im täglichen Unterricht. Und daß wir uns als Vertraute erleben: »Es darf nicht rauskommen, daß wir uns treffen. Meine Eltern meinen, die Lehrer wollen das nicht. Sie haben mir verboten, zu kommen.« Ich fühle mich von ihrem Vertrauen sehr beschenkt.

Sonnabend – 3.7.

Klasse 8a
Bei ihnen lasse ich zum ersten Mal die Fragebögen ausfüllen. Ich versuche, mit ihnen ein Gespräch über die Gründe für mein Rausgehen zustande zu bringen und denke an gestern, als die Kinder aus der 5c daran so interessiert waren. Hier ist es ganz anders: Sie hören einige Minuten intensiv zu – dann gehen sie wieder ihren eigenen Interessen nach. Und sie denken auch an das, was kommt, wen sie denn jetzt in Bio bekommen werden.

Wir sind im zweiten Stock. Als Bernhard Wasser aus dem Fenster schütten will, so daß die Klasse unter uns das sehen müßte, interveniere ich und unterbinde das. Sage noch etwas von »witziger Idee« und »Ich bekomme Ärger«, bin dann aber hart und lasse die Fenster die ganze Stunde über geschlossen. Draußen ist es sehr warm, hier drinnen auch. Kollektivstrafe? Sie machen alle irgendwie mit. Ich merke, daß es auch mir Spaß machen würde, Wasser rauszukippen – aber ich lasse es nicht zu.

Dann versucht Bernhard, zu lesen, was jemand als private Mitteilung auf den Fragebogen geschrieben hat. Ich sage, er soll das lassen. Aber das nützt nichts. Natürlich nicht, es ist viel zu interessant. Und dann werde ich zum zweiten Mal, seitdem ich in der Schule bin, aggressiv-feindlich: Ich lehne ihn einen

Moment lang innerlich ab und bin sein Feind. Daß ich mich für die Interessen des Mädchens einsetze, das den Bogen ausfüllt und sicher nicht damit durch den Kakao gezogen werden will, beruhigt mich nicht. Ich merke, daß es wirklich höchste Zeit für mich wird, hier endgültig auszusteigen.

Psychoterror
Josef fragt mich, ob er sitzenbleibt. Ich spüre, wie sehr es ihn belastet, nicht zu wissen, wo er dran ist. Ich bin wütend über die Geheimniskrämerei seiner Klassenlehrerin und habe andererseits Angst, in ihre Kompetenz einzugreifen. Wenn sie ihm nicht sagt, was die Konferenz beschlossen hat, so hat sie ihre Gründe. Aber es macht mich eben an, und ich sage ihm dann, was ich weiß – daß er versetzt wird – und beende den Terror gegen ihn.

Klasse 6a
Ich lasse sie ein freiwilliges und inhaltlich offenes Bioprojekt machen. Wer möchte, kann daran arbeiten, wer nicht, kann etwas anderes tun. Dann gehe ich zweimal durch die Klasse und schreibe mir auf, wieviele nun wirklich arbeiten. Ich komme auf 18, die dauernd arbeiten, auf 13, die zum Beginn oder zum Schluß oder ab und zu etwas tun und auf 8, die die ganze Zeit über nichts tun und sich »auffällig« benehmen. Ich bin mit dem Ergebnis zufrieden und etwas überrascht, daß so viele freiwillig arbeiten.

Ich mache eigentlich nur Organisation. »Das willst Du also bearbeiten – vielleicht denkst Du dann auch mal an dies.« »Ich glaube, daß das, was Du suchst, in dem Buch steht, was Inga gerade hat.« »Wie wäre es, wenn Du Dich zu denen da setzt und mit ihnen zusammen arbeitest?« »Du brauchst nichts aufzuschreiben, wenn Du nicht willst – aber Du könntest doch etwas zeichnen.« »Tut mir leid, Andrea, aber über Schildkröten steht nichts in den Büchern, die Du hier hast.« Dann laut zur Klasse: »Seht doch mal nach, ob Ihr etwas über Schildkröten findet, Andrea will darüber arbeiten.« Mir fällt ein, daß dies wohl die einzig wirklich hilfreiche Art ist, Unterricht zu machen: Anbieten, Impulse geben, organisieren – den Rest ihnen überlassen, selbst bereit stehen für Fragen und Hilfen. Das Relevante – nämlich Inhalt und Methode der Wissensaneignung – ihnen nicht absprechen, es fällt eh in ihre Kompetenz, bei allem, was sie tun. Nur, daß Erwachsene diese Kompetenz nicht bemerken und statt dessen in pädagogischer Selbstherrlichkeit festlegen, was Inhalt und Methode zu sein hat.

Kollege T.
Nach der letzten Stunde habe ich ein halbstündiges Gespräch mit Herrn T. Er sagt, daß die 6a nach einer Stunde bei mir nicht mehr zu gebrauchen ist. Zumindest war das so, bis er mit ihnen ausführlich darüber redete und klar machte, daß er in Englisch auf das Klassengespräch nicht verzichten kann. Ich denke: Ob sie das so sehen, wie er das sieht? Aber er kommt mit ihnen jetzt wieder gut aus. Ich merke, daß er viel erzählen will, und daß ich viel erzählen will. Und ich überlege, daß es Lehrer schon nicht so leicht haben, einen Zuhörer zu finden – außer eben wiederum einen Lehrer, und der möchte ja auch, daß ihm zugehört wird ...

Verschnaufen
Nach Schulschluß gehe ich mit zum Bus. Es ist schön, wir können einfach so reden. Andere Relevanz: Der aufsichtsführende Kollege möchte nach Hause. Noch ein Unterschied: Eine Kollegin bewundert mich, daß ich die Pause für die Kinder »opfere« – so denkt sie darüber, staune ich vor mich hin. Daß ich von der großen Pause die zweite Hälfte draußen bei den Kindern bin, um zu kontakten und weil ich das schön finde – das vollzieht sie nicht nach. Die erste Hälfte bin ich übrigens im Kollegium, auch um zu kontakten, aber weniger, weil ich das schön fände. Ich merke dann, wie sehr die Kollegen das brauchen, das Verschnaufen. Für mich

sind die Minuten auf dem Hof oder am Bus jedenfalls mein Verschnaufen – dort kann ich einen Moment lang mit den Kindern ohne irgendwelche Anforderungen mal einfach so zusammensein.

Sonntag – 4.7.

Sinnlos – sinnvoll
Eineinhalb Stunden tüftele ich ein Arbeitspapier für Mathe aus. Die Schule ist noch nicht vorbei, es sind noch eineinhalb Wochen bis zu den Ferien. Ich stelle mich auf regulären Unterricht für die nächste Woche ein, zumindest in Mathe und Bio. In Physik habe ich dazu keine Lust mehr, ich müßte in allen Klassen ein neues Thema konzipieren. Das mache ich eben nicht mehr. Aber in Mathe: Da hätte ich Angst, daß sie zu laut werden, wenn ich ihnen nichts Stoffliches anbiete. Unterrichtsstoff als Beruhigungsmittel, nicht aber als sinnvolles Tun. Sinnvolles Tun in der Schule – das geht nur, wenn die Kinder es selbst als sinnvoll einstufen, aus ihrer subjektiven Sicht. Und wenn sie es freiwillig tun, ohne Zwang und Mißachtung.

Dennoch aber machen wir etwas Wichtiges miteinander: Sie erfahren auch in dieser letzten Woche, daß es jemanden in der Schule gibt, der mit ihnen Mathe macht, ohne sie dazu zu zwingen, mit allem, was das mit sich bringt. Eine Woche habe ich noch die Chance, mit ihnen die Ansätze eines alternativen Miteinanderumgehens von Erwachsenen und Kindern zu leben.

Und langsam steigt wieder Wut in mir auf. Daß das Sinnvolle in der Schule nicht geht, daß das Gefühl für Sinnvolles abstirbt – und daß Sinnlosigkeit ihnen ihre Vormittage stiehlt. Und entnervt und irgendwie müde reflektiere ich, daß natürlich die Schule, so wie sie ist, sinnvoll ist – für bestimmte

Strukturen, gesellschaftliche Situationen. Soziologische Perspektive. Klar, kenne ich von vorn bis hinten. Nur: In der Erfahrung, im Erleben von Sinnlosigkeit, hilft dieses abstrakte theoretische Aufarbeiten nicht. So etwas gibt keinen Schub. Den bekomme ich, wenn trotz allem Kommunikation gelingt und Raum für Freundlichkeit ist.

13. Woche

Montag – 5.7.

Klasse 6b
Ich bestehe darauf, daß wir 20 Minuten Mathe machen. Ab Donnerstag werden wir spielen, nehme ich mir vor, bis zum Ferienbeginn am nächsten Mittwoch. Drei Tage etwas tun, und dann haben wir uns das Spielen verdient – dafür haben Sie keine Antenne. Sie sind aufgedreht wie selten. Und ich bin unflexibel und gerate in aggressive Stimmung. Ich mache mir in der zweiten Hälfte der Stunde Notizen:

9.10 Uhr. Zehn arbeiten mit, sechs stören massiv, der Rest verfolgt eigene Interessen. Die Lautstärke erlaubt es gerade, die Zusammenfassung durchzuführen. Ich mecker giftig drei Jungen an. Diese meckern giftig zurück. Es geht mir sehr auf die Nerven, ihr »Wir haben keine Lust heute« so zu unterdrücken. Aber ich fühle mich verpflichtet, Mathe zu machen.

9.13 Uhr. Ich sage ihnen, daß wir spielen wollen. Einige greifen dies auf, aber sie sind insgesamt zu laut. Ich schreibe, um mich zu beruhigen und um mich zurückzunehmen. Aber es ist abzusehen, daß ich intervenieren muß.

9.17 Uhr. Ich mecker Martin an, weil er sich nicht setzt. Er hat dafür kein Verständnis. Es kommt so etwas wie Schwimmbadlautstärke auf. Ein Mädchen läuft auf dem Tisch rum. Ich winke energisch, sie steigt runter. Zwei malen an der Tafel. Martin geht aus der Klasse, ich hole ihn zurück. Er sieht an meinem Gesicht, daß es mir reicht. Jetzt ist er mit zwei anderen in eine Kabbelei verwickelt. Toni und Doris kommen von draußen in die Klasse. Wann sind sie rausgegangen? Ich bin sauer. Alles steuert auf ein Machtwort zu. Martin tritt vor ein Fenster, das sich nicht öffnen läßt. Einige sitzen um mich herum und sehen sich an, was ich mache. Hier im Raum ist *etwas* von ihrer Lebendigkeit, die sonst niedergezwungen wird. Heinz-Bernd hat sich den Zeigestock geholt. Ich interveniere: »Heinz-Bernd, leg ihn bitte hinter die Tafel.« Er tut es. Mein Schreiben löst bei Martin Aggression aus. Ich sage ihm, was ich schreibe: »Mein Schreiben löst bei Martin ...« Ich breche ab: »Es ist zu laut.« Toni und Doris sind schon wieder draußen. Ich registriere es unwillig, unternehme aber nichts. Ich starte zu den Kindern neben mir ein Gespräch: »Wohin fahrt Ihr morgen beim Klassenausflug?«

9.25 Uhr. Draußen, vor dem Fenster: Dampfhammer, Baulärm. Hier drin: Hitze, Lärm. Sie tolerieren meine grimmigen Einwürfe. Noch. Ich bin froh, daß es gleich gongt. Der Hausmeister kommt an die Tür, an der einige rumspielen. Ich soll das unterbinden. Er stört mich, und fast schon nicht mehr. Es gongt, 9.35 Uhr. *Wer soll das aushalten?* Ich bin froh, daß ich meinen Ärger und meine Wut über diese Struktur, die uns alle unterdrückt, nicht an ihnen auslasse.

Klasse 7G
In der 3. Stunde merke ich rasch, daß heute kein Arbeiten möglich ist. Ich lasse die schon verteilten Arbeitspapiere wieder einsammeln, »für das nächste Mal«. Dann spiele ich mit ihnen die ganze Stunde lang. Ich habe keine Skrupel, denn gleich ist hitzefrei. Wir spielen an einem Tisch mit zwölf Kindern »Heads down – Heads up«. Die anderen spielen irgendwas für sich. Nach 20 Minuten hat meine Gruppe keine Lust mehr. Sie wollen »Flaschendrehen« machen. Sofort kommen die anderen dazu und wir werden umlagert.

Es ist mit ihnen heute freundlich und nicht anstrengend. Kein Wunder, wir spielen miteinander, ich zwinge sie nicht und will nichts von ihnen. Außer, daß meine Person die Freiheitsberaubung garantiert, der sie unterworfen sind. Aber sonst (!) ist es o.k. Und die beiden Mädchen, die meine Art so sehr ablehnen, haben beim Spielen zugesehen und waren kurz vor dem Mitmachen.

Dienstag – 6.7.

Klasse 8b
Heute erwischt es mich noch stärker als gestern. Zwei Jungen aus der 8b schreie ich richtig an. Kurz – aber eben richtig. Es geht um Belangloses. Einmal darum, mit dem Kreidewerfen aufzuhören, und dann darum, das Fenster zuzumachen. Beiden Aktionen geht dauerndes Erklären voraus. Was ich will, ist ganz klar. Aber es geht um anderes, viel Komplexeres: Ausprobieren, wann ich durchgreife – Ärger ablassen – Keine Lust mehr – Es ist langweilig – Keiner beschäftigt sich mit mir – Sich wichtig tun – usw.

Bei der Aktion Michael gegenüber (Kreidewerfen) spüre ich, wie sich mein Wahrnehmungsfeld verengt, wie ich nur noch sein Gesicht sehe, die anderen im Augenwinkel. Ich fühle mich nach vorn, zur Aktion geschoben. Es geht alles in die Richtung, nicht mehr so den Überblick zu haben. Impuls »Laßt mich doch in Ruhe«, Mich-Zumachen für das, was bei ihnen anliegt, einfach nicht mehr hinhören können, nur noch agieren können, hier dann: Drauflosschreien. Dies alles ist mir blitzartig gegenwärtig, nachdem ich Michael angeschrien habe. Ich bin geschockt über das, was da gerade abgelaufen ist. Ich spreche sofort wieder ruhig mit ihm, sage aber auch, daß ich sehr genervt war. Es ist dann schnell vorbei, ich bin wieder so wie sonst. Aber was in mir bleibt, ist die Erinnerung an das Ganze. Und der Vergleich mit den beiden feindlichen Aktionen von voriger Woche.

Nach der Stunde denke ich darüber nach und rede mit den Mädchen, mit denen ich mich sonst mittwochs treffe (Bio-

AG). Mir fallen Gründe ein, weswegen ich so bin. Aber entscheidend ist nicht irgendein Grund, sondern daß ich überhaupt so bin und daß ich dem nicht ausweichen kann. *Und daß dies eben stets lauert und losbrechen kann, diese Feindlichkeit den Kindern gegenüber.* Ich frage mich, weswegen das ausgerechnet jetzt passiert, so kurz vor dem Rausgehen. Vielleicht belastet mich das ganze Zwangsfeld Schule stärker als sonst, weil ich nun schon Schritte von der Schule weg tue. Die Inhumanität ist mir noch gegenwärtiger, und ich wehre mich vehementer gegen den Zwang, Menschen zwingen zu sollen – und werde in meiner Abwehr aggressiv. Ich bin inzwischen so dünnhäutig, daß es ausreicht, wenn einer mit Kreide wirft, das Fenster aufmacht, zur Tür rausgeht oder nicht auf seinem Platz sitzen bleibt. Na ja – es ist doch nicht so oft vorgekommen, beruhige ich mich. Aber es *ist* vorgekommen, neulich noch mit »Gründen«, heute kaum noch mit einem »Grund«. Im Gespräch mit den Mädchen gewinne ich dann wieder Sicherheit, daß ich anders bin, ganz anders, wenn ich nur machen kann, was ich will.

Gefahr der Wahrheit

»Schafft das Zwangslernen ab!« ist für Leute, die in der Schule arbeiten, eine unrealistische, ja unsinnige Sache. Nicht deswegen, weil die Idee falsch ist. Sie *ist* richtig. Sondern deswegen, weil das Zerrissenwerden durch das Wissen (Lernen in Freiheit ist der Weg) und das Tun (Nimm Dein Buch raus! Sei still! Lies und schreibe!) sich so steigern kann, daß es unerträglich wird. Wer sich gegen das Zerrissenwerden zur Wehr setzt, dem verengt sich der Blick dann notwendigerweise (notwendig, um zu überleben) so: *Unsinn* sei die Idee, daß Kinder ohne Zwang lernen können, Druck müsse eben sein. Und das wirklich Unsinnige, nämlich Zwang in zwischenmenschlichen Beziehungen für richtig zu halten, wird auf die Schule übertragen paradoxerweise tatsächlich sinnvoll. In der Schule gehört Zwang zum Alltag – wer würde etwas anderes behaupten können?

Wer sich mit entgegengesetzten Vorstellungen beschäftigt und sich in der Schule human verhalten will, der gerät in Gefahr. Diese Gefahr befreit, wenn man ihr konsequent nachgibt, mit der Schule zunächst innerlich bricht und sie schließlich (irgendwann) verläßt. Wer aber nur halbherzig der Idee folgt, es auch ohne Zwang im Umgang mit Kindern zu versuchen und ein freundlicher und humaner Lehrer sein zu wollen – dem gerät das Widersprüchliche von Selbstverständnis und Tun zum Verhängnis. Der Punkt, an dem man sich entscheiden muß, kommt mit Bestimmtheit.

Ich jedenfalls habe mich entschieden. Ich wahre meine Chance zur *unverstellten* Kommunikation mit Kindern, indem ich die Schule verlasse. Was aber ist mit denen, die dort bleiben? Ich glaube, daß die Gutwilligen an der Schule leiden. Daran, daß ihnen Freundlichkeit nicht wirklich gelingen kann, daß ihnen oktroyiert ist, Zwang auszuüben und die Entwicklung von Menschen zu stören und zu zerstören. Identifizieren sie sich aber mit dem System, haben sie es besser: Sie sind dann »human« und »fördern« die Entwicklung von Kindern. Für mich bleibt aber die Frage, ob sie nicht doch tief in sich wissen, was sie tun ...

Eingeladen
In der 5c gibt es heute keine Schule in der Schule. Wir spielen, ohne jede pädagogische Absicht. Ich bin da, mit Aufmerksamkeit und Zuwendung, nicht verbunden mit irgendwelchen Bedingungen. Ich achte sie, und ich fühle mich von ihnen geachtet. Sie wollen »Verheiraten« spielen. Ich lasse es mir einmal vorführen, dann machen sie es bis zum Schluß der Stunde. Einer ist Pastor, zwei andere sind Trauzeugen. Die Pärchen melden sich und werden an die Tafel geschrieben. Und dann verheiratet. Es ist eine Zeremonie mit viel Lachen, Spaß und Beifall. Ich bin eingeladen, ich bin ihr Gast, sie haben mich in ihren Kreis aufgenommen. Ich komme mir verzaubert vor, es ist, als ob ich am Fest eines

fremden Volkes teilnehme. Ich spüre die Mischung von Spaß und Ernst, von Spiel und Leben – und ich merke, wie befreiend es ist, wenn man auf dieser Basis miteinander umgeht. Es ist einfach phantastisch, daß sie mich eingeladen haben. Sie zeigen mir etwas von ihrer Welt und ihren Wichtigkeiten. Es macht Spaß, es ist schön und es ist sehr wichtig.

Mittwoch – 7.7.

Krank
Puh – morgens beim Aufstehen ist mir schlecht, und ich muß mich übergeben. Schlägt mir der ganze Schulkram jetzt auf den Magen? Soll ich in die Schule fahren? Ich fahre los. Hauptsächlich deswegen, weil ich die Fragebögen von der 6a und der 6b ausfüllen lassen will. Das klappt dann auch. Doch ich gehe immer mehr k.o. In der 2. Stunde sind sie wohltuend leise, obwohl ich ihnen nicht groß erzähle, wie es mir geht. Sie haben es auch so gemerkt. Dann sage ich die Radtour der Planungsgruppe für heute ab. Es wird mir zu viel. Einigen läßt sich nicht vermitteln, daß ich wirklich nicht kann. Sie sind sauer. Ich ärgere mich, weil sie sich ja so darauf gefreut haben. Aber ich kann es nicht ändern. Nach der 2. Stunde fahre ich nach Hause. Es ist kein Problem, als ich das dem Konrektor mitteile. Ich habe den Eindruck, daß er es so meint, wie er es sagt: »Gute Besserung.«

Donnerstag – 8.7.

Arnd
Ich bin heute nicht in der Schule. Ich liege im Bett und schalte ab. Um 14.00 Uhr besucht mich Arnd aus der Planungsgruppe 7G. Einfach so, per Rad. Er hat sich bis zu mir durchgefragt, eine Stunde Fahrzeit. Ich bin überrascht und

freue mich. Wir reden locker, über viele Sachen. Er sieht sich die ganze Wohnung genau an. Andere Welt, so sieht es bei ihm zu Hause nicht aus. Dann hilft er mir beim Auswerten der Fragebögen. Wir haben etwas zu tun, jenseits des unmittelbaren Miteinanderumgehens, das wir beide so nicht gewöhnt sind. Als er dann fährt, war es einfach nett, daß er da war.

Freitag – 9.7.

Sportfest
Ich fahre wieder zur Schule, obwohl mir noch ziemlich flau ist. Aber ich will das Kranksein nicht überziehen. Und mich interessiert, wie das mit dem Sportfest ist. Ich bin als Riegenführer bei der 7c eingeteilt. Bei ihnen hatte ich einmal Vertretungsunterricht. Wir lernen uns während des Sportfestes näher kennen, erst reserviert, dann viel lockerer. Ich erinnere mich an die Riegenführer meiner eigenen Schulzeit, ältere Schüler, wie freundlich sie waren, daß sie keinerlei Vorschriften machten, und wie toll ich das damals fand. Ob sie mich heute auch so erleben? Ich stelle bei mir schnell eine Menge Reglementierungen fest. »Nicht über die Aschenbahn laufen!« – »Macht die Sichtlinie frei!« – »Raus aus der Wurfbahn!« – »Hark doch mal in der Grube nach!« – »Nachher zum Fahnenmast kommen!« – »Du bist nicht dran!« Ich bin eben nicht irgendein älterer Mitschüler, sondern Lehrer.

Das Sportfest sonst: Ich sehe viele schwunglose, unbegeisterte Kinder. Ihr Gesichtsausdruck ist deutlich anders als sonst, wenn ich mit ihnen allein in der Klasse bin. Sie sehen alle viel »schülerhafter« aus. Liegt es daran, daß so viele Lehrer da sind? Was ist los mit ihnen? Wenn wir sonst hier sind, zum Spielen, zur Bioexkursion, zum Mathemachen, wie anders, selbstbewußter, sicherer und freier sehen sie da aus!

Kollegen
Nach dem Sportfest bin ich noch eine Weile mit den Kollegen im Lehrerzimmer. Mit Herrn K., mit dem ich mich schon ein paarmal unterhalten habe, mache ich ein Abschlußgespräch aus. Ich denke dann, daß ich ja auch andere mal danach fragen könnte – aber ich bekomme kein gutes Gefühl zu ihnen. Und was Verkrampftes machen will ich nicht. Ich höre eine Weile zu, bis ich dann nach Hause fahre. Sie sind so völlig anders – sie sehen die Kinder so völlig anders. Als Objekte, aber freundlich (nicht auch noch hämisch). Und doch weit, weit weg von ihnen. Sie bestimmen über sie. Es taucht gar nicht die Idee auf, daß jedes Kind sein eigener Souverän sein könnte. *Sie* wissen, was für Kinder gut ist, das ist eine ganz klare Sache. Sie sind auf einem wirklich anderen Weg als ich. Ich merke es und lasse sie in Ruhe.

Von Josef wissen sie, was es für ihn bedeutet, endlich zu erfahren, ob er versetzt wird oder nicht. Sie sagen es und sehen sich mit ernsten Mienen an – aber auf die Idee zu kommen, ihm mitzuteilen, was sie ausgemacht haben, sitzt nicht drin. *Können sie nicht fühlen, wie es in dem Jungen aussieht?* Gut, daß ich es Josef verraten habe.

Wie fremd mir ihre Art ist, mit Kindern umzugehen. Die meine wird es auch für sie sein. Ich habe zu ihren Einstellungen keinen Kontakt. Ich kann sie mir intellektuell zurechtlegen, aber wie sie sich dabei vorkommen? Und ich merke, daß ich zu Leuten, die *so* mit Kindern umgehen, kein Vertrauen habe. Bei ihnen sieht es wohl auch so aus. Hat jemand von uns recht? Ich weiß, was ich tue, und ich weiß, was ich damit möglich mache: personale Kommunikation, authentische Beziehungen, wirkliches Lernen. Das nenne ich dann eben human und ihr Verhalten inhuman. Maße ich mir etwas an, spiele ich mich zum großen Schiedsrichter auf?

Sonnabend – 10.7.

Klasse 6a
Die letzte Stunde liegt gerade zehn Minuten zurück. Zwei Stunden bin ich heute in der 6a, wir spielen zwei Stunden lang. Ich suche dazu die Würfelspiele der Schule heraus und bringe sie mit. Ich habe Bedenken, ob sie das Spielen zwei Stunden durchhalten. Aber es geht. Sie wechseln die Spiele. Einige wechseln sehr rasch, andere sind die ganze Zeit bei einem Spiel (Weltreise). Ich gehe von Gruppe zu Gruppe und erkläre Spielregeln. Einer Gruppe sage ich, sie sollen es mal selbst rausbekommen. Das kriegen sie hin. Den anderen erkläre ich die Regeln, damit sie nicht so viel Zeit zum Spielen verlieren. Zwei Stunden lang Freundlichkeit. Es ist schon eine gute Sache. Zum Lärm: Es ist ziemlich laut. Betriebslärm. Wenn wir Unterricht machen würden, würde er mich stören. Ich fände es zum Lernen viel zu laut. So aber lernen sie, was ihnen wichtig ist. Und der Lärm stört nicht.

Klasse 8a
In der 3. Stunde habe ich keinen Unterricht. Ich sehe, wie die 8a, die ich in der 4. Stunde habe, draußen auf dem Hof aufräumt. Ihre Klasse hat diese Woche Hofdienst. Ich denke, daß sie gleich keine Lust mehr haben werden. Sie waren draußen, auf dem Hof, fast schon zu Hause, im Wochenende. Als ich dann nach dem Gong in die Klasse komme, ist es auch so. Ich sage ihnen, daß ich skeptisch bin, was Unterricht in dieser Stunde angeht. Und ich sage ihnen, daß wir mit dem Film anfangen können, wenn »Ihr soweit seid«. Ob sie nicht unabhängig von der Unruhe schon längst soweit sind – das frage ich mich nicht. Das äußere Zeichen Ruhe zählt. Dann schreibe ich mir Namen von »Auffälligen« auf, nur so für mich. Das kennen sie schon und das akzeptieren sie. Dann bin ich überrascht: Sie werden auf einmal leise, so etwas wie ein Konsens ist im Raum. Sie wollen etwas zusammen ma-

chen. Obwohl der Film abfahrbereit dasteht, wollen sie ihn nicht sehen. Sie fragen gar nicht erst, was das für einer ist. Ich überlege: Der kommt eben von mir, und das heißt: von der Schule, und das heißt: nicht akzeptabel. Sie einigen sich schnell auf »Heads down – Heads up«. Ich bin einverstanden und spiele bis zum Schluß mit.

Während ich sitze und beim »Down« den Kopf unten habe, denke ich viel nach. Wie man es nur machen könnte, nachzuempfinden, was es heißt, unten, Schüler zu sein. Wenn man sich da irgendwie reinfühlen könnte. Ich stelle mir vor, daß jetzt da vorn einer aufmarschiert und das große Sagen hat – da entsteht in mir von fern so etwas wie ein Unten-Gefühl. Ich erinnere mich an eine Hospitation, der Kollege hatte nichts dagegen, daß ich mich mitten in die Reihe zu den Kindern setzte: Da schlich sich auf einmal so ein Unten-Gefühl in mir ein. Aber natürlich bestenfalls in Ansätzen. Es ist wohl sehr schwierig, wenn nicht unmöglich, etwas von dem mitzubekommen, was es für die Kinder bedeutet, unten zu sein.

Sie spielen gern und merken nicht, wie die Stunde vorbeigeht. Als es aber gongt: sofortiger Abbruch, sofortiges Weggehen, raus aus der Schule. Obwohl sie mitten im Spiel sind. Macht der Gong ihnen wieder bewußt, wo sie sind, auch wenn es gerade noch schön war beim Spielen? Ich denke schon.

Zurück nach vorn
Als ich nach Hause komme, ist die Entlassungsurkunde da, vorhin mit der Post gekommen. *Es ist geschafft.* Nachts, um 1.30 Uhr schreibe ich noch etwas: Die Schule fällt langsam von mir ab – es ist tatsächlich geschafft – ich bin draußen – als hätte ich einen tödlichen Zaun hinter mir gelassen – überwunden, und vor mir das freie Feld – es ist fast nicht zu begreifen – ich komme zu mir zurück.

Neue Position
Morgen: Nichts mehr mit Schule, wie sonst an Sonntagen. Montag, Dienstag: Lasse ich locker gehen, Abklang, schon nicht mehr Schule, Tschüs sagen zu den Kindern. Zu denen, die ich nicht mitnehmen kann hinter den Zaun. Betrübt mich das? Ich bin da irgendwie hart, denke an mich. Ihr müßt da schon selbst sehen. Ohne mich. Geht nicht anders. Ob ich ihnen von meiner neuen Position aus helfen kann? Kindern in der Schule? Dann, wenn der Vormittag vorbei ist, werde ich mit ihnen zusammensein. Es werden viel weniger sein als jetzt. Vielleicht 20 in der Woche. Jetzt habe ich es im Wochendurchlauf mit über 200 zu tun. Um die 20 kann ich mich dann intensiv kümmern, mit den 200 ging das nur so zwischen den Zeilen. Doch *diese* Kinder werde ich nicht wiedersehen, bis auf die paar, die nach den Ferien in die »Gruppe« kommen wollen. Sie, unter denen ich viele Freunde gefunden habe, sie bleiben zurück. Die persönlichen Kontakte werden einfach aufhören, es wird weh tun.

Sonntag – 11.7.

Ich nehme mir heute Zeit, um aufzuschreiben, was mir so alles zur Schule einfällt. Ich möchte es jetzt tun, nicht erst dann, wenn ich nicht mehr in der Schule bin. Ich mache mir kein Konzept. Ich schreibe, was mir einfällt. Ich habe etwas über die Kollegen, die Institution, die Außenstehenden und die Kinder geschrieben. Was davon ist mir wichtig? Über die Kinder habe ich nichts Neues gefunden, nur einige zusammenfassende Gedanken. Ich lese meine Überlegungen zu den Kollegen: Doch, das ist gut. Und auch die Gedanken zur Institution und den Außenstehenden sind in Ordnung.

Die Kollegen
Ich erfahre sie als ergeben, und daß sie nicht mehr in Frage stellen, was die Schule in bezug auf Inhumanität nun mal

bedeutet. Sie haben sich mit einer Rolle identifiziert, die sie auf die »andere Seite« schlägt. Sie machen keinen Versuch, das zu ändern. Sie sind ganz woanders als die Kinder. Sie sind die Lehrer – dort sind die Schüler. Sie sitzen in der Pause im »Lehrer«zimmer. Wenn ich in der Pause zu den Kindern gehe, dann »opfere ich meine Freizeit«. Sie gehen alle durch den »Lehrer«eingang – ja, sie akzeptieren das Konzept der zwei Eingänge ins Schulgebäude: sie sind die Lehrer. Ich merke, daß sie schon eine Ahnung davon haben, wie sehr sie sich dadurch von den Kindern entfernen. Aber ich sehe bei ihnen keinen Ansatz, dagegen vorzugehen.

Ich erfahre, daß die Kinder ihnen auf die Nerven gehen. Sie sind froh, mal ohne Kinder zu sein. Sie wären sehr zufrieden, wenn es insgesamt »weniger Kind« wäre. Ich sehe es an ihren Gesichtern, daß Kinder für sie lästig und belastend sind – sie sagen aber, daß es schön ist und Spaß macht, mit Kindern zu arbeiten. Und ich spüre: Sie leiden an der Schule – und sie müssen sich wohl selbst täuschen, weil es sonst nicht auszuhalten wäre. »Es ist schlicht eine Quälerei, für mich und für die Kinder, in der heutigen Zwangsschule zu arbeiten« – diese meine Wahrheit gilt aus meiner Sicht auch für sie, aber sie bekennen sich nicht zu ihr oder sie können sie nicht (nicht mehr) erkennen.

Ich erfahre sie als deutlich gespalten. Die Schüler während des Unterrichts gehen ihnen auf die Nerven – die Schüler aus der sicheren Perspektive eines Lehrerzimmergesprächs schätzen sie, diese beherrschen sie, über diese sind sie Fachleute, und diese haben sie dann oft auch gern. Was sie im Unterricht mit den Kindern erleben, ist grundsätzlich, nicht in der Beschreibung der Details, verschieden von dem, was sie dann darüber erzählen, wenn sie wieder draußen sind, nach den 45 Minuten, in der 46. Minute. Wenn Kinder während der Pause oder sonst in diesem anderen Lebensraum (Lehrerzimmer) auftauchen, kommt unter den Erwachsenen

Aggressivität auf. »Was willst Du denn schon wieder« oder »In den Pausen kein Zutritt für Schüler« – Schild am Lehrerzimmer in T. Ich habe selten echte Herzlichkeit den Kindern gegenüber erlebt, Herzlichkeit einfach so – sie fühlte sich zu oft inszeniert an, war erwachsenenhaft verbogen und machte die Kinder befangen.

Ich erfahre, daß sie insgesamt schwunglos und ohne Elan sind. Sie ersinnen keine Alternativen. Sie fügen sich drein. Kontrolle ist präsent und lähmt jeden befreienden Ansatz. Wer etwas aktiv in Richtung auf mehr Humanität unternimmt, wird mißtrauisch beargwöhnt und als Störer empfunden. Aktivität zur systemimmanenten Leistungssteigerung oder effektiveren Beherrschung der Kinder wird bewundert. Die wenigen Lehrer, die darum kämpfen, kinderfreundlich zu sein, stören die anderen mit ihrem leistungsorientierten Ansatz, werden isoliert und diskriminiert.

Ich erfahre, daß sie kein Gespür für die Tragweite der Menschenrechte haben. Grundgesetz Artikel 1 »Die Würde des Menschen ist unantastbar« gilt für jeden Lehrer, und zwar ausdrücklich: »Sie zu achten und zu schützen ist Verpflichtung aller staatlichen Gewalt«. Lehrer sind ein Teil der »staatlichen Gewalt«. Aber den Kindern gegenüber halten sie dies nicht für gültig. Genauer: Sie kommen gar nicht erst auf die Idee, daß ihre Tätigkeit, ihr Miteinander mit Kindern, von Artikel l erfaßt ist, daß auch die Würde der Kinder unantastbar ist und daß sie diese zu achten und – sogar – zu schützen haben.

Ich erfahre, daß es ihnen nicht in den Sinn kommt – auch nicht als eine Idee, die man ablehnt –, daß Kinder in bezug auf die Schule außerdem noch diese Grundrechte haben: Zu denken und zu lernen, was sie selbst wollen (Gedankenfreiheit), erfaßt von Artikel 2.1 Satz 1 »Jeder hat das Recht auf die freie Entfaltung seiner Persönlichkeit«. – Körperlich zu agieren, wie sie selbst befinden (Körperfreiheit). Zum Beispiel rennen, hüpfen, lachen, singen, winken, vom Stuhl aufstehen, Bewegungsvorschriften im Sportunterricht ablehnen, erfaßt von Artikel 2.2 Satz 1 »Jeder hat das Recht auf ... körperliche Unversehrtheit«. – Sich dort aufzuhalten, wo sie es möchten (Ortsfreiheit), erfaßt von Artikel 2.2 Satz 2 »Die Freiheit der Person ist unverletzlich«. – Zu sagen, was sie wollen und wann sie es wollen und wie laut sie es wollen (Meinungsfreiheit), erfaßt von Artikel 5.1 Satz 1 »Jeder hat das Recht, seine Meinung ... frei zu äußern und zu verbreiten«.

Ich erfahre ihre Einstellung Kindern gegenüber als diktatorisch – bei aller demokratischen Bemäntelung. Und sie *fühlen* auch nicht, wie sie die Menschenrechte beugen – ihr Verhalten ruft bei ihnen keine emotionale Reaktion in dieser Richtung hervor. Das Tabu über den Menschenrechten der Kinder ist umfassend und schrecklich.

Ich erfahre sie trotz allem als großes Potential. Wenn ich privat, weg von der Nähe der inhumanen 45 Minuten, mit ihnen ins Gespräch komme, spüre ich viel Engagement. Ich glaube trotz allem, was sie täglich tun – tun müssen, wenn sie nicht ihren Beruf verlieren wollen –, daß sie aktiv und dynamisch mitmachen würden, wenn die Schule von ihnen Humanität statt Inhumanität forderte. Aber der Umschwung muß *erst* stattfinden, notfalls verordnet. Sie müssen erst *selbst* aus den Zwängen der Zwangsschule befreit werden. Sie haben noch kein Bewußtsein der inhumanen Zusammenhänge, doch ihr Leid ist eine große Hoffnung. Viele würden mitziehen, wenn es soweit ist.

(Eben dies geschieht gerade in Finnland: Revolution der Schule von oben! Die Gesetze werden geändert, das Administrative ist gestrichen. Ein Lehrer darf nur noch Lehrer sein, wenn er sich als Person und Dienstleister versteht. Sein

Auftrag wird verändert und seine Frage heißt nicht mehr: »Wie bekomme ich den vorgeschriebenen Unterrichtsstoff in die Köpfe der Schüler?« sondern »Womit kann ich Dir dienen? Was möchtest Du heute lernen? Ich helfe Dir gern!« Alle Lehrer, die diese »finnische Wende« nicht mittragen (können), erhalten eine andere Stelle im Staatsdienst. Doch die meisten bleiben, und viele Neue kommen hinzu. Wie wird sich diese Veränderung auf das Schulsystem auswirken? Nun, es entwickelt sich langsam eine neue Lernkultur. Und in 25 Jahren wird es eine große Studie geben, in der die Welt Finnland bewundert: PISA ...)

Die Institution
Ich erfahre die Institution Schule als so starr und so unüberwindbar wie der Beton, der sie konkretisiert. Die Schule als Institution ist gleichzusetzen mit der Schule als Stein gewordenes Gebäude. Schule ist Beton: unüberwindbar, tödlich hart.

Inhumane Strukturen, die mir einfallen:
— Die inhumane Katastrophe »Lernzwang«, die das selbstbestimmte Denken der Kinder zerstört und unser aller Gedankenfreiheit zersetzt und die Legitimation für die »restliche« Inhumanität ist.
— Die inhumane Ruhe-Forderung, die das Grundrecht auf Meinungsfreiheit mißachtet und im Dauerlärmkrieg die Erwachsenen zermürbt und zu Feinden der Kinder macht.
— Die inhumane Anwesenheitspflicht (»Schulpflicht«), die Freiheitsberaubung ist und das Grundrecht auf Freiheit der Person mißachtet. Sie gilt generell und macht Eltern zu Feinden ihrer Kinder (morgens, beim Aufstehen beginnt der Krieg). Und sie gilt speziell, wenn Kinder einmal das Eingangstor zur Schule durchschritten haben (»Bleib in der Klasse«, »Bleib auf dem Hof«).
— Die inhumanen Kommunikationszerstörer »Beurteilungszwang« und »Noten«. Sie zerstören das Vertrauen zwi-

schen Erwachsenen und Kindern, sie verhindern, daß Erwachsene in der Schule überhaupt effektiv Kinder fördern können. Sie bringen die Erwachsenen in krankmachenden Widerspruch zu ihrer Fähigkeit und ihrem Engagement, hilfreich zu sein. Sie bewirken den Tod von Kindern (Schülerselbstmorde), sie lagern sich über das Fühlen und Denken von Kindern.

– Die inhumanen kleinen Mittelchen, täglich verabreicht, die die Aufrechterhaltung des Ganzen gewährleisten sollen, die »Maßnahmen«: Drohen, Nötigen, Strafarbeiten, Elternbrief, Hausaufgabenverstärkung, »Dann schreiben wir eben einen Test«, »Du kommst nicht mit zur Klassenfahrt«, »Wegen Dir können alle noch nicht nach draußen«, »Ab mit Dir zum Rektor« – unzählige Varianten.
– Die Inhumanität des dauernden Sich-Bloßstellen-Müssens: »Du hast also wieder nichts getan?« – »Wo sind wir denn gerade?«
– Die inhumane Größe der Gruppen, die hilfreiches Miteinander sabotiert und Freundlichkeit verbannt.
– Die inhumane 45-Minuten-Zäsur, die jeden inhaltlichen und emotionalen Zusammenhang zerschneidet.
– Die inhumanen kleinen Vorschriften: Schulordnung, Pausenordnung, Klassenordnung. Dies hier ist kein Gebäude für Kinder (»Keine Kreide auf den Fußboden«) – dies hier präsentiert sich bis in die »Gebäudeerhaltungsvorschriften« als kinderfeindlich.
– Die inhumane Verlängerung der Schule in die Nachmittage und Abende durch die Hausaufgaben.
– Die inhumane Dauerpräsenz der Schule in den Familien.
– Die Inhumanität der Alternativlosigkeit. Es gibt keine Hoffnung auf Entkommen. Nur die Entlassung nach beendeter »Schulpflicht«. »In ein paar Wochen hast Du es vergessen« – ich habe diese Worte eines 18jährigen zu einem Jungen im Ohr, der gerade aus der Schule kommt. Es tut gut, dies zu hören – und macht doch verzweifelt wild.

Die Außenstehenden
Ich erfahre, daß sie kein Gespür für das haben, was in der Schule vor sich geht, für die Inhumanität dieser Dinge. Wenn ich ihnen etwas davon erzähle, dann hören sie mir zwar freundlich zu. Aber sie übernehmen nichts von der Relevanz, die das für mich hat. Sie bekommen nicht mit, was »eigentlich« los ist. Ich kann es ihnen nicht vermitteln. Ich denke, sie müßten das eben selbst erleben. Sie nehmen nicht ernst, was ich ihnen über die Zustände dieses fremden Landes berichte. »Na, so schlimm kann es doch nicht sein.« »Na ja, Du bist jetzt k.o., das sieht man. Aber ich bitte Dich, in welchem Beruf gibt es keine Probleme?« Sie glauben nicht, daß dort Inhumanes geschieht, vor ihren Augen sozusagen. Inhumanität geschieht in fremden Ländern – aber sie sehen nicht die paar hundert Meter bis zur nächsten Schule. Was macht sie so blind?

Ich erfahre sie nicht als hilfreich, sondern als zusätzliche Belastung. Statt zuzuhören und mit zu überlegen, muß ich darum kämpfen, nicht abgetan zu werden. Bei den wenigen, die bereit sind und mal hinhören, merke ich bald, daß es ihnen zu viel wird. Taucht da alter Schmerz auf?

Ich erfahre, daß sie aus gewisser bewundernder Distanz zu mir sehen: »Dort arbeitest Du also. Du bist einer, der mit Kindern umgeht. Du bringst ihnen etwas bei, heute, wo das doch so schwierig ist.« Ein bißchen Respekt vor dem Zaubermeister schwingt mit. Hat die Schule sie denn immer noch im Griff?

Ich erfahre die Studenten als völlig ahnungslos gegenüber dem, was da auf sie zurollt. Sie haben viele »relevante« Probleme, die ihnen die Wissenschaft vorsetzt (soziologische Perspektiven, psychologische Aspekte, pädagogische Relevanzen, unterrichtstechnische Fragestellungen, usw. usw.). Aber sie geraten nicht an die Problematik der Inhumanität, der »sanften« oder brutalen, doch stets realen Herrschaftsausübung institutionell legitimierter Erwachsener gegen emotional ausgehungerte Kinder. Wer erzählt ihnen auch schon davon?

Die Kinder
Ich erfahre, daß sie leiden. Sie schreien erst dagegen an – dann leiden sie eher zerschlagen. Die aus der 5. Klasse wehren sich noch erheblich, aber in der 6. bereits arrangieren sie sich. In der 7. ist ihr wilder Protest durchzogen vom Wissen um die Nutzlosigkeit ihres Aufbegehrens. Im 8. Schuljahr ist spürbar, daß sie an das Ende der Tortur denken. Sie haben es nicht mehr nötig, sich zu wehren. Im 9. habe ich dann diesen entsetzlichen Umschlag erlebt: Sie vertreten »realistisch« die Richtigkeit dieser Tortur, und sie werden sie ihren Kindern ebenfalls als »nun mal notwendig« antun. Und dabei spüren sie sehr wohl, daß mit ihnen neun lange Jahre, ihre gesamte überschaubare Lebenszeit, Ungeheuerliches angestellt wurde. Nur können sie daraus nicht das Bewußtsein, die Erkenntnis und die Entschlossenheit gewinnen, ihre eigenen Kinder vor dieser Monstrosität zu bewahren. Ihr Gefühl für ihr Recht, ihr wirkliches Recht auf Widerstand gegen diese Barbarei, ist erfolgreich zerstört. Sie haben das so gut gelernt ...

Das Schultrauma
Die Schule traumatisiert in schrecklicher, umfassender Weise. Und da alle Menschen unserer Gesellschaft einmal Schulkinder waren, ergibt sich die alarmierende Erkenntnis, daß wir in einer schultraumatisierten Welt leben.

14. Woche

Montag – 12.7.

Klasse 6b
Noch einmal so etwas wie Krieg zwischen uns. Ich habe vor, nach draußen zu gehen und Fotos zu machen. Ich komme in die 2. Stunde. Sie sind sehr unruhig. Es ist Montag, übermorgen gibt es Ferien, und wer weiß, wer da vor mir in der Klasse war. Ich sitze vorn und warte, um zu sagen, was ich vorhabe. Es wird nicht ruhiger. Ich werde langsam ärgerlich. Dann schreibe ich an die Tafel: »Ich würde gern mit Euch rausgehen, aber dazu ist es mir zu unruhig.« Hilft nichts. Einige versuchen, die anderen zu »beruhigen«. Nach einer halben Stunde sage ich, daß wir nicht mehr rausgehen. Zwischendurch bin ich in lauter kleine Scharmützel verwickelt. »Runter vom Tisch!« – »Bleib in der Klasse!« – »Leg den Stock weg!« – »Hör auf, mit Kreide zu werfen!« – »Weg da vom Vorhang!« – »Nicht herumrennen!«.

Bis zum Schluß rede ich dann mit einigen darüber, wie sie es fanden, daß ich »Lernen ohne Zwang« versucht habe. Sie sagen, daß es gut war, diesen Versuch zu machen. Sie würden ihn wieder machen. Ich sage ihnen auch, daß wir den für die Klasse vorgesehenen Unterrichtsstoff durchgenommen haben, ohne Abstriche. Das stimmt wirklich. Ich bin selbst ein bißchen verwundert, als ich mir das so bewußt mache. Aber es interessiert sie, und da sage ich es ihnen auch.

Wie ist das denn nun mit dem Krieg heute? Ich will, daß sie leise sind, wenn wir über den Flur nach draußen gehen. Wegen der Kollegen, die sich über den Lärm aufregen. Also will ich von den Kindern eine Garantie, daß sie auf dem Flur leise sind. Diese erhalte ich aber nicht. »Wenn wir hier in der Klasse bleiben, werden wir nie leise.« Sie sehen es schon genau. Ich kann mich nur nicht mehr umstellen, ich habe mich festgelegt. Ich hätte mit ihnen gleich zu Beginn der Stunde gehen sollen, als es im Gebäude wegen des Stundenwechsels noch unruhig war. Sie erst mal zur Ruhe bewegen und dann rausgehen – dieses Belohnungsspielchen machen sie nicht mit. So geht unsere letzte Stunde ganz charakteristisch vorbei: in Hick-Hack, Krieg und gleichzeitiger Chance zur Freundlichkeit.

Klasse 6a
Ich sage sofort, daß wir rausgehen. Schon sind wir draußen, die Lärmfrage stellt sich nicht mehr. Ich bin viel gelassener als in der 6b. Als mir einige nachher sagen, sie wären woanders hingegangen, weil sie etwas zu tun hatten, da ist das ganz o.k. für mich.

Auf dem Rasen am Sportplatz machen wir Fotos. Die Schule ist ein paar hundert Meter weg – wir sind unter uns. Es macht ihnen Spaß, ich soll überhaupt nicht mehr aufhören. Hoch im Kurs steht, sich mit Freunden fotografieren zu lassen. Ich bin erstaunt, daß ihnen das so einen Spaß macht. Ich hatte befürchtet, daß sie diese Idee von mir albern finden würden. Warum mache ich die Bilder? Ich habe sie gern – und möchte ein Bild von ihnen. Das ist alles. Ich spüre Sentimentalität in mir aufkommen, aber es tut einfach gut, sie zu fotografieren. Ich mache es und sage ihnen das dann.

Regierungsrat
Nachmittags bin ich zur Bezirksregierung zitiert. Wegen meines Briefs anläßlich des Schulratbesuchs, den ich mir ja sozusagen verboten habe. Der Regierungsrat macht mir deutlich, daß das ein Verstoß gegen die Vorschriften ist. Meine Begründung zählt überhaupt nicht. Ich denke: Solche Gründe sind im »Entschuldigungskatalog« nicht vorgesehen, und für einen Juristen, wie den Mann vor mir, eben nicht relevant. Kann ich verstehen, ich habe selbst Jura studiert, drei Jahre lang – die Mentalität kenne ich. Es kommt also darauf an,

etwas zu finden, was in den »Entschuldigungskatalog« paßt, überlege ich. »Sie haben Glück, daß Sie die Entlassungsurkunde schon haben« – wirklich, denke ich. Dann fällt mir etwas ein, was er akzeptieren kann: Ich habe den Brief vom Schulrat ja erst sehr spät erhalten, nur zwei Tage vor seinem angekündigten Besuch. Und der Tag vorher war mir schon im voraus freigegeben worden. Ich hatte also nicht ausreichend Zeit, mich sachgerecht vorzubereiten – und daran war ich nicht schuld. Das kann er akzeptieren.

Dann erzähle ich ihm mal so alles, was mir an der Schule überhaupt und in T. speziell nicht gefällt. Er ist interessiert und hat Zeit zum Zuhören. Fünf Viertelstunden lang. Finde ich prima. Ich glaube nicht, daß es etwas Konkretes bewirken wird. Auf welchem Wege auch. Trotzdem: Ich mache das, ich erzähle von meinen Erfahrungen. Woher sollen diese Leute hier denn überhaupt etwas davon erfahren, was Sache vor Ort ist? Ich sehe eine Chance zum Informieren und nutze sie. Und ich merke auch während des Gesprächs, daß für ihn hier anderes gilt als für mich an der Basis: Er hat Erlasse und Verordnungen weiterzugeben. Der Laden muß funktionieren. Hier wird noch mehr verwaltet als im Schulamt. Falls mal einer unten die Spielräume überschreitet, wird er hier wieder in die Schranken verwiesen. Falls sich einer dabei querlegt, gibt es Sanktionen. Ich lag quer in T. – deswegen wurde ich abgeordnet nach E. Ich lag quer beim Schulratbesuch – deswegen bin ich hierher zitiert. Ich liege überhaupt quer, was die Schule (als inhumane Anstalt) angeht –, also gehe ich, bevor ich gehen muß.

Als ich mich verabschiede, frage ich mich, wer von den anderen Lehrern so etwas überhaupt macht: den Vorgesetzten in der Bezirksregierung Einblick in die Arbeit vor Ort geben. Na, ich hätte es ja auch nicht gemacht, wenn ich nicht hingemußt hätte. Aber die Struktur der Schule wird hier, bei den Juristen, zementiert. Nicht nur an der Bezirksregierung, die führen eigentlich nur aus. Aber bei der Landesregierung. Ich reflektiere die soziologisch-politische Perspektive – aber das ist nicht mein Aktionsfeld, ich arbeite an der kommunikativen und psychologischen Front. Auf der anderen Seite: Eine Kollegin, die ich in der Lehrerausbildung kennengelernt habe, ist jetzt Landtagsabgeordnete. Wäre das der Weg, effektiv etwas gegen die Inhumanität der Schule zu tun?

Dienstag – 13.7.

Heute ist letzter Unterrichtstag in der Schule. Ich fahre hin mit dem Gefühl, es einfach ablaufen zu lassen, mich nicht mehr aufzuregen. So ganz gelingt es mir aber auch heute nicht. Ein paarmal greife ich ein. Ich nehme mal wieder den Zeigestock weg, mache das Fenster zu, beordere einige von den Tischen runter ... Ich mache es lässig, aber ich mache es. Sonst:

Klasse 5c
Ich beginne, einem Jungen meine Adresse aufzuschreiben. Da wird ein Spiel draus, ich schreibe die ganze Stunde über. Zum Schluß haben sie große bunte Pappen, auf die ich etwas schreiben muß. Zum Beispiel: »Hallo Petra, ich finde Dich prima«, Unterschrift, Adresse. Es sieht »fein« aus. Sie sind zufrieden und ich kann es gerade alles in dieser Stunde schaffen. Wir gehen freundlich auseinander. Während ich schreibe, merke ich, wie einige dauernd rauslaufen. Ich denke an Ärger, Beschwerden. Aber ich lasse sie in Ruhe.

Klasse 8c
Ich kann mit einem Kollegen ausmachen, daß ich eine halbe Stunde in der 8c bin, obwohl ich eigentlich in eine andere Klasse muß. Aber er merkt, wie wichtig mir das ist, und kommt mir entgegen. Nett von ihm. Sie füllen die Fragebögen aus und tun es sehr ernsthaft. Als ich sie frage, ob das in

Ordnung war, wie ich mit ihnen umgegangen bin, auch ohne Durchgreifen, wie es immer wieder verlangt wurde, da stimmen sie zu. Die Frage verwundert sie ein bißchen: »Es hat doch Spaß gemacht bei Dir.« Natürlich sagen das nicht alle, aber ich glaube, die meisten schon. Ich hätte es eh nicht anders gemacht.

Klasse 8b
Die Jungen haben Sport auf dem Hof, ich bin mit den Mädchen allein. Eigenes Gefühl, mit 14 Mädchen allein zu sein. Nach zehn Minuten habe ich das überwunden. Wir sitzen so herum und reden drauflos, schön, erholsam, freundlich. Dann wieder: die Fensterfrage. Ich habe Angst, daß das Rausrufen zu »ihren« Jungen den Kollegen dort unten stören könnte. »Entweder weg vom Fenster oder Fenster zu!« Krieg kommt in Sicht. Ich fahre das aber ganz sanft, lasse sie weiterrufen, mache dann das Fenster zu, sozusagen ohne hinzusehen. Sie machen es später wieder auf. Ich laß sie. Dann tauschen wir Adressen aus. Sie wollen eine Karte aus Kalifornien. »Dort fahre ich hin (zu Carl R. Rogers), um weiter zu lernen, wie man mit Kindern gut auskommen und arbeiten kann.« Das beeindruckt sie weniger. Es reicht, daß es Kalifornien ist.

Klasse 7G
Letzte Stunde auch bei ihnen. Irrer Lärm, wie gewohnt. Heute mit viel Aggressivität gegeneinander. Regelrecht Raufen. Zwei Mädchen ziehen sich an den Haaren. Es sieht nach Kampf aus, dann hören sie auf. Hinterher erfahre ich, daß die eine von beiden nach Hause gegangen ist. Die Mutter rief beim Rektor an, daß das ja wohl unmöglich sei. Und ich hätte nicht eingegriffen. Das wäre mal wieder ein Anlaß, repressiver zu sein, usw. usw. Na, denke ich, vorbei.

Ich kann mit ihnen nichts Gemeinsames machen. Sie füllen die Fragebögen aus, da geht es. Dann warte ich eigentlich nur noch darauf, daß die Stunde vorbei ist. Ich bin ein bißchen traurig, daß ich mit ihnen nicht mehr ins Gespräch komme. Zum Schluß, überraschend, als ich ihnen sage, sie könnten jetzt etwas spielen: Da wollen einige, daß ich beim »Flaschendrehen« mitmache. Ich tue es – und dann kommen die anderen auch dazu und spielen mit. So machen wir doch noch etwas zusammen.

Klasse 6a
Letzte Stunde heute, meine letzte Unterrichtsstunde überhaupt. Wir hatten gestern schon Abschied genommen, beim Fotografieren. Sie warten von Beginn der Stunde an auf den Gong, sie wollen nach Hause, morgen gibt es Ferien, es ist die 6. Stunde. Gemeinsames Tun sitzt nicht drin. Sie sind aufgedreht. Ich lasse sie, auch die, die einfach vorher nach Hause gehen. Mit einigen Interessierten starte ich eine Gesprächsrunde über die Ferien. Dann zum Schluß Hände schütteln, Tschüs sagen, alles sehr lieb. Wir gehen zusammen bis zum Hoftor: Nochmals Tschüs – und vorbei. Langsam klingen sie ab.

Kollegen
In der 3. Stunde habe ich ein Feedback mit dem Rektor und dem Konrektor verabredet. Eine Kollegin übernimmt die Stunde. Was kommt dabei heraus? Ich habe den Eindruck, daß vor allem der Rektor versteht, was ich will. Doch daß sie der Meinung sind, daß sich das so, wie ich es will, kompromißlos, nicht in der Schule machen läßt. Ich fühle mich akzeptiert – sie stehen nur eben woanders. Und da sich unsere Wege trennen, können wir uns in Ruhe lassen. Sonst? Ohne einzulenken, wie das heißt, hätte ich keine Chance. Ich habe nicht »eingelenkt«, *Humanität ist nicht einlenkbar*. Werfe ich ihnen ihre Position vor? Tja – sie tun Inhumanes, wie jeder, der in der Schule ist, wie ich es auch täglich getan habe. Sie haben ihre Strategie entwickelt, um in der Schule zu überleben – was kann ich anderes tun, als zu akzeptieren, wenn ich ihnen gegenüber nicht zu einem

Besserwisser werden will? Dennoch wird deutlich, daß uns nicht nur Methoden unterscheiden. Unsere Basisvorstellungen sind völlig verschieden: Ich lasse Kinder so sein, wie diese sich selbst sehen – sie haben da so ihre Vorstellungen, wie Kinder sein sollten.

Das alles wird auch im Gespräch mit dem Kollegen K. deutlich, mit dem ich mich nach der 6. Stunde zum Feedback verabredet habe. Wir reden über viele Seiten dieser ganzen Sache. Er bleibt in der Schule – er muß eine Überlebensstrategie entwickeln, um alles auf die Reihe zu bekommen. Das weiß er, und es ist schwer für ihn. Im Unterschied zu den beiden von vorhin hat er da noch nichts. Lehrer haben in der Schule zu herrschen und dafür zu sorgen, daß gemacht wird, was vorgeschrieben ist. Ich sage: »Wenn Du Dich mit Dir selbst einigen kannst, dies anzunehmen, wirst Du es in der Schule aushalten – sonst wohl kaum.« Er weiß nicht so recht und freut sich erst mal auf die Ferien.

Planungsgruppe 7G
Von halb drei bis fünf Uhr noch einmal Kinder. Wir machen einen Termin für ein Treffen nach den Ferien aus. Es wird dann keine Schulgruppe mehr sein, sondern eine offene Nachmittagsgruppe. Ich sage ihnen, daß so eine Gruppe für mich wichtig ist, wegen meiner neuen Arbeit (Dissertation). Sie verstehen. Dann schenken sie mir einen Sternzeichenanhänger. Toll. Wir fangen an, etwas zu spielen. Ich verändere mich langsam ihnen gegenüber. Als ich mit dem Auto hinter Arnd herfahre, um zu wissen, wo er wohnt (wir wollen uns dort nach den Ferien treffen), machen wir ein bißchen Quatsch dabei. Ich mach mit, ich kann mich vorsichtig einbringen.

Entfernen
Jetzt, nachmittags, beim Aufschreiben, merke ich, wie mir langsam das Denken offener wird. Ich kann schärfer hinse-

hen, ich kann in die Breite denken, nach nebenan, wo es bislang noch irrelevant war. Mein Selbstschutz akzeptierte die Denkverbote und Tabus. Ich konnte mir nicht täglich hundertprozentig bewußt machen, daß ich genau das tue, was ich strikt ablehne. Ich ging soweit, wie ich konnte. Aber jetzt kommt mehr und mehr durch, wie ich mich doch an dem beteiligt habe, was dort in dieser Zwangsanstalt passiert. Ich merke aber auch, wie rasch ich mich von dem, was vor Ort geschieht, entferne. Mein veränderter Status (Student) gibt mir ein verändertes Denken über diese Dinge dort. Das, was passiert ist, läßt sich aber durch (Nach)Denken nicht wirklich erfassen, sondern nur durch Tun, Erfahren. Da ist es doch gut gewesen, immer sofort zu notieren, was ich erlebt und entdeckt habe. Ich merke, wie es mir Vergangenheit wird, wie ich mich von diesem merkwürdigen Land Schule rasend schnell entferne. Aber was ich festgehalten habe, ist deswegen nicht minder wahr. Es ist wahr, meine Wahrheit. Da täusche ich mich nicht. Hat sie auch Relevanz für andere? Das müssen die anderen schon selbst sehen. Ich habe jedenfalls vor, das, was ich als Wahrheit erfahren habe, mitzuteilen. Vielleicht kann ich so ja doch etwas für die tun, die in die Schule verbannt, zur Schule verdammt sind: die Kinder und die Erwachsenen dort.

Mittwoch – 14.7.

Zeugnisse

Letzter Schultag. Überhaupt und so. Es ist die 2. Stunde, ich sitze im Medienraum. In den Klassen werden die Zeugnisse verteilt. Ich denke daran, daß dies jetzt überall im Land passiert. Papierne Urteile, die zerstören ... und ich mache mit! Ich lasse auf 227 Kinder 332 Noten los. Ich gebe 41 mal Note 1, 111 mal Note 2, 123 mal Note 3, 47 mal Note 4, 10 mal Note 5. *Alle* Noten zerstören! Die guten dadurch, daß die Kinder das Wissen verlieren, daß nur sie selbst sich wirklich beurteilen können. Sie werden »lehrergläubig« und »notenhörig«, die guten Noten zersetzen ihr Selbstwertgefühl, schleichend und hinterrücks. Die schlechten Noten aber zerstören direkt und brutal: schlechte Note heißt schlechtes Kind. Es ist ein widerliches Geschäft.

Ich habe Zeit. Die Klassenlehrer verteilen die Zeugnisse. Ich sehe mir mein Zeugnis an, die ausgefüllten Fragebögen. Ich habe es mir bestellt, die Kinder sind ihnen ausgeliefert. Ich lese in den Bögen der 8c. Es stehen ermutigende Sachen drin, auch Kritik. Aber insgesamt doch: So und nicht anders weitermachen. Und das gilt auch für die, die mich vom Unterricht her ablehnen, die strengeres Durchgreifen wünschen. Denn *persönlich* können sie mich leiden – und darum geht es ja. Persönlicher Kontakt ist die Voraussetzung für so gut wie alles.

Der Fragebogen
Ich werte den Fragebogen gleich zu Beginn der Ferien aus. Ich habe ihn gemacht, um von den Kindern ein Feedback zu meiner Art und zu meinem Unterricht zu bekommen. Wir haben ihn in der Planungsgruppe durchgesprochen und entsprechend verändert. Die Fragen sind bunt gemischt, damit nicht nur so runtergekreuzt wird. Fast alle haben ihn auch ausgefüllt, es sind insgesamt 203 geworden. Schade, daß die 9. Klassen nicht dabei sind, aber die Idee mit dem Fragebogen kam mir erst, als sie bereits entlassen waren. Wegen der besseren Übersicht führe ich die Fragen hier geordnet auf. Nicht angekreuzte oder unentschiedene Antworten lasse ich weg, da es nur sehr wenige sind. (100 % = 203 Kinder)

A) Umgang

1. Hubertus war eher freundlich:
94 % (190 Kinder)
Hubertus war eher nicht so freundlich:
6 % (12 Kinder)

2. Hubertus war eher nicht so streng:
   97 % (196 Kinder)
   Hubertus war eher streng:
   2 % (5 Kinder)

3. Hubertus war eher nicht so laut:
   80 % (163 Kinder)
   Hubertus war eher laut:
   15 % (30 Kinder)

4. Hubertus war eher nicht so verschlossen:
   81 % (165 Kinder)
   Hubertus war eher verschlossen:
   15 % (31 Kinder)

5. Hubertus war eher an unseren Problemen interessiert:
   88 % (178 Kinder)
   Hubertus war eher nicht so an unseren Problemen interessiert:
   10 % (21 Kinder)

6. Hubertus hat eher genug Zeit für mich gehabt:
   69 % (140 Kinder)
   Hubertus hat eher nicht genug Zeit für mich gehabt:
   27 % (55 Kinder)

7. Ich habe mich nicht so oft über ihn geärgert:
   75 % (153 Kinder)
   Ich habe mich öfter über ihn geärgert:
   24 % (48 Kinder)

8. Daß wir ihn duzen konnten, fand ich eher gut:
   86 % (175 Kinder)
   Daß wir ihn duzen konnten, fand ich eher nicht so gut:
   13 % (27 Kinder)

B) Unterricht

9. Hubertus hat gesagt:
   »Für Euer Lernen seid Ihr selbst verantwortlich.«
   Das ist richtig:
   78 % (158 Kinder)
   Das ist Quatsch:
   21 % (42 Kinder)

10. Hubertus hat gesagt: »Ihr müßt selbst für Ruhe sorgen.«
    Das ist richtig:
    29 % (58 Kinder)
    Das ist Quatsch und seine Aufgabe, nicht unsere:
    12 % (25 Kinder)
    Hubertus hat zwar recht – aber er hätte uns dabei mehr helfen sollen:
    59 % (120 Kinder)

11. Hubertus hat sich genau richtig verhalten beim Durchgreifen:
    30 % (61 Kinder)
    Hubertus hätte mehr durchgreifen sollen:
    65 % (131 Kinder)
    Hubertus hätte eher weniger durchgreifen sollen:
    5 % (10 Kinder)

12. Die Gruppenarbeit war eher gut:
    71 % (145 Kinder)
    Die Gruppenarbeit war eher nicht so gut:
    27 % (54 Kinder)

13. Die freiwillige Hausaufgabe war eher gut:
    79 % (161 Kinder)
    Die freiwillige Hausaufgabe war eher nicht so gut:
    18 % (37 Kinder)

14. Hubertus hat eher gute Zensuren gegeben:
    86 % (175 Kinder)
    Hubertus hat eher nicht so gute Zensuren gegeben:
    9 % (18 Kinder)

15. Hubertus hat eher gerechte Zensuren gegeben:
    66 % (133 Kinder)
    Hubertus hat eher nicht so gerechte Zensuren gegeben:
    31 % (63 Kinder)

C) Gesamteinschätzung

16. Ich glaube, doch recht viel gelernt zu haben:
    21 % (42 Kinder)
    Ich glaube, genug gelernt zu haben:
    49 % (100 Kinder)
    Ich glaube, eher nicht soviel gelernt zu haben:
    29 % (59 Kinder)

17. Hubertus war mit dem Lernstoff eher gut vorbereitet:
    76 % (154 Kinder)
    Hubertus war eher nicht so gut vorbereitet:
    21 % (42 Kinder)

18. Hubertus hat eher guten Unterricht gemacht:
    72 % (146 Kinder)
    Hubertus hat eher nicht so guten Unterricht gemacht:
    26 % (52 Kinder)

19. Ich würde gern noch ein Jahr bei ihm Unterricht haben:
    77 % (156 Kinder)
    Ich würde nicht so gern noch ein Jahr bei ihm Unterricht haben:
    22 % (45 Kinder)

20. Zusatzfrage: Gesamteinschätzung

Ich denke über die Antworten der Kinder nach. Was sagen sie mir? Nun, 72 % finden den Unterricht eher gut als schlecht, 70 % sind mit dem Lernerfolg zufrieden und 77 % würden gern noch ein Jahr bei mir Unterricht haben. Die meisten finden mich eher freundlich (78 %) und eher nicht so streng (97 %), und sie meinen, daß ich eher an ihren Problemen interessiert war (88 %) und daß sie sich nicht so oft über mich geärgert haben (75 %). Für zwei Drittel (69 %) hatte ich eher genug Zeit – was aber auch bedeutet, daß es für die anderen (27 %) eben eher zu wenig war. Mit meiner Notengerechtigkeit haperts: 31 % finden mich da ungerecht. Zum Ausgleich meinen dafür 86 %, daß ich eher gute Noten gegeben habe. Viele stimmen zu, für ihr Lernen selbst verantwortlich zu sein (78 %) – bei dem, was mir oft lautstark vorgehalten wurde. Deutlich ist ihr Votum in der Durchgreiffrage: 65 % wollen mehr Durchgreifen, 30 % fanden es richtig, wie ich es gemacht habe. Aber auch: 10 Kindern war ich noch zu hart beim Durchgreifen (ich wundere mich). Toll finde ich, daß nur 12 % es völlig ablehnen, daß sie selbst für Ruhe sorgen sollen. Aber sie wissen nicht, wie sie das hinkriegen können: 59 % wünschen mehr Hilfe von mir dabei.

Ihre Antworten auf die ersten acht Fragen beruhigen mich: Ich glaube, daß ich für sie wirklich ein kinderfreundlicher Lehrer war, bei aller systembedingten Mißachtung und Unterdrückung. Und ich denke, daß ich trotz aller »unterrichtlicher Bedenken« bei ihnen angekommen bin. In den Gesamteinschätzungen spiegelt sich noch einmal das Dilemma, ein freundlicher Lehrer (personal und human) sein zu wollen und gleichzeitig ein »guter« Lehrer (als inhumaner Agent der Zwangsschule) sein zu müssen: »Ich finde Dich zwar gut (persönlich), aber der Unterricht war doch total doof« (Klasse 7G). Oder: »Im privaten Bereich finde ich Dich sehr gut. Bloß in der Schule sind Sie nicht so gut« (Klasse 8c). Selbst die Kinder, die mir kritisch gegenüberstehen, haben einen positiven Kontakt zu mir. Was will ich mehr – *die persönliche Beziehung ist gelungen, die Basis, von der aus das wirkliche gemeinsame Lernen geschieht.*

Geschenke
Aufatmen vorhin, vor der 2. Stunde. Ich hatte Hannelore aus der 5c versprochen, ein Bild von mir mitzubringen. Gestern nacht machte ich es noch am Bahnhofsautomaten. Ich gehe zu ihrer Klasse und hole sie in den Flur. Ich möchte mit ihr allein sein. Als ich ihr das Bild gebe, hat sie auch eins für mich dabei! Ich bin überrascht und freue mich. Wir trennen uns schnell. Ich bin im Streß wegen der allgemeinen Unruhe im Gebäude, sie wegen der Zeugnisse. Dann hole ich Carola aus der Klasse und gebe ihr das alte Biobuch aus T. Sie war dort in meiner 5. Klasse und ist jetzt wie ich hier. Ich habe das Buch zu Hause im Regal entdeckt und finde, daß es bei ihr viel besser aufgehoben ist.

Zuwinken
Jetzt beginnen bereits einige, nach Hause zu gehen. Ich sehe sie draußen vor dem Fenster. Ich werde mit dem Schreiben aufhören und zu ihnen zum Bus gehen. Im Lehrerzimmer nebenan wird gekramt, irgendwas haben die Kollegen noch vor. Ich weiß nicht, ob ich da mitmachen soll, ich komme mir fehl am Platz vor. Erst mal raus zu den Kindern.

Abends schreibe ich weiter. Bei den Kollegen halte ich es noch eine Weile aus. Ich mache ein Abschiedsstatement und bedanke mich für ihr Verständnis. Sie haben mich ja immerhin viel mehr in Ruhe gelassen als die Lehrer in T., und das sage ich ihnen auch.

Vorher bin ich draußen am Bus. Wir reden wie sonst miteinander. Aber ich weiß doch, daß es das letzte Mal ist – und die Kinder wissen es auch. Mir ist traurig zumute, ich merke das schon. Als sie dann mit den Bussen wegfahren und wir uns zuwinken – da ist dann wieder ihre Lebendigkeit und Fröhlichkeit in mir: Sie fahren in ihr Leben.

Publikationen

Hubertus von Schoenebeck

KINDER

Kinder der Morgenröte
... unterstützen statt erziehen ...
Taschenbuch. Ausgabe 2004. 142 Seiten
ISBN 3-88739-025-3. EUR 9,80
Dies ist das grundlegende Buch zur erziehungsfreien Theorie und Praxis und die erste Empfehlung zur Information über den amicativen Umgang mit Kindern. Was charakterisiert eine erziehungsfreie Beziehung? Wie sieht die erziehungsfreie Praxis aus? Wie kann man damit anfangen? Aus der Fülle 30jähriger Erfahrung erziehungsfreier Kommunikation wird den vielfältigen Fragen zum amicativen Leben mit Kindern nachgegangen. Ein anrührender Prolog und viele anschauliche Beispiele eigener Praxis runden dieses persönlich geschriebene Sachbuch ab.

Die erziehungsfreie Praxis
Der amicative Alltag mit Kindern
Broschüre. Ausgabe 2006. 32 Seiten
ISBN 3-88739-023-7. EUR 3,–
Diese Schrift ist ein Sonderdruck aus dem Buch »Kinder der Morgenröte«. Sie enthält Antworten auf viele Fragen zur Umsetzung der amicativen Theorie in eine wirklich funktionierende erziehungsfreie Praxis mit Kindern. Ausführlich wird die amicative Konfliktlösung dargestellt.

Gast im Kinderland
Der Bericht des postpädagogischen Forschungsprojekts 1976–78
Skript. Ausgabe 1997. 149 Seiten
ISBN 3-88739-019-9. EUR 14,80

Hubertus von Schoenebeck überprüfte in einer 28 Monate dauernden wissenschaftlichen Feldstudie mit Kindern im Alter von 3 bis 17 Jahren, wie erziehungsfreie Kommunikation realisiert werden kann. Der Text enthält den Forschungsbericht mit vielen Details und Hintergrundüberlegungen zur »Beziehung ohne Erziehung«. Er ist leicht verständlich geschrieben und gibt Einblick in die Sensibilität und Empathie amicativer Beziehungen. Ein Kapitel über die wissenschaftliche Methode der Forschung rundet den Bericht ab.

Kinder in der Demokratie
Politische Emanzipation/Deutsches Kindermanifest/Wahlrecht für Kinder
Broschüre. Ausgabe 2001. 48 Seiten
ISBN 3-88739-021-0. EUR 3,–
Dieser Text ist eine unverzichtbare Einführung für jeden, der sich über die politische Emanzipation des Kindes (Children's Rights Movement) informieren möchte. Im Deutschen Kindermanifest sind in einer Präambel und in 22 Artikeln die Bürgerrechte dokumentiert, die Kindern zustehen sollten. Es wird der historische Zusammenhang dieser Bürgerrechtsforderungen aufgezeigt, und es wird deutlich, welchen Sinn es macht, die Forderung nach der Gleichberechtigung des Kindes heute zu erheben. In einem eigenen Kapitel wird das Wahlrecht für Kinder (Wahlalter Null) fundiert und ausführlich mit allem Pro und Contra vorgestellt.

Schule mit menschlichem Antlitz
Realität und Vision
Taschenbuch. Ausgabe 2001. 152 Seiten
ISBN 3-88739-027-X. EUR 9,80
Hier wird in großer Breite und Tiefe die amicative Position zur Schule vorgestellt. Die Realität der Kinder, der Eltern und der Lehrer im Schulalltag aus amicativer Sicht. Wo liegt die wirkliche Macht der Eltern? Wissen Lehrer eigentlich, was sie tun? Welchem Leid sind die Kinder in der Schule

ausgesetzt? Was läßt sich gegen die Schultraumatisierung tun? Hält die Schule vor den Menschenrechten stand? Wie kann eine Schule der Zukunft aussehen? Was kann ein Lehrer heute tun, damit die Schule kinderfreundlicher wird? Auf diese Fragen gibt es unkonventionelle und überzeugende Antworten, und viele praktische Tips und Denkanstöße für Eltern und Lehrer. Doch Vorsicht: Das Buch läßt niemanden unberührt, es macht betroffen und ist keine leichte Kost.

Kinderkreis im Mai
Die Revolution der Schule
Taschenbuch. Ausgabe 2006. 258 Seiten
ISBN 3-88739-028-8. EUR 14,80
Dieses Buch ist eine Einladung, über die Schule einmal sehr grundsätzlich nachzudenken. Was bedeuten banale Anordnungen wie »Sitz still!«, »Konzentrier Dich!«, »Schlag Dein Buch auf!« eigentlich aus der Sicht der Kinder? Warum gelten für die Kinder in der Schule grundlegende Rechte wie Gedankenfreiheit, Meinungsfreiheit, Aufenthaltsfreiheit, Körperfreiheit *nicht*? Anhand von anschaulichen und nachdenklichen Tagebuchaufzeichnungen reflektiert der Autor sein Verhalten als Lehrer. Ihm wird klar, daß er das Leid der Schulkinder durch sein unabwendbares Oktroyieren selbst verursacht. Er sucht und findet immer wieder neue und unkonventionelle Möglichkeiten, Kinderfreundlichkeit auf Schleichwegen in das Klassenzimmer zu transportieren. Damit verläßt er die traditionelle Lehrerrolle und handelt als authentische Person. Und er sieht die Kinder nicht länger als »Schüler«, sondern als vollwertige Menschen mit eigener Personalität, eigenen Rechten und unantastbarer Würde. Ein spannender und bewegender Geheimbericht vom Innenleben der Schule.

SELBSTLIEBE

Ich liebe mich so wie ich bin
Der Weg aus Selbsthaß, Ohnmacht und Egoismus
Taschenbuch. Ausgabe 2002. 150 Seiten
ISBN 3-88739-026-1. EUR 9,80
Amication für Erwachsene: Dieses einfühlsame, mit Gedichten ergänzte Buch handelt von der pädagogischen Demoralisierung des Kindes und ihrer Überwindung. Rückblickend auf die Kindheit werden auf alte Fragen und Erlebnisse neue Antworten gegeben. Antworten, die einen von Erziehung und Selbsterziehung freien Weg zum Ich aufzeigen. Ein Leben ohne Schuldgefühle und Selbstwertzweifel und zugleich voller beiläufiger Sozialität ist möglich! Die Selbstliebe wird als die uralte und zugleich postmoderne Kraft erkennbar, die einen jeden konstruktiv leitet und die auch im Umgang mit dem Anderen Bestand hat. Das Buch enthält zudem das Konzept des »Selbst-Verantwortungs-Trainings« und ein Kapitel über die philosophisch-anthropologischen Grundlagen der Amication.

Selbst-Verantwortungs-Training
Das Konzept der amicativen psychodynamischen Seminare
Broschüre. Ausgabe 1998. 20 Seiten
ISBN 3-88739-007-5. EUR 3,–
Das amicative Selbst-Verantwortungs-Training wird als Wochenendseminar durchgeführt. Es kennt keinen Leiter oder Trainer. Die Teilnehmer folgen in diesem Erlebnis-Seminar ihren situativen Impulsen auf einer amicativen Basis – und sie entdecken, was Selbstverantwortung, Selbstliebe und Sozialität eigentlich bedeuten. Die Broschüre stellt das Konzept dieser eigenständigen psychodynamischen Seminarform vor, wie sie seit 1985 im Freundschaft mit Kindern – Förderkreis e.V. realisiert wird.

GESAMTTHEMATIK

Amication – Themensammlung
100 ausgewählte Aspekte amicativer Thematik
Taschenbuch. Ausgabe 2004. 288 Seiten
ISBN 3-88739-024-5. EUR 15,80
Die Themensammlung ist ein Reader zur Amication mit 100 Texten über Theorie, Praxis, Erleben, Kinder, politische Emanzipation des Kindes, Wahlrecht für Kinder, Schule, Erwachsene, Selbstliebe, Partnerschaft, Ethik, Emotionalität. Jeder Aspekt ist mit einer signifikanten Überschrift versehen und durch ein übersichtliches Inhaltsverzeichnis leicht zu finden. Die Themensammlung gibt zu einzelnen Aspekten konzentriert Auskunft, schneller als dies ein breit angelegtes Buch leisten kann. Und sie ist auch ein Lesebuch für alle, die sich nur hin und wieder mit der amicativen Thematik beschäftigen können.

Die antipädagogische Argumentation
Antworten auf pädagogische Kritik
Taschenbuch. Ausgabe 1996. 264 Seiten
ISBN 3-88739-030-X. EUR 14,80
In diesem Buch werden 30 Einwände fundiert beantwortet, die von Erziehungswissenschaftlern gegen die erziehungsfreie Theorie und Praxis erhoben wurden. Den ausführlich zitierten pädagogischen Textstellen stehen jeweils sorgfältig ausgearbeitete amicative Repliken gegenüber. Das anspruchsvolle Buch wurde für die wissenschaftliche Diskussion über das erziehungsfreie Konzept geschrieben und richtet sich an pädagogische Fachleute und interessierte Laien. Es wird deutlich, weshalb dem pädagogischen Denken der erziehungsfreie Ansatz immer wieder entgleitet – entgleiten muß –, und wie faszinierend die Schlüssigkeit amicativer Argumentation ist. Dem Leser erschließt sich durch die unzähligen amicativen Überlegungen, Nuancen und Querverbindungen in den 30 Kritik-Replik-Paaren nach und nach das Gesamtbild des postpädagogischen Projekts.

zauberpfade
Figurative Aphorismen
Gebundenes Buch. Ausgabe 2001. 160 Seiten
ISBN 3-88739-031-8. EUR 14,80
Der Band enthält amicative Gedichte und Aphorismen. In poetischen Botschaften werden Situationen aus der Beziehung zu sich selbst und den anderen – Erwachsenen und Kindern – mitgeteilt. Ein Buch, das als Alternative oder in Ergänzung zur intellektuellen Rezeption dazu einlädt, ganz vom Gefühl her auf die neuartigen Aussagen der Amication zuzugehen. Die Gedichte und Aphorismen sind optisch »figurativ« gestaltet und fordern allein schon dadurch zum Assoziieren und Einschwingen heraus. Durch den festen Einband und das stimmungsvolle farbige Titelbild eignen sich die »zauberpfade« auch als ansprechendes Geschenkbuch.

Grundlagen der erziehungsfreien Lebensführung
Anthropologisch-philosophische Grundpositionen der Amication
Broschüre. Ausgabe 1997. 36 Seiten
ISBN 3-88739-017-2. EUR 3,–
Die Broschüre enthält eine Einführung in den amicativen Gesamtzusammenhang und ist als Ersteinstieg gedacht. Die »Grundlagen« sind verständlich geschrieben und richten sich an jeden Neuinteressenten.

Amication – Erste Informationen
Unterstützen statt erziehen/Ich liebe mich so wie ich bin
Broschüre. Ausgabe 2004. 36 Seiten
ISBN 3-88739-020-2. EUR 3,–
Die Broschüre zum Vorstellen und Weitergeben. Was ist Amication? Woher kommt Amication? Wer vertritt Amication? Mit einer ausführlichen Vorstellung amicativer Literatur.

BROSCHÜREN

Die fünf oben beschriebenen Broschüren sind zusammen erhältlich für EUR 10,–, ISBN 3-88739-022-9

— Amication – Erste Informationen
— Grundlagen der erziehungsfreien Lebensführung
— Die erziehungsfreie Praxis
— Kinder in der Demokratie
— Selbst-Verantwortungs-Training

Information – Korrespondenz – Buchbestellung

(Alle Bücher und Broschüren sind auch im Buchhandel erhältlich.)

Amication
Turmstraße 24
D-29336 Nienhagen

Telefon: 0 51 44 – 56 07 54
Telefax: 0 51 44 – 56 07 64
E-Mail: amication@t-online.de
Internet: http://www.amication.de/bestellung.htm

Homepage
www.amication.de

www.ingramcontent.com/pod-product-compliance
Lightning Source LLC
Chambersburg PA
CBHW060339170426
43202CB00014B/2823